SCHÖN · FLUCHT ÜBER DIE OSTSEE 1944/45 IM BILD

1

HEINZ SCHÖN

FLUCHT ÜBER DIE OSTSEE

1944/45 im Bild

Ein Foto-Report
über das größte Rettungswerk der Seegeschichte

MOTORBUCH VERLAG STUTTGART

Einband und Schutzumschlag: Siegfried Horn
unter Verwendung zweier Fotos der Bibliothek für Zeitgeschichte, Stuttgart.

Die Abbildung 1 auf Seite 2: Flucht über die Ostsee. Menschen. Schiffe. Schicksale.

ISBN 3-613-01061-5

4. Auflage 1995

Ein Unternehmen der Paul Pietsch Verlage GmbH + Co.

Satz und Druck: studiodruck, 72622 Nürtingen-Raidwangen.
Bindung: Karl Dieringer, 70839 Gerlingen.
Printed in Germany.

Inhalt

Vorwort

DES VERFASSERS

Die ebenso starke wie positive Resonanz, die mein Dokumentarbericht »OSTSEE '45 – Menschen – Schiffe – Schicksale«, in der breiten Öffentlichkeit gefunden hat, gab mir Anlaß zur Herausgabe dieser Bild-Dokumentation.

Die Basis für diesen Bild-Report über das größte Rettungswerk der Seegeschichte bot mir meine Fotosammlung »Flucht über die Ostsee 1944/45«, die ich im Rahmen meines »OSTSEE-ARCHIVS« in den letzten 40 Jahren systematisch zusammengetragen habe und die mehr als 3000 Aufnahmen umfaßt. Zu meiner Sammlung haben nicht nur die Reedereien und Werften, deutsche und ausländische Archive und Schiffsfotospezialisten beigetragen, sondern auch viele Angehörige der ehemaligen Kriegsmarine und der Handelsmarine, die mir dokumentarische Aufnahmen aus ihrem Privatbesitz zur Verfügung stellten.

Der vorliegende Band »Die Flucht über die Ostsee im Bild«, enthält rund 700 Aufnahmen. Bei vielen Fotos wurde bewußt auf Retuschen verzichtet, um ihren dokumentarischen Wert deutlicher zu machen. Jedes Bild spricht seine eigene Sprache. Bei allen, die die Flucht über die Ostsee miterlebt haben, werden beim Betrachten der Fotos sicher Erinnerungen wach, die niemals vergessen werden können.

Zweieinhalb Millionen Menschen wurden 1944/45 über die Ostsee gerettet. Einige von Ihnen, deren Fotos in dem Bildband zu finden sind, danken stellvertretend für alle Geretteten den Rettern, den unbekannten Seeleuten, die ohne Streben nach Orden, Anerkennung und Beförderung das große Rettungswerk vollbrachten. Gern hätte ich auch eine Vielzahl von Fotos der Kapitäne veröffentlicht, deren Schiffe und Besatzungen bei der Rettungsaktion Hervorragendes geleistet haben, doch 40 Jahre danach leben nur noch wenige dieser »Helden der Nächstenliebe«.

In den Band aufgenommen habe ich auch eine größere Anzahl von Fotos kleinerer Schiffe, deren Kapitäne, Offiziere und Mannschaften sich beispielhaft bei der Rettung von Frauen und Kindern, Alten und Verwundeten unter kaum vorstellbaren Bedingungen und Verhältnissen eingesetzt haben.

Erstmalig in so großer Zahl sind auch Aufnahmen von Einheiten und Fahrzeugen der Landungspioniere in der Bild-Dokumentation zu finden, da der hervorragende Einsatz der Landungspioniere an der Rettungsaktion im Memelland, in Ostpreußen, Westpreußen, der Danziger Buch und in Pommern in bisherigen Publikationen kaum ihrer Bedeutung für das Gelingen der Rettungsaktion Ostsee 1944/45 entsprechend, gewürdigt wurden. Erst durch den Einsatz von Landungspioniereinheiten gelangten viele Flüchtlinge, Verwundete und Soldaten auf Schiffe, die sie über die Ostsee brachten. Am Ende der Rettungsaktion gelangten tausende von Soldaten mit Fahrzeugen der Landungs-Pioniere über das Meer nach Westen.

Die Herausgabe dieser wohl bisher umfassendsten Bild-Dokumentation über das Geschehen bei der Flucht über die Ostsee am Ende des Zweiten Weltkrieges wäre mir ohne Hilfe Vieler nicht möglich gewesen. Mein Dank gilt den Reedereien, die mir bereitwillig ihre Archive öffneten, den Herren Arnold Kludas und K.H. Schwadte, die mir aus ihren reichen Bildbeständen Fotos zur Verfügung stellten, Herrn Werner Haupt, dem stellvertretenden Leiter der Bibliothek für Zeitgeschichte in Stuttgart, der mir eine Vielzahl dokumentarischer und bisher nicht veröffentlichter Aufnahmen überließ, dem Bundesarchiv in Koblenz, der Bundesbildstelle in Bonn, Herrn Gerhard Koop Wilhelmshaven, Herrn Randolf Kugler, dem ich wertvolle Imformationen über den Einsatz der Landungspioniere verdanke und der mit vielen Aufnahmen aus seiner privaten Sammlung einen wertvollen Beitrag zu dieser Bild-Dokumentation leistete. Nicht zuletzt danke ich Herrn Verleger Werner Brune für die Zurverfügungstellung von Fotos aus seinem WZ-Bilddienst. Gleicher Dank gilt den Herren Jansen und Wolfgang Fuchs in Hamburg.

In den Dank einschliessen möchte ich ganz besonders die vielen Erlebnisträger, die zu einem großen Teil damals, zur Zeit des Fluchtgeschehens, noch Kinder waren und die mir jetzt, 40 Jahre danach, bereitwilligst ihre Fotos für diesen Band übermittelten.

Mein Foto-Report über das größte Rettungswerk der Seegeschichte, das ich auf der »Wilhelm Gustloff« und danach auf elf Flüchtlingsfahrten des Dampfers »General San Martin« bis zu seinem Ende miterlebte, will zeigen, was 1944/45 auf der Ostsee und in den Ostseehäfen wirklich geschah, was Frauen und Kinder, Verwundete und Soldaten bei der Flucht erlebten und was Männer der Marine und Pioniere geleistet haben, die zweieinhalb Millionen aus ihrer Heimat Vertriebene über die Ostsee retteten und Soldaten und Verwundete vor Tod und Gefangenschaft bewahrten. Die Bilder dieser Dokumentation wollen aufrütteln und mahnen, damit sich Gleiches nicht wiederholt, sie wollen aber auch dazu beitragen, daß das Unmeschliche der Flucht und Vertreibung nicht vergessen wird, weder in unserer, noch in folgenden Generationen.

»Die Flucht über die Ostsee 1944/45 im Bild« ist das abschließende Werk meiner »Ostsee-Trilogie 1944/45«, die mit dem der Dokumentation »Ostsee '45, Menschen – Schiffe – Schicksale«, erschienen im Herbst 1983, begann, im Herbst 1984 mit dem Erscheinen meines Buches »DIE GUSTLOFF-Katastrophe – Bericht eines Überlebenden« beide Publikationen – wie diese – vom Motorbuchverlag Stuttgart herausgegeben, fortgesetzt wurde. Mit diesen drei dokumentarischen Berichten hoffe ich einen wesentlichen Beitrag zur Zeitgeschichte geleistet zu haben, einem Abschnitt unserer Geschichte, der erst 40 Jahre zurückliegt und schon in Gefahr gerät, in unserer schnelllebigen Zeit im Meer der Vergessenheit zu versinken. Dies verhindern zu helfen, wird auch weiterhin mein Bemühen sein, solange ich publizistisch wirken kann.

HEINZ SCHÖN

Mit Dank gewidmet
den Seeleuten, Pionieren und Soldaten,
die unter Einsatz des eigenen Lebens
in den letzten Kriegsmonaten 1944/45
mehr als zweieinhalb Millionen Menschen
Kinder, Frauen, Verwundete und Soldaten,
über die Ostsee gerettet haben.

Mit Dank gewidmet
den Krankenschwestern, Helferinnen,
Sanitätern und Ärzten, die auf den
Lazarett- und Verwundetentransportschiffen
Verwundeten und Kranken die Schmerzen linderten
und alles taten,
ihr Leben zu erhalten.

Zur Erinnerung gewidmet
den Kindern, Müttern, Frauen,
Alten und Gebrechlichen, die bei der
Flucht über die Ostsee 1944/45
Leid und Entbehrungen auf sich genommen
und das größte Rettungswerk der
Seegeschichte miterlebt haben.

Zum Gedenken gewidmet
all denen, die bei der Flucht über die Ostsee
ihr Leben lassen mußten.
Ihr Tod wird uns Überlebenden stets
Mahnung und
Vermächtnis sein, die Heimat im Osten nicht
zu vergessen und für die Erhaltung
des Friedens in Freiheit einzustehen.

HEINZ SCHÖN
Ein Überlebender der Flucht über die Ostsee

Die Flucht über die Ostsee

DAS GRÖSSTE RETTUNGSWERK DER SEEGESCHICHTE

Die Flucht über die Ostsee war das tragische Schlußkapitel des Zweiten Weltkrieges. Sie begann im Frühjahr 1944 mit dem sich anbahnenden und schnell fortschreitenden Rückzug deutscher Truppen und Marineeinheiten aus dem Finnenbusen und endete als der Krieg längst zu Ende war in den Häfen Schleswig-Holsteins und in der dänischen Hauptstadt Kopenhagen.

Das größte Rettungswerk der Seegeschichte, das mehr als zweieinhalb Millionen Menschen Leben und Freiheit sicherte, war ein Akt der Humanität. Es entstand aus dem Nichts.

Während die Seekriegsleitung und das Oberkommando der Wehrmacht während des Krieges eine Vielzahl von Operationen und Unternehmen, so die Aktion »Seelöwe«, die die Besetzung Englands zum Ziel hatte, oder das Unternehmen »Weserübung« die Besetzung Dänemarks und Norwegens, in monatelanger Generalstabsarbeit vorgeplant und durchgespielt hatte, entwickelte sich die Flucht über die Ostsee, die Evakuierung von über zweieinhalb Millionen Menschen mit mehr als 1000 Handels- und Kriegsschiffen über die Ostsee ohne jede Vorplanung. Weder das Oberkommando der Kriegsmarine noch ein einziger Admiralstabsoffizier hatten sich vorher mit der Frage beschäftigt, was geschehen müsse, wenn plötzlich Hunderttausende oder eine Million Menschen aus dem Baltikum, aus Ostpreußen, Westpreußen und Pommern über die Ostsee abzutransportieren wären, woher der erforderliche Schiffsraum kommen sollte, wie Frachtschiffe binnen kurzer Zeit auf Menschentransport umgerüstet werden könnten und woher Kohle und Öl in ausreichender Menge für diese Transportaufgaben zu beschaffen seien.

Keine zentrale Dienststelle der Wehrmacht, der Marine, der Partei oder ihrer Hilfsorganisationen in den Ostseehäfen, von Riga bis Swinemünde, hatte sich mit der Frage befaßt, wie Massen von Flüchtlingen, Verwundeten und Soldaten in den Häfen verpflegt werden könnten, wenn sich eine solche Notwendigkeit im Kriegsverlauf ergeben würde.

Nichts war vorbereitet, obwohl bereits im Frühjahr, spätestens aber im Sommer 1944, zu erkennen war, daß sowohl an der Landfront das Vordringen sowjetischer Truppen in Richtung Ostpreußen ebensowenig aufzuhalten war, wie an der Seefront der Verlust des Finnenbusens und der östlichen Ostsee und die Bedrohung durch die Sowjets.

Im Gegenteil. Die Partei versuchte mit immer wiederholten Parolen der Bevölkerung Ostpreußens den Glauben an »Wunderwaffen« und den »Endsieg« einzuhämmern, um das Vertrauen an den Führer zu stärken. Die rechtzeitige Evakuierung der Zivilbevölkerung wurde strikt verboten und Kapitänen und Offizieren, die diese Anordnungen über-

Frühjahr 1944: Die Räumung des Finnenbusens beginnt

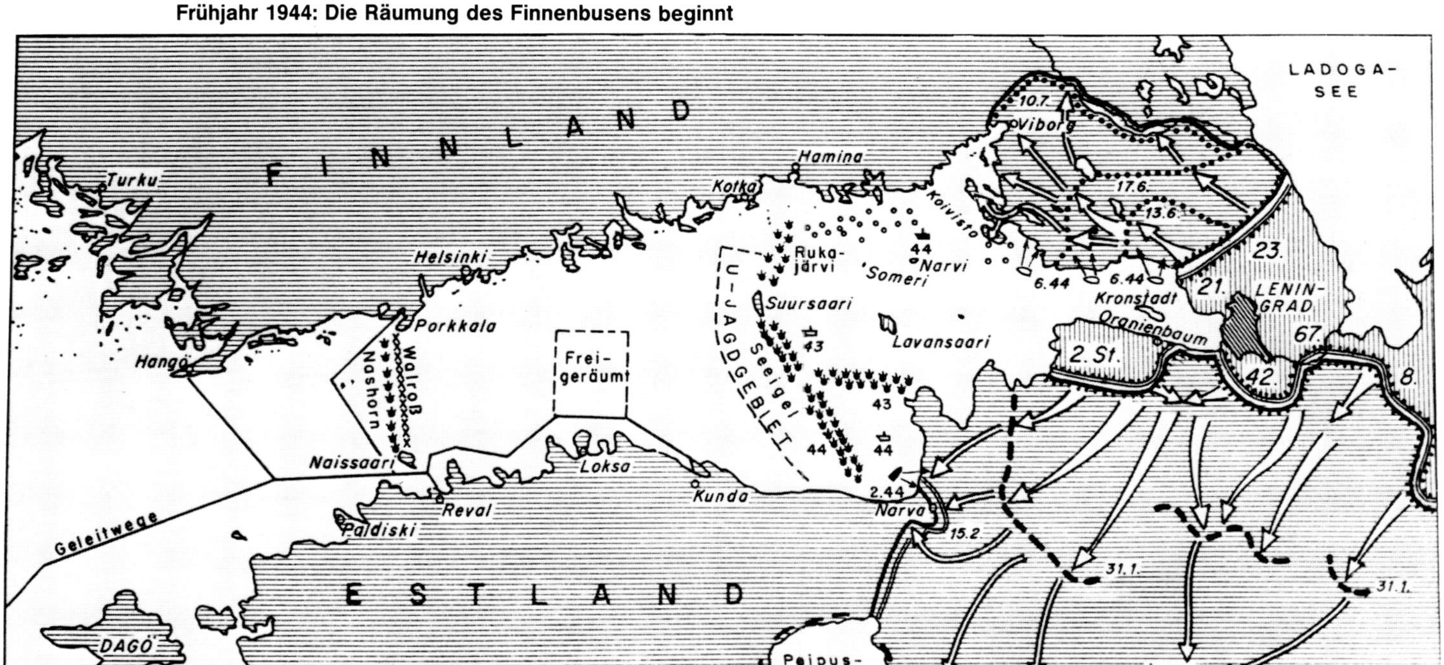

gingen, ein Kriegsgerichtsverfahren angedroht.

Am 9. Juli 1944 nahm Großadmiral Dönitz an einer Besprechung bei Hitler teil. Im Mittelpunkt der Besprechung stand die offenkundige Verschlechterung der Lage an der sowjetischen Front, über die Generalfeldmarschall Modl, Generalleutnant Frießner und Generaloberst Ritter von Greim vortrugen. Auf die Frage Hitlers, welche Folgen ein Durchbruch der Sowjets bis zur Ostseeküste für die Kriegsmarine haben würde, antwortete Dönitz: »Unsere Kontrolle der Ostsee ist wichtig. Sie ist wesentlich für die Einfuhr des schwedischen Erzes, das wir für unsere Rüstung dringend brauchen, und sie ist von entscheidender Wichtigkeit für die neue U-Bootwaffe. Die westliche Position, die es uns noch erlaubt, den Finnischen Golf gegen die russische Flotte abzuschließen, liegt östlich von Reval; der Besitz der Baltischen Inseln ist in gleicher Weise für diesen Zweck von Wichtigkeit. Sollte jedoch der Feind weiter südlich an die Ostsee durchbrechen, z.B. in Litauen oder Ostpreußen, so würden der Finnische Golf und die Baltischen Inseln für die Seelage wertlos werden. Feindliche Stützpunkte zur See in unserer unmittelbaren Nähe würden dann die Erzverschiffung bedrohen oder völlig zum Erliegen bringen und die Übungsplätze für unsere U-Boote stören. Das hauptsächliche Ziel, dem meiner Ansicht nach alles untergeordnet werden muß, selbst die Zurücknahme der nördlichen Heeresgruppe, ist es zu verhindern, daß die Russen an die offene See durchbrechen. Wenn einmal der Feind dorthin durchgestoßen ist, wird die Bedrohung unserer Seeverbindung in der Flanke, die von den russischen Flugplätzen in Litauen aus gegeben wäre, es unmöglich machen, die nördliche Heeresgruppe und Finnland über See zu versorgen.«

Nach der Erkenntnis des Großadmirals war ein unmittelbarer Durchbruch der Sowjets südlich von Kurland die größte Gefahr für die Seelage.

RÄUMUNG VON REVAL UND RIGA

Die ersten 500 000 »Evakuierten«

Bereits am 25.Juli 1944 begann die »Evakuierung« aus den baltischen Häfen Reval und Riga. Innerhalb von drei Monaten wurden aus Reval, Riga, Libau und Windau insgesamt 306 718 Menschen abtransportiert, wie das sorgfältig geführte Kriegstagebuch des Marineoberkommandos Ost auswies: Von Reval vom 25. 7. bis 28. 8. 1944, 34 094 Soldaten, 38 077 Verwundete und 73 000 Flüchtlinge, von Riga vom 23. 9. bis 8. 10. 1944, 20 250 Soldaten, 22 013 Verwundete, 9 489 Kriegsgefangene und 23 474 Flüchtlinge, von Libau und Windau vom 9. bis 28. 10. 1944, 31 269 Soldaten, 22 370 Verwundete, 4 091 Kriegsgefangene und 28 591 Flüchtlinge.

Weitere 180 000 Flüchtlinge warteten in diesen Häfen im September und Oktober 1944 noch auf den Abtransport über See. Außerdem strömten große Truppenteile nach Libau und Windau, um aus diesen Häfen ebenfalls über die Ostsee nach Westen zu gelangen.

Die Anbordnahme in den Häfen Reval, Riga, Windau und Libau geschah im Sommer und Herbst 1944 noch geordnet, ohne Hektik und ohne nennenswerte Feindeinwirkung. Für den Abtransport aus Riga wurden im September und Oktober 1944 neben vielen kleineren Schiffen erstmalig die großen Passagierschiffe »Steuben« vom Norddeutschen Lloyd und der Hapag-Dampfer »Deutschland« eingesetzt. Mit diesen und anderen Schiffen konnten sich 90 000 Letten, darunter 300 lettische Hochschulprofessoren, vor den Sowjets retten.

Ausschiffungshäfen für die aus dem Baltikum Abtransportierten waren vorwiegend Gotenhafen und Danzig-Neufahrwasser.

Fast zur gleichen Zeit wie in den baltischen Häfen, hatte in Memel die »provisorische Evakuierung« der 120 000 Memelländer über den Hafen Memel begonnen. In einer ersten Transportwelle wurden 50 000 Memelländer Ende Juli 1944 über die Ostsee nach Pillau, Gotenhafen und Danzig gebracht. Die zurückgebliebenen Männer bis zum 65. Lebensjahr und viele tausend Hitlerjungen, wurden zu »Schippkolonnen« zusammengestellt und zum Bau des »Ostwalls«, der sowjetische Panzer und Truppen aufhalten sollte, eingesetzt. Sie hatten ihren Einsatz dem »Reichsverteidigungskommissar von Ostpreußen« Gauleiter Erich Koch, zu verdanken. Deshalb erhielt der Ostwall auch bald den Namen »Erich-Koch-Wall«. 6 000 Hitlerjungen, die im Kreis Memel bei Schanzarbeiten fast hinter die Front geraten wären, ließ der Chef der in Memel stationierten 24. U-Boot-Schulflottille, Fregattenkapitän K.F. Merten, kurzerhand mit den Dampfern »Welheim« und »Messina« nach Westen bringen.

Ende Oktober 1944 hatte sich die Lage an der Ostseefront weiter zugespitzt. Aus dem »Nebenkriegsschauplatz Ostsee« war inzwischen ein »Hauptkriegsschauplatz« geworden. Reval war am 22. September, Riga am 13. Oktober 1944, in sowjetische Hände gefallen. Um die Kurlandhäfen Windau und Libau hatte man Brückenköpfe bilden können. Für Memel war am 9. Oktober ein zweiter Räumungsbefehl ausgegeben worden. Bis auf Stadt und Hafen Memel war auch das Memelland am 10. Oktober in sowjetischem Besitz.

Hitler hatte Ende September den Befehl zur Aufstellung des »Volkssturmes« gegeben, in zwei schweren Nachtangriffen hatten alliierte Bomberverbände die Stadt Königsberg in ein Flammen- und Trümmermeer verwandelt, sowjetische Truppen hatten erstmalig im Raum Gumbinnen-Goldap-Nemmersdorf die ostpreußische Grenze überschritten, waren aber wieder zurückgeworfen worden und von den finnischen Inseln war nur noch die Halbinsel Sworbe von deutschen Truppen besetzt.

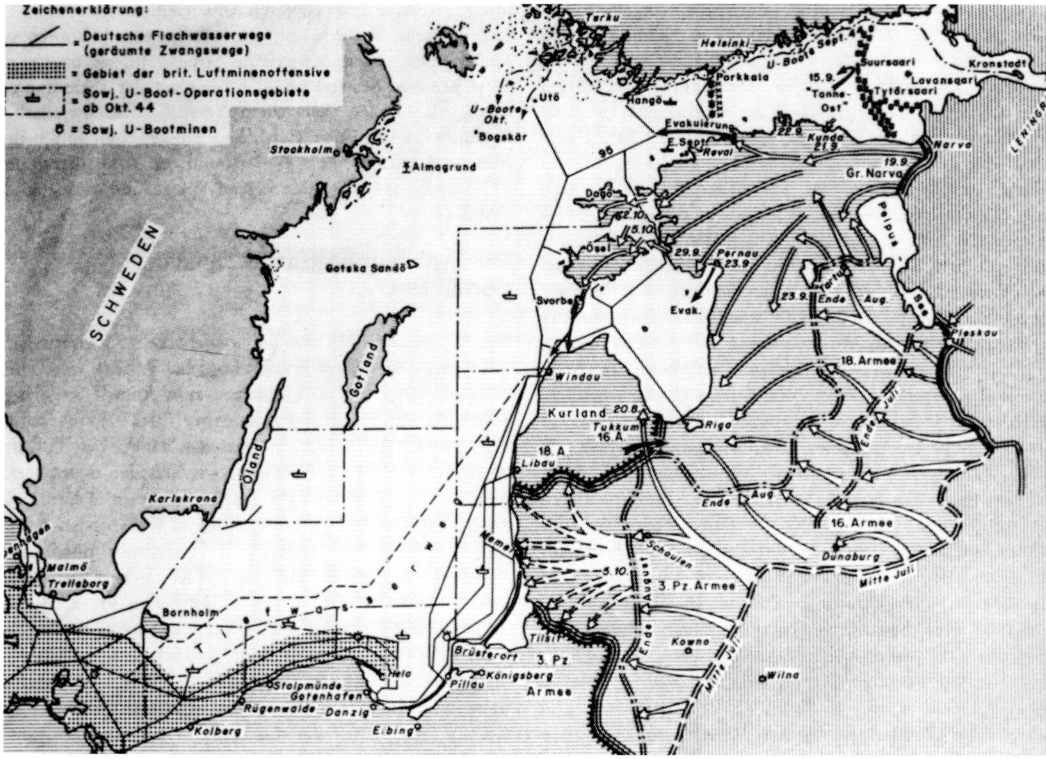

Karte 2: Ostsee, Herbst 1944: Reval und Riga sind schon verloren. Der Rückzug aus der östlichen Ostsee ist nicht mehr aufzuhalten

Im November und Dezember nahmen die Transporte aus Libau, Windau und Memel weiter zu, in den Anlandehäfen Gotenhafen und Danzig stauten sich die ersten Flüchtlingsmassen, die kaum mehr mit der Bahn abzutransportieren waren und Gotenhafen erlebte am 18./19. Dezember einen Großangriff von Bomben auf den Hafen.

Die Schiffsverluste, vor allem die Verluste von vollbesetzten Flüchtlingsschiffen, hielten sich bis Ende des Jahres 1944 in Grenzen, die Zahl der zu beklagenden Opfer stand in keinem Verhältnis zu der Zahl der über die Ostsee Geretteten.

DIE MENSCHENFRACHT

Flüchtlinge, Verwundete, Soldaten

Nicht nur Soldaten, Verwundete und Flüchtlinge hatten die Schiffe über die Ostsee gebracht, sondern auch verwundete sowjetische Kriegsgefangene. Über einen solchen Transport berichtet der Marineoberstabsarzt Dr. Helmut Netzband, der vom 8. 11. bis 23. 12. 1944 als Chefarzt auf dem Verwundetentransporter »Tanga« zwischen Libau und Danzig-Neufahrwasser eingesetzt war: »Auf einer diesen Reisen von Libau nach Neufahrwasser waren auch etwa 100 russische Kriegsgefangene mit an Bord, mit eigenem russischen Sanitätspersonal, darunter eine russische Ärztin und zwei weibliche Feldscheren. Die russischen Verwundeten wurden an Bord von dem eigenen russischen Sanitätspersonal versorgt. Soweit das von ihnen mitgebrachte Sanitätsmaterial nicht ausreichte, wurde von mir Verbandsmaterial für die Verbandswechsel zur Verfügung gestellt. Die begleitende russische Ärztin machte auch von der angebotenen Benutzung des Operationssaales Gebrauch. Meine angebotene Hilfe bei der Versorgung ihrer Landsleute wurde nicht in Anspruch genommen. . . .«

Als das Jahr 1945 begann, gab es noch immer keine zentrale Stelle, welche die Fluchtbewegung über die Ostsee verantwortlich leitete. Noch immer waren die Kapitäne auf den Lazarett- und Verwundetentransportschiffen auf sich allein gestellt. Dies geht auch aus zwei Berichten über die Einsätze des Eisenbahnfährschiffes »Preussen« und des kleinen Dampfers »Hestia« in der ersten Januarhälfte 1945 hervor:

Dr. P.-W. Fabricius schrieb über seinen Einsatz auf dem Fährschiff »Preussen«:

»Die »Preussen« war ein Eisenbahnfährschiff, das vorher die Route Saßnitz-Trelleborg fuhr, die Besatzung waren somit Eisenbahner in entsprechender Uniform. Bevor ich das Schiff am 4. Januar 1945 übernahm, hatte es, unter einem Sanitäts-Fähnrich, zwei oder drei Fahrten gemacht. Unter meiner Leitung fuhr das Schiff die Route Danzig-Libau im 4-Tage-Rhythmus mit 400 Verwundeten in den provisorisch eingerichteten doppelstöckigen Betten und Strohsäcken in den Speiseräumen, auf den Eisenbahnschienen standen Fahrzeuge, unter anderem Panzer. Zuletzt fuhren wir zwei- oder dreimal nach Kopenhagen mit 3 000 Flüchtlingen zusätzlich. Mir unterstanden 8 Sanitätskadetten und die Bordflak. Allmählich kamen flüchtende Schwestern hinzu, die besonders bei den letzten Fahrten eine große Hilfe waren. Die Schwestern und einen großen Teil der Flüchtlinge mußte ich an Bord schmuggeln, da die Landbehörden glaubten, besonders in Pillau, eine so große Personenzahl nicht zulassen zu dürfen. Ich bin froh, damals befehlswidrig gehandelt zu haben.

Die Sanitätseinrichtung war mehr als provisorisch, und damit machte ich auch Geburten. Die Fahrten mit »Preussen« waren für mich das Schrecklichste, was ich im Kriege erlebt habe. Mütter kamen mit ihren toten Kindern in den Koffern an Bord, alte Menschen starben. In Memel, wo wir noch eingeschlossene Panzer übernahmen, um sie in Pillau abzusetzen, in der Nacht aber nicht auslaufen konnten, überließ uns ein einsichtiger Heeresbeamter ein Verpflegungsdepot. Wir schleppten in der ganzen Nacht Kisten. Auf diese Weise hatte ich Säuglingsverpflegung, Büchsenmilch, Schokolade usw. an Bord.

Ich unterstand einer Danziger Dienststelle, von wo wir auch – manchmal – unseren Sold bekamen. Sonst hörte und sah ich keine vorgesetzte Dienststelle. Wir mußten eben sehen, wie wir klar kamen. Die Fahrtanweisungen bekam der Kapitän, oder wir fuhren, wenn wir voll waren, sowieso ohne Geleit.»

Eberhard Kuhl, der am 12. Januar 1945 als II. Offizier auf den D. »Hestia« kommandiert worden war, berichtete:

»Für unseren beabsichtigten Einsatz als »Flüchtlingsschiff« wurde das Schulungspersonal der Schiffsartillerieschule, der die »Hestia« als Schulschiff diente, von Bord geholt und nur die Geschützbedienungen blieben an Bord. Das Schiff konnte in diesem Zustand sofort für den Flüchtlingstransport eingesetzt werden, da in den Zwischendecks große Teile der Mannschaftsunterkünfte zur Verfügung standen. In den Unterraum führten solide Holztreppen. Auch die Kombüse war für größere Personenzahlen eingerichtet.

Es ging zuerst nach Pillau. Große Menschenmengen standen am Kai und wir hatten bald genug zu tun, um alle in den Räumen unterzubringen. Doch ich hatte die Ostpreußen im Sommer 1944 schätzen und lieben gelernt und kannte ihre verläßliche Art noch aus meiner Segelschulschiffzeit. Nun war man bestrebt, soviel wie möglich vor den Russen zu retten. Es ging dann mit 2 500 bis 3 000 Personen an Bord nach Neufahrwasser. Ein großes Problem hatten wir mit den Bordtoiletten. Die Ostpreußen, die vom Lande kamen, waren an ihr Plumsklo gewöhnt, das jede Menge Papier verdauen konnte. Unsere empfindlichen Bordtoiletten waren das nicht gewohnt und verstopften schnell restlos. So wurde auf dem Vordeck an Steuerbord und Backbord je ein langes Häuschen an die Reling gebaut, wo ein ständiger Wasserstrom alles bewältigte.

Die Menschen waren von den Strapazen der Flucht gezeichnet und froh, ein rettendes Schiff erreicht zu haben. Es ging alles sehr ruhig und diszipliniert zu. Kein Geschrei und kein hysterisches Gekreische. Nur ab und zu, wenn es im Mittelschiffsgang stockte, hörte man das typisch ostpreußische: »Nu je doch, Marjelche, jeh doch.« Auf der Fahrt entspannten sich dann die Menschen. Das mit größter Energie erstrebte Ziel war erreicht. Für manche Alten und Kranken waren damit die Lebenskräfte erschöpft. So bewahrte ein plötzlicher Tod sie vor weiteren Ereignissen des Krieges. Morgens gingen wir dann durch die Räume, sammelten die Toten zusammen, meist alte Menschen und Kleinkinder, und legten sie auf das Peildeck, um sie später an Land zu geben . . .«

DIE FLOTTE DER FLÜCHTLINGSSCHIFFE

Vom Fischdampfer bis zum Ozeanriesen

Mit dem Beginn des sowjetischen Großangriffs am 13. Januar 1945 auf Königsberg und das Kurische Haff, auf Elbing und die Danziger Bucht, änderte sich die Situation schlagartig. Die Massenflucht in die Häfen stellte die Marine plötzlich, und für viele unerwartet, vor eine gewaltige Aufgabe, für die gezielte Vorbereitungen in großem Umfange nicht getroffen waren.

Das Oberkommando der Kriegsmarine reagierte rasch.

Seine Reaktion und die von ihm angeordneten Maßnahmen beschreibt Großadmiral Karl Dönitz in seinem Buch »10 Jahre und 20 Tage« wie folgt:

»Schon ab Sommer 1944 hatte sich mit dem Abfall Finnlands, dem Näherrücken der Ostfront an die deutsche Grenze und der Bedrohung Ostpreußens für die Kriegsmarine immer mehr die Hauptaufgabe ergeben, die Ostfront durch Seetransporte über die Ostsee mit Nachschub an Menschen, Waffen, Munition und Material zu versehen, und Verwundete, Flüchtlinge und Heeresteile auf den gleichen Schiffen bei ihrer Rückkehr nach Westen zu überführen. Als dann nach dem Durchbruch der Russen im Januar 1945 das Land und die Werften und Ausbildungsstützpunkte an der östlichen Ostsee bedroht wurden oder verlorengingen, war es endgültig klar, daß die U-Bootwaffe mit ihren neuen, der Abwehr wieder überlegenen Booten, nicht mehr im großen Stil zum Einsatz kommen würde.

Der U-Bootkrieg war damit nicht mehr Hauptaufgabe der Kriegsmarine. Ich stellte große Teile von ihr auf die Unterstützung der Ostfront und die Rettung deutscher Menschen um. Marinepersonal, das für die Besetzung im Bau befindlicher U-Boote und Kriegsschiffe bereitgestellt war oder anderweitig entbehrlich wurde, gab ich an das Heer ab oder faßte es zu Marineeinheiten und -divisionen zusammen, die an Land gegen die Russen eingesetzt wurden. Im Lauf der letzten Kriegsmonate nahmen auf diese Weise ungefähr 50 000 Mann Marinepersonal an der Verteidigung deutschen Raumes im Osten am Landkampf teil. Hierbei fiel der Kommandeur der II. Marinedivision, Vizeadmiral Scheurlen.

Aus der Nordsee und dem Norwegen-Raum wurden Seestreitkräfte für die Ostsee abgezogen, soweit es die Rücksicht auf die Aufrechterhaltung des dortigen Seeverkehrs erlaubte. Hier wurden sie dringend zur Sicherung der Seewege und der Handelsschiffe gebraucht, die für die Ostfront und den Flüchtlingstransport eingesetzt waren. Der deutsche Handelsschiffsraum war für die Ostseetransporte von entscheidender Bedeutung. Er wurde von dem Reichskommissar für die Seeschiffahrt, Gauleiter Kaufmann in Hamburg, bewirtschaftet. Kaufmann unterstand in seiner Aufgabe als Reichskommissar für die Seeschiffahrt unmittelbar Hitler.

Die Gesamtlage im deutschen Ostraum und die Verhältnisse an der Ostfront machten jedoch jetzt die Zusammenfassung aller dort benötigten Kräfte in einer Hand notwendig. Daher wurde die noch vorhandene deutsche Handelsschiffstonnage mir unterstellt, und unter einheitlicher Führung zusammen mit den Seestreitkräften und möglichst hohem Wirkungsgrad für die Ostseetransporte verwandt. Ich beauftragte mit der Oberleitung den Konteradmiral Engelhardt. Es war ein Mann, der bereits durch seine bisherigen Dienststellungen in der Kriegsmarine Erfahrungen auf dem Gebiet der Handelsschiffahrt besaß. Er hat einen wesentlichen Verdienst daran, daß es der Marine in den letzten Kriegsmonaten gelang, auf dem Wasserwege, neben dem nach Osten gehenden Nachschub für die Front, über zwei Millionen Menschen aus West- und Ostpreußen und Pommern über See nach Westen zu retten.

Die Leiter dieser Transportorganisation an der Front waren im Westen der Ostsee der Marineoberbefehlshaber Ost in Kiel, Generaladmiral Kummetz, und in der östlichen Ostsee für Ost- und Westpreußen der Admiral Burchardi. Beide waren für ihre vielseitige Tätigkeit mit entsprechenden Sonderstäben ausgerüstet. Der Hauptverdienst an der gelungenen Durchführung dieser Transporte gebührt jedoch den Besatzungen der Kriegs- und Handelsschiffe, die in unaufhörlichem Einsatz an der Front diese Aufgabe meisterten.«

Der von Großadmiral Dönitz als »Seetransportchef der Wehrmacht« mit der Organisation der Ostseetransporte beauftragte Konteradmiral Engelhardt saß mit seiner Dienststelle nicht etwa in einem Ostseehafen, sondern in der ehemaligen Panzerkaserne in Eberswalde, einer Kleinstadt an der Bahnstrecke Berlin-Stettin. Nachdem der 46-jährige, hünenhaft wirkende Admiral seinen Auftrag erhalten hatte, versuchte er zunächst zu klären, welche Schiffe ihm überhaupt in den Ostseehäfen für die vorgesehenen Transportaufgaben zur Verfügung standen und welche Kriegsmarineeinheiten die Sicherung der Flüchtlingsgeleite über die Ostsee übernehmen konnten. Innerhalb von 24 Stunden hatte er bereits eine erste Übersicht. Der »Seetransportstelle Ostsee« standen folgende Schiffe zur Verfügung:

»Cap Arcona« (27 561 BRT), »Robert Ley« (27 288 BRT), »Wilhelm Gustloff« (25 484 BRT), »Hamburg« (22 117 BRT), »Hansa« (21 131 BRT), »Deutsch-

Großadmiral Karl Dönitz (2)

2

Generaladmiral Oskar Kummetz, Befehlshaber Marine-Oberkommando Ost (3)

3

4

Admiral Theodor Burchardi,
Admiral Östliche Ostsee (4)

5

Konteradmiral Konrad Engelhardt
Seetransportchef der Wehrmacht, Ostsee 45 (5)

Fregattenkapitän Adalbert von Blanc,
Chef der 9. Sicherungs-Division (6)

6

Vizeadmiral Rogge (links) und Vizeadmiral Thiele (rechts) (7)

7

land« (21 046 BRT), »Potsdam« (17 628 BRT), die Frachter »Moltkefels« (7 862 BRT), »Neidenfels« (7 838 BRT), »Lappland« (7 650 BRT), »Vega« (7 287 BRT), »Wolta« (7 258 BRT), »Göttingen« (6 267 BRT), »Kanonier« (6 257 BRT), » Duala« (6 133 BRT), » Vale« (5 950 BRT), »Wiegand« (5 869 BRT), »Tübingen« (6 593 BRT), »Albert Jensen« (5 446 BRT), »Brake« (5 347 BRT), »Tanga« (5 346 BRT), » Matthias Stinnes« (5 337 BRT), »Goya« (5 230 BRT), »Mendoza« (5 193 BRT), »Cometa« (5 125 BRT), »Eberhard Essberger« (5 046 BRT), und eine Vielzahl weiterer Schiffe unter 5 000 BRT.

Die Kriegmarine verfügte ferner in der Ostsee über die großen Lazarettschiffe »Berlin« (15 286 BRT), »Monte Rosa« (13 882 BRT), »Monte Olivia« (13 750 BRT), und »Pretoria«, acht kleine Lazarettschiffe zwischen 1 000 und 3 000 BRT: »Glückauf«, »Marburg«, »Meteor«, »Oberhausen«, »Piteá«, »Posen«, »Würzburg« und »Rügen« und die ausschließlich für den Massentransport von Verwundeten eingerichteten »Verwundetentransportschiffe »Adler« (1 486 BRT), »Antonio Delfino« (13 589 BRT), »Der Deutsche« (11 430 BRT), »General San Martin« (11 251 BRT), »Steuben« (14 660 BRT), »Regina« (1 304 BRT), »Ubena« (9 554 BRT), »Urundi« (5 791 BRT), »Renate« (2 339 BRT), »Walter Rau« (13 752 BRT), »Wangoni« (7 848 BRT), »Winrich von Kniprode« (10.123 BRT), »Karlsruhe« (897 BRT), »Robert Möhring« (3 344 BRT) und das Eisenbahnfährschiff »Preußen«.

Die 9. Sicherungsdivision der Marine (Freg.Kpt. von Blanc) und die 10. Sicherungsdivision (Konteradm. Butow) übernahmen mit 17 Flottillen und 350 kleinen Fahrzeugen die örtliche Geleitorganisations-sicherung, sie verfügten in allen großen Ostseehäfen über Zweigstellen und Sonderstäbe.

Oberst (sp. Generalmajor) Carl Henke, Oberster Landungs-Pionier-Führer (8)

DER ROTE STURM BRICHT LOS

»Nur weg – die Russen kommen!«

Mit dem unaufhaltsamen Vormarsch sowjetischer Truppen in der zweiten Januarhälfte 1945 wurde der Schreckensruf der Ostpreußen, der Westpreußen und der Pommern »Die Russen kommen« von Tag zu Tag lauter und trieb die von Angst gepeinigten Menschen durch Kälte, Schnee und Eis vorwärts. »Nur weg, nur weg!« waren die Gedanken der Fliehenden, zumeist Mütter, Kinder, alte Frauen und alte Männer, soweit diese nicht zum »Volkssturm« eingezogen waren. Besonders die Frauen waren von Angst befallen. Sie erinnerten sich in diesen Tagen der Flucht an das Massaker von Nemmersdorf im Oktober 1944.

Lange Trecks zogen über das Kurische Haff und das Frische Haff, die zugefroren waren. Sowjetische Bomber und Tiefflieger stürzten sich auf die Fliehenden. Manches Fahrzeug brach ein, nachdem die Bomben das Eis zerbrochen hatten, mancher Treck verschwand spurlos, ließ nur noch Leichen und Trümmer zurück. Was die ostpreußischen Frauen auf diesen Fluchtwegen zu leiden hatten, hilflos den Unbillen des Wetters ausgeliefert, war gnadenlos. Was hier geschah war die Entfesselung der Hölle gegen Mütter und Kinder. Das letzte Stück Brot wurde geteilt, der letzte Tropfen Wasser. Nur mühsam ging es vorwärts. Unterwegs, auf dem Eis, in grimmiger Kälte, wurden in den Fluchtwagen Frauen entbunden, Säuglinge starben, Greise röchelten ihr Leben aus.

Die durchkamen, kamen in überfüllte Häfen, so nach Pillau, Gotenhafen und Danzig. Dort waren die großen Schiffe, die der 1. und 2. Unterseebootslehrdivision als »Wohnschiffe« dienten, noch nicht freigegeben. Es warteten Zehntausende frierend und hungernd nach tagelanger Flucht, auf den kalten Kaimauern, in den Hafenschuppen, auf Fluren und in Häusern darauf, von den Schiffen an Bord genommen zu werden.

Unter dem Kennwort »Operation Hanibal« befahl Großadmiral Dönitz in Anbetracht der Lage am 21. Januar 1945 die Verlegung der 1. und 2. Unterseebootslehrdivision von Pillau und Gotenhafen in schleswig-holsteinische Häfen. In dem Dönitzbefehl hieß es u.a.:

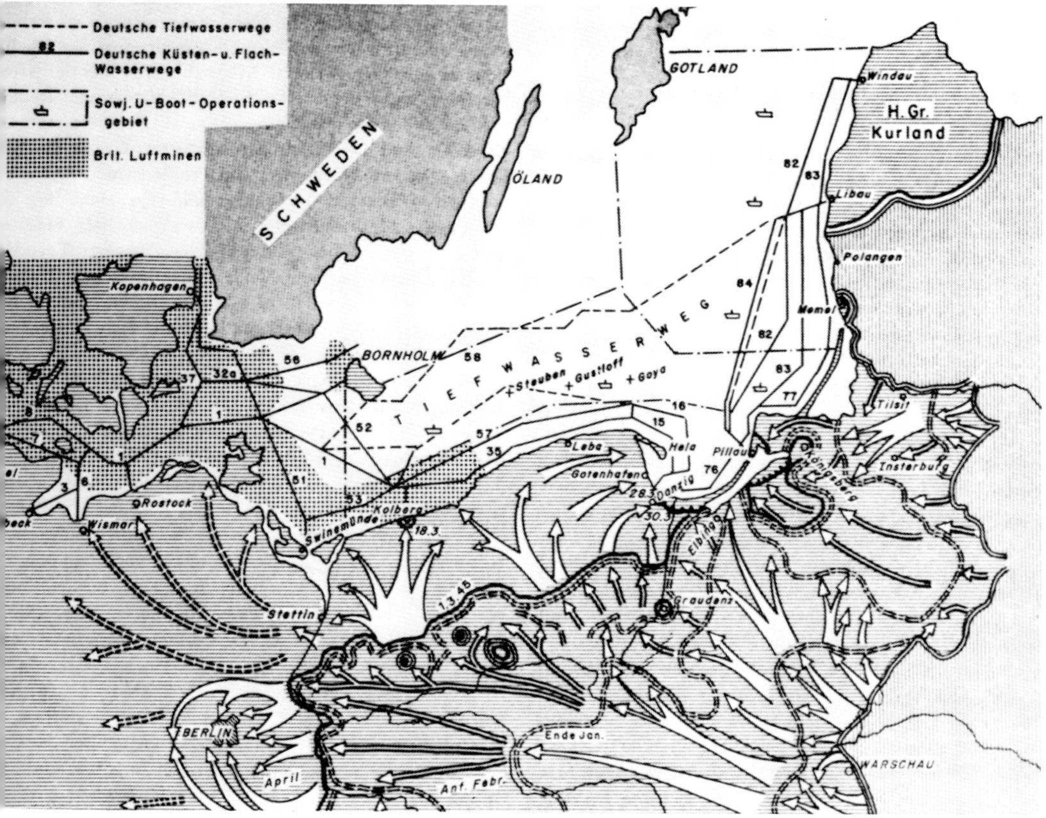

Karte 3: Die Fluchtwege über die Ostsee Januar bis Mai 1945

»Die Häfen der Danziger Bucht sind von den Unterseebootslehrdivisionen aufzugeben. Die Unterseebootslehrdivisionen sind in die Häfen der Lübecker Bucht zu verlegen, wo die Ausbildung schnellstmöglich fortzusetzen bzw. abzuschließen ist. Auch die bereits ausgebildeten U-Boot-Besatzungen, die Marinehelferinnen und das Werftpersonal sind im Rahmen der Absatzbewegungen auf die Schiffe zu verladen und nach noch zu bestimmenden westlicheren Ostseehäfen zu verlegen. Die ausgebildeten U-Boot-Besatzungen sind dort auf neuen U-Booten einzusetzen.

Von diesem Befehl werden betroffen:

Die zwei Unterseebootslehrdivisionen in Gotenhafen-Danzig und in Pillau, die in den Häfen stationierten Unterseeboots-Flottillen, einschließlich aller ihrer Boote, Zielschiffe, Torpedofangboote und der großen Wohnschiffe »Wilhelm Gustloff«, »Hansa«, »Hamburg« und »Deutschland«...

Soweit vorhandener Laderaum auf den Dampfern für Marineangehörige der U-Boot-Ausbildungseinheiten und der U-Boot-Flottillen einschließlich Begleitpersonal und Marinehelferinnen nicht benötigt wird, ist jeder freie und verfügbare Raum für den Flüchtlingstransport zu räumen und freizugeben. Die Belegung der Schiffe mit Flüchtlingen hat nach den Anweisungen der Gauleitung der NSDAP zu erfolgen. Mit den Vorbereitungsarbeiten in den Häfen soll sofort begonnen werden...!«

Dies war der erste eindeutige Befehl des Oberkommandos der Kriegsmarine für den Massentransport von Flüchtlingen aus der Danziger Bucht über die Ostsee »soweit vorhandener Laderaum nicht für U-Boot-Ausbildungseinheiten und der U-Boot-Flottillen mit Begleitpersonal benötigt wurde!« Wer von der Zivilbevölkerung mit den Schiffen fliehen durfte, bestimmte die Gauleitung.

Doch dies erwies sich bald als Theorie. Die Macht der Massen in den Häfen war stärker, wie sich zeigte.

Während man in Gotenhafen und in Danzig die großen Fahrgastschiffe »Wilhelm Gustloff«, »Hansa«, »Hamburg« und »Deutschland«, aber auch die »Cap Arcona«, die »Iberia«, die Antonio Delfino«, die »Oceana«, die »Potsdam«, viele kleinere Schiffe und sogar das Walfangmutterschiff »Walter Rau« für die Aufnahme von Flüchtlingen vorbereitete, begann am 25. Januar 1945 in Pillau bereits die erste Großaktion zur Evakuierung einer ganzen Stadt mit den Schiffen »Robert Ley«, »Pretoria«, »Duala«, vielen kleineren Schiffen und nicht zuletzt der «Ubena«.

Über diese Aktion, die Einschiffung der Marineangehörigen und Flüchtlinge im Pillauer Hafen und den ersten großen Flüchtlingstransport über die Ostsee hat Kapitän Hermann M. Förster, seit 1931 Schiffsführer der »Ubena«, Tagebuchnotizen gemacht:

9

Der Hafen von Pillau (9)

Gotenhafen, Hafenbecken IV (10)

10

»24. Januar 1945:
Hohe Alarmstufe. U-Boot-Besatzungen räumen das Schiff. Angehörige der Marine, Frauen und Kinder mit Gepäck an Bord. Ausrüstungsübernahme, Geschütze an Bord.

25. Januar 1945:
Weitere Übernahme bei Kälte und Schneefall.
Nachmittags 2000 Flüchtlinge an Bord mit Sack und Pack. Weitere Mannschaften an Bord, verwundete Soldaten, alte gebrechliche Leute und Hunderte von Babies mit Kinderwagen, insgesamt 500 Marinemannschaften, zusammen über 2500 Personen.
Kurz vor Mitternacht Abfahrt im Schneesturm, – 5° Kälte. Erst »Robert Ley«, dann »Pretoria« und 5 bis 6 andere Dampfer, ziemlich zuletzt »Ubena«.

26. Januar 1945:
Draußen vor Pillau im Schnee und Nebel kein Geleit mehr gefunden. Gegen 2 Uhr Hochgehen der ersten Feindmine – aber weit genug ab um bei uns Schaden anzurichten. Nebelfahrt, bis 6 Uhr Schneetreiben.
Schiff südlich der Adler-Bank gehalten und dann weiter bis Kap Arkona abgesetzt. Schneesturm.

27. Januar 1945:
Von 10 – 17 Uhr vor Kap Arkona auf Minensuchgeleit gewartet. Geburt des ersten Kindes. Karin Kühn.
Ohne Geleit weiter. Immer noch Schneetreiben.

28. Januar 1945:
Geburt des zweiten Kindes: Herbert Seeck.
Passieren morgens die Gedser-Sperre. Wegen enormen Wasserverbrauchs bei den 2500 Menschen lag das Schiff durch den Winddruck mal nach Steuerbord, mal nach Backbord mit 10 Grad. Außerdem Belastung durch obenliegende Menschenmenge. Im Schneesturm in Kiel eingelaufen.
13.00 Uhr zu Anker vor Holtenau. Können nicht vor 17.00 Uhr in die Schleuse einlaufen. Warten auf Wasser und Öl. Bekommen aber nichts.
Von 18 – 21 Uhr lagen wir in der Holtenauer Schleuse, landeten die Verwundeten und Kranken.

29. Januar 1945:
Machten morgens 2 Uhr im Kaiser-Wilhelm-Kanal bei Rendsburg fest und landeten ca. 2000 Flüchtlinge.
Fliegeralarm. Rein Schiff«

Fast zur gleichen Zeit verließen der Dampfer »General San Martin« und der Dampfer »Der Deutsche« Königsberg, bis auf den letzten Platz mit Flüchtlingen beladen.

Bereits am 26. Januar 1945 hatten 17000 Flüchtlinge auf den Frachtschiffen »Tanga«, »Eberhard Essberger«, »Lappland«, »Wartheland« und »Gotenland« Pillau verlassen. Zur Abholung von 10000 Verwundeten trafen die »Steuben« und der Dampfer »Berlin« in Pillau ein.

DIE FESTUNG MEMEL VOR DEM FALL

Was ein Soldat erlebte

Ende Januar 1945 erfüllte sich auch das Schicksal von Memel. Die letzten Tage und Stunden in dieser Stadt waren qualvoll für alle. Die letzte Hoffnung waren Schiffe, war die Rettung über die Ostsee. Was er als junger Soldat damals erlebte und empfand, schrieb Guy Sajer in dem Bericht eines vergessenen Soldaten: »Denn dieser Tage Qual war groß« nieder:

»Die Tage vergehen. Memel existiert nur noch auf den Generalstabskarten. Die Front ist noch mehr zusammengeschrumpft. Trotzdem wurden viele verschifft. Aber Tausende sind noch da. Tausende, die stumm und gespenstisch durch den nächtlichen Nebel irren, hin und her zwischen den Stellungen, die sie noch halten müssen, und der Gruft, in die sie sich keuchend zu kümmerlichem Schlaf zurückziehen. Es sind noch welche da, und immer beobachte ich sie aus meinen stumpf glotzenden Augen. Sie irren durch diese tragischen Stunden, in einer Stille, die für meine Ohren allen Lärm der Welt ersticken müßte. Es ist fast nichts Menschliches mehr an ihnen. Und ich sehe sie an, allein, entsetzlich allein, und in meinem Inneren fließt ein Strom von Tränen, schwer wie Quecksilber. Memel ist der Gipfel meines Lebens geworden, der höchste Gipfel, über dem nur noch der Schleier des Unendlichen liegt. Nach Memel wird von uns nichts mehr übrigbleiben. Das Leben, das ich dann führen werde, wird nur noch wie ein Paar Krücken sein, die man einem Krüppel schenkt. Memel ist das Grab, auf dem ich mein Leben niederlegte, das Absolute...

Noch hält sich Memel, eine winzige Insel des Muts, die aus einem Meer von Verzweiflung herausragt. Memel hält stand und erweckt sogar seine Gleichgültigsten, um noch einen Augenblick zu überleben. Es kommen keine Schiffe mehr. Hat man uns aufgegeben? Ist auch diese letzte Hoffnung entschwunden? Kommt nun endlich der Gnadenstoß?

Nein. In der folgenden Nacht nähert sich ein Gespensterschiff. Viele Sterbende schleppen sich zum Meer. Sie balgen sich, um nur möglichst nahe heranzukommen. Kein Befehl kann sie mehr zurückhalten. Übrigens sind die Offiziere in genau demselben Zustand. Hier kämpft man nicht mehr auf Kommando. Man kämpft, weil nichts anderes möglich ist. Aber das Schiff ist nicht gekommen, um Menschen zu holen, es kommt um Lebensmittel! Ja, es scheint, daß wir noch über Vorräte für drei Monate verfügen. Und da wir ja »unverzüglich« herausgeholt werden sollen, müßten diese Lebensmittel vernichtet werden. Im Süden aber befinden sich Hunderttausende Flüchtlinge, die an Hunger und Kälte sterben, »Gebt uns Euer Mehl!« Die unheimliche Menschenhorde, die sich an der Uferböschung angesammelt hat, vernimmt die Worte des Marineoffiziers, der sich eines

Sprachrohres bedient. Aber diese Menschen verstehen nicht sofort. Sie hören bloß die Stimme des Mannes, der aus einer anderen Welt zu kommen scheint. Sie erfassen irgendwie, daß sie in ihrer Not noch irgendeiner Sache im Süden dienen können. Ein einziges Wort geht in ihrem Kopf herum, dreht sich in einem gespenstischen Karussell: »Unverzüglich! Unverzüglich!« Das Schiff nimmt unseren Überfluß an Bord und dazu noch ein paar Verwundete. Die Horde verharrt unbeweglich. In ungeheurem Schweigen, das von der Nacht eingehüllt ist.

...In der Nacht sind zwei Schiffe gekommen. Unter Lebensgefahr lief eine Meute zerlumpter Soldaten auf sie zu, um an Bord zu gehen. Wir waren zu weit weg, um hinzugelangen. Mit Brechreiz im Hals wurde uns bewußt, daß wir nun noch mehr vereinsamt waren, dem Absterben noch machtloser ausgeliefert. Die Elenden, denen die Flucht gelang, schwächten die Verteidigung noch mehr. Nun wird nichts mehr den Russen aufhalten. Sobald er losrückt, wird die grauenvolle Hasenjagd losbrechen. Schwer und zermürbend bohrt dieser Alptraum in unseren Hirnen, wir werden von einem Zittern befallen, dem wir nichts entgegensetzen können...

...Da hörten wir Laute vom Meer her. Und alles, was vom Meer herkam, peitschte unsere Lebensgeister noch einmal auf. Wir erhoben uns und horchten mit unserer Seele. Es war ein dumpfes Brummen, die zärtliche Melodie eines langsam laufenden Motors. Kaum hörbar. Und dann Rufe. Verschwommene Rufe, die man nicht recht ausmachen konnte. Wir sind ins Wasser hineingelaufen, ohne die Nässe zu spüren. Stimmen schrieen im milchigen Nebel. Dann, mit aller Kraft die uns geblieben war, brüllten wir, heulten wir los: »Hilfe! Hilfe!«

Wie Tobsüchtige rannten wir bedenkenlos ins Wasser. Das kalte Naß rüttelte uns für einen Augenblick auf. Wir hörten nicht auf zu schreien. Das Wasser ging uns bis zur Brust. Wir taumelten und unsere Stimmen waren unmenschlich. Einige fielen hin, gingen für Augenblicke unter und tauchten wieder auf. Und immer noch brüllten wir. Bald stand uns das Wasser bis zum Kinn. Wir dachten daran, uns auszuziehen, um zu schwimmen. Der undeutliche Schatten eines Schiffes ragte im Nebel auf. Wir schrieen uns die Seele aus dem Leib. Das Schiff knirschte auf dem Sand und schien sich nicht zu rühren.

Halb ertrinkend strebten wir der Rettung zu, die endlich da war. Schwimmend, springend, untergehend und wieder auftauchend gelangten wir an die Flanke des Schiffes. Im ungewissen Dämmerlicht sah ich Männer, die sich über Bord beugten. Matrosen, die uns Stricke und Netze zuwarfen. Sie riefen uns etwas zu und stellten Fragen, auf die keiner antwortete. Wir Gemarterten krallten uns an alles, was man uns hinhielt und was irgendwie Halt bot. Wir keuchten und flehten um Hilfe. Meine Finger klammerten sich an einen Eisenring. Und diese vor Kälte abgestorbenen Finger hielten fest wie Eisenklammern, man hätte sie abschlagen müssen, ehe sie losgelassen hätten. Wir Gemarterten rauften und stießen, um ein Stück Netz oder das Ende eines Strickes zu erhaschen. Es war ein unheimlicher Tumult.

Die Kälte des Wassers begann meinen Willen abzutöten. Von Qualen steif hielt ich mich mühsam fest und kämpfte gegen meine Ohnmacht. Eine leere Zigarettenschachtel war aus meiner Tasche gefallen und schwamm einen halben Meter vor mir auf den Wellen. Ich sah fest hin, um meine Aufmerksamkeit zu konzentrieren, denn ich fühlte, wie sie nachließ. Alles verschwamm um mich herum.

Ich fühlte keinen Schmerz mehr und merkte es kaum, daß mich Arme über Bord zogen. Man legte mich auf die Brücke neben meine entkräfteten Kameraden. Wir waren nur noch eine formlose, rinnende Masse, wie ein Scheuertuch, das man nicht ausgewunden hat. In unserem Dämmerzustand sahen wir Becher mit heißem Tee von Hand zu Hand gehen. Wir tranken. Mein stumpfer, wirrer Blick blieb auf die ostpreußische Küste in Flammen gerichtet.

Ich erinnere mich nicht mehr genau, was dann geschah. Es ist mir unerklärlich, daß wir an Deck dieses kleinen Küstenfahrzeuges, das uns nach Pillau brachte, nicht vor Kälte gestorben sind. Nur eines ist in meinem Geist lebendig geblieben: der Kriegslärm, der von der Küste herüberdrang und der stärker war als der des Schiffes und des Meeres...«

Der Todeskampf Memels war am 28. Januar 1945 zu Ende, die Stadt und der Hafen waren in sowjetischer Hand. Die zurückgebliebenen Soldaten mußten das Los der Gefangenschaft auf sich nehmen. Eine Rettung über die Ostsee gab es für sie nicht mehr.

Am 30. und 31. Januar 1945 liefen die ersten großen Flüchtlingstransporte von Gotenhafen und Danzig-Neufahrwasser mit Westkurs aus, unter ihnen die »Deutschland« mit 10000 Menschen an Bord und die »Wilhelm Gustloff«, die am Mittag des 30. Januar Gotenhafen verließ und am gleichen Abend von drei sowjetischen Torpedos getroffen, innerhalb von 62 Minuten sank, wobei 5348 Menschen den Tod fanden.

Pech und Glück zugleich hatte auch der Dampfer »Berlin«, der, nachdem er in Swinemünde seine Verwundeten ausgeladen hatte, auf eine Mine lief und sank.

Rund eine halbe Millionen Menschen wurden mit diesem ersten konzentrierten Massentransport über See nach Westen gebracht, nach Swinemünde, Saßnitz, Kiel und Ekkernförde. Als diese Häfen Anfang Februar kaum noch aufnahmefähig waren, kam am 4. Februar der Befehl »aus dem Osten des Reiches vorübergehend zurückzuführende Volksgenossen außer im Reich auch in Dänemark unterzubringen.« Nach diesem Befehl liefen die mit Flüchtlingen vollgepfropften Schiffe nun auch die dänischen Häfen Nyborg, Aarhus und vor allem Kopenhagen an. Bei der Darstellung der NSDAP hatte man aber noch immer nicht offiziell zur Kenntnis genommen, daß Ostpreußen, Westpreußen, die Danziger und die Pommern zur Hunderttausenden aus ihrer angestammten Heimat über die Ostsee flohen. Man sprach an höchster Stelle vielmehr von »vorübergehend zurückzuführenden Volksgenossen.«

Die Parteileitung der NSDAP hatte offensichtlich auch keine Ahnung davon, was in den vergangenen Wochen Menschen auf der Flucht vor der sich erbarmungslos vordringenden russischen Dampfwalze, die Tod und Feuer spie, hatten erleben müssen. Dafür nur ein Beispiel:

Eine Familie, die sich in der Nacht vom 28. zum 29. Januar 1945 von Tannenwalde bei Königsberg auf die Flucht nach Pillau machte, schildert ihre Erlebnisse folgendermaßen:

»Nachts um halb zwei wurde ich mit der bei mir aufgenommenen ausgebombten Familie von den Russen aus dem Haus geschossen. Wir vier Personen liefen teilweise unter Infanterie- und Artilleriebeschuß bis Pillau zu Fuß. Gegen 18 Uhr am nächsten Tag erreichten wir Neuheuser. Wir wollten versuchen, die letzte Strecke von Pillau mit dem Zug zu fahren. Es war vollkommen ausgeschlossen. Nicht einmal außen am Zug war noch ein Platz, nirgendwo ein Halt. Also ging es zu Fuß weiter. In Pillau lagen Tausende von Menschen am Kai und warteten teilweise schon viele Tage auf ein Schiff, das sie mitnehmen würde. Es war bitterkalt, mindestens 25 Grad unter Null. Wir hätten irgendwo in Pillau übernachten können. Verlassene Wohnungen gab es in Hülle und Fülle. Aber wir wollten weg, heraus aus dieser dumpf wartenden Menschenmasse. Wir versuchten an jemanden von einer Schiffsbesatzung heranzukommen. Aber wie? Bis an den Kai war alles hoffnungslos mit Menschenmassen verstopf. Hätten wir versucht, uns einen Weg nach vorn zu bahnen, wir wären gelyncht worden. Ich aber gab es nicht auf. Ich fand zwei Schiffsoffiziere eines Minenräumbootes, das in wenigen Stunden auslaufen sollte. Plötzlich sagte einer der Offiziere: »Kommen sie einzeln, im Abstand von 10 bis 15 Minuten dort zu dem grauen Schuppen. Stellen Sie sich nie zu viert zusammen, sonst fällt es auf. Einzeln hole ich Sie dann über die verschiedenen Wege an Bord. Einer nach dem anderen löste sich nun aus unserer Gruppe und ging zum Schuppen. Mehr als eineinhalb Stunden waren vergangen, bis wir endlich an Bord waren.«

Der Kapitän eines kleinen 1 923 Tonnen Dampfers »Mungo«, der in den letzten Januartagen 1945 Pillau anlief, schrieb in seinem Bericht:

»Wir fuhren nach Pillau und machten dort an einer der neuen Kaianlagen fest. Ohne irgendwelche Ankündigungen war im Handumdrehen die Pier schwarz von Menschen, unübersehbar, Schulter an Schulter. Um 14.00 Uhr begannen wir mit der Anbordnahme. Nach wenigen Stunden waren die Laderäume aufgefüllt. Jetzt wurden die Aufenthalts- und Wohnräume der Besatzung belegt, bevorzugt mit älteren Menschen, Frauen und Kleinkindern. Jede Kabine wurde vollgestopft. In der Offiziersmesse wohnten allein 28 Menschen. In meiner Kabine waren 18 Personen untergebracht, in meine Koje hatte sich eine Wöchnerin mit einem wenige Tage alten Baby gelegt. Jede Treppenstufe innerhalb der Aufbauten war belegt und sogar auf der Zylinderhaube im Maschinenraum waren Flüchtlinge untergebracht. Im Ruderhaus schliefen Menschen, nur der Zugang zum Ruder und zur vorderen Fensterfront war frei. Ich selbst hauste mit den Offizieren im Kartenhaus.

Als das Schiff übervoll war, mußte ich ablegen. Doch wie? Es war mir klar, hätte ich den auf dem Kai stehenden Menschen diese notwenigen Entscheidungen mitgeteilt, wäre eine Panik ausgebrochen. Deshalb wandte ich eine List an. Ich rief der wartenden Menge zu, daß das Fallreep nachgesehen werden müßte, es sei etwas zu reparieren. Als dann das Fallreep hochging und die Flüchtlinge merkten, was wirklich geschehen war, setzte ein entsetzliches Geschrei ein . . .!«

Die glücklich an Bord gekommenen Flüchtlinge und auch die verzweifelt am Kai Zurückgebliebenen waren nach der offiziellen Parteimeldung nur »vorübergehend zurückzuführende Volksgenossen«.

SCHIFFE SINKEN – MENSCHEN STERBEN

Doch 500 000 gelingt die Flucht

Der Katastrophe der »Wilhelm Gustloff« folgte am 10. Februar 1945 die Tragödie des Verwundetentransportschiffes »Steuben«, bei der 3 608 Menschen den Tod fanden. Die »Steuben« wurde vom gleichen sowjetischen U-Boot versenkt, wie die »Wilhelm Gustloff«.

Im Februar 1945 ging der Kampf um Ostpreußen, Westpreußen und Pommern unvermindert weiter. Königsberg wurde hart umkämpft, der Heiligenbeiler Kessel bildete sich, die Schweren Kreuzer »Prinz Eugen« und »Admiral Scheer« griffen bei Pillau-Fischhausen mit Artilleriebeschuß in die küstennahen Abwehrkämpfe ein, der Schwere Kreuzer »Lützow« unterstützte die Verteidiger Elbings und nahm sowjetische Stellungen und Aufmarschstraßen am Frischen Haff unter Beschuß, ein starker sowjetischer Angriff auf Hinterpommern konnte aufgehalten werden.

Die Parteibehörden verboten jedoch für ganz Pommern und das nördliche Westpreußen jede Fluchtbewegung und untersagten den aus Osten ankommenden Trecks die Weiterfahrt. Damit bahnte sich eine weitere Katastrophe an. Als in den ersten Märztagen der neue sowjetische Großangriff begann, der schließlich dazu führte, daß sowjetische Truppen innerhalb von zwei Wochen ganz Ostpommern besetzten, bis an die Odermündung bei Stettin vordrangen und die Fluchtwege abschnitten, befanden sich etwa 2,5 Millionen Deutsche noch in Pommern und Danzig. Am 7. März 1945 begann die Belagerung Kolbergs.

DIE VERWUNDETENTRANSPORTER

Wohin mit den Leichen?

Eine Massenflucht auf Häfen und Schiffe hatte eingesetzt. Ob auf der Reede von Hela, Kolberg, Pillau, Danzig, Gotenhafen Stolpmünde, Kolberg oder Swinemünde, überall bot sich in diesen Märztagen das gleiche Bild, überall waren mehr Menschen vorhanden, als die Schiffe aufnehmen konnten.

Was sich auf den Schiffen tat, den großen Passagierschiffen und vor allem den Verwundetentransportern, geht aus einigen Berichten der Kapitäne und verantwortlichen Marineärzte hervor.

Unter den zahlreichen Schiffen, die am 6. März auf der Reede von Saßnitz lagen, befand sich auch der Dampfer »Deutschland«, er hatte in den ersten Märztagen in Gotenhafen wieder 10 000 Menschen an Bord genommen, darunter etwa 8 000 Flüchtlinge. Doch Kapitän Bruno Feindt konnte in Saßnitz die Leute nicht loswerden, weder die Flüchtlinge noch die 2 000 Verwundeten. Er hatte bisher nur etwa einhundert Mütter mit ihren Kindern abgeben können. Es fehlte an Booten, die die Menschen von Hela-Reede nach Saßnitz brachten. Da die »Deutschland« nicht mit einer tagelangen Wartezeit an der Saßnitzer Reede gerechnet hatte, wurden die Zustände an Bord von Tag zu Tag unhaltbarer. Marinestabsarzt Dr. Pilz äußerte sich hierüber:

»Es fehlte an ausreichendem und geschultem Personal für die Verwundetenbetreuung. Allein im großen Speisesaal lagen über 600 Verwundete, viele aus aufgelösten Feldlazaretten. Die wenigsten von ihnen konnten bisher behandelt werden. Bei einigen wurden unter den alten Verbänden Würmer festgestellt. In einem der Räume lagen nur Hirnverletzte, die dringend der Betreuung bedurften. Vor einem anderen Raum waren Posten aufgestellt worden. Hier lagen Kinder mit Diphterie und Scharlach. Außer mir und dem Kapitän wußte niemand davon. Es war kein Verbandsmaterial mehr an Bord. Mit Medikamenten waren wir ebenfalls am Ende. Es fehlte an schmerzstillenden Mitteln. Die sanitären Einrichtungen waren in einem katastrophalen Zustand. Die Toiletten reichten für maximal 1 000 Personen, nicht aber für 10 000 Menschen. Ein fürchterlicher Gestank zog durch die Gänge, vermischt mit dem Eitergestank tagealter Verbände und dem Geruch ungewaschener Menschen.

Das Krankenrevier der Flüchtlinge wuchs täglich. Die Betreuung hatten zwei Flüchtlinge, eine Kinderärztin aus Gerdauen und ein Zivilarzt aus Danzig übernommen. Auf total zerlegenen und zerwühlten Matratzen lagen unterernährte und völlig erschöpfte alte Menschen und warteten auf den Tod. In wenigen Tagen hatten wir bereits mehr als einhundert Tote an Bord. Sie wurden in Papiersäcke eingenäht, auf das Bootsdeck geschleppt und mit einer Persening zugedeckt. Niemand außer den Männern, die sie an Deck gebracht hatten, wußte, daß darunter Tote lagen. Der Schiffszahlmeister verbrachte ganze Vormittage mit der Ausstellung von Totenscheinen. Die Wertsachen der Toten wurden in große braune Umschläge gesteckt, deren Zahl von Tag zu Tag wuchs. Sie sollten nach Ankunft des Schiffes dem Deutschen Roten Kreuz übergeben werden. Nur von wenigen Toten befanden sich Angehörige an Bord.«

Daß der Dampfer »Deutschland«, wie auch andere auf der Reede von Saßnitz liegende Schiffe, ihre Menschenfracht nicht los wurden, lag nicht nur an fehlenden Booten und Schiffen, die sie von den großen Schiffen in den Saßnitzer Hafen bringen konnten, sondern es fehlte in dem zerstörten Saßnitz auch an den erforderlichen Weitertransportmitteln, an Lazarettzügen für die Verwundeten, an Eisenbahnzügen oder LKWs für die Flüchtlinge. In dem total überfüllten Saßnitz waren bereits alle Plätze in Hallen, Schulen, Hotels, Gaststätten, in Häusern auf Fluren, Fabriken und Betrieben besetzt. Als Notunterkunft für Flüchtlinge hatte man bereits Güterwagen, in denen normalerweise Vieh transportiert wurde, mit Stroh ausgelegt auf die Gleise gestellt. Auch sie waren im Nu überfüllt. Zudem gingen in der Stadt die Lebensmittelvorräte zu Ende.

Das Verwundetentransportschiff »Winrich von Kniprode« war eines der letzten Schiffe, die am 8. März 1945 auf der Reede von Kolberg noch 1 000 Flüchtlinge und Verwundete aufnehmen und nach Swinemünde bringen konnte. Chefarzt Dr. Paul Bergsträsser berichtete über diese Fahrt unter Führung von Kapitän Röseler:

»Durch die Überlegung des Schiffes auf der Fahrt von Kolberg nach Swinemünde waren die sanitären Einrichtungen vollkommen unzureichend. Auch die Verpflegung mußte stark rationiert werden, da das Schiff nur für eine Höchstbelastung von 700 Personen ausgerüstet war. Daß keine Komplikationen eingetreten sind, war nur der Disziplin und dem Verantwortungsbewußtsein der Schiffsbesatzung zuzuschreiben. Von Vorteil war es auch, daß es gelang, in Swinemünde beim Einlauf am 13.03. noch Proviant zu besorgen und mittels eines Schleppers an Bord zu bringen. Trotz eines sehr schweren Bombenangriffes auf Swinemünde und großer Zerstörung von Hafen und Stadt Swinemünde gelang es, sämtliche Flüchtlinge und Verwundete ohne große Verluste auszuschiffen. Durch die mangelhaften sanitären Einrichtungen und Überfüllung an Bord traten verschiedene Infektionskrankheiten auf, unter anderem Diptherie und Brechdurchfall; während der Fahrt hatten wir 12 Tote, darunter 4 Kinder.«

Über ähnliche Zustände berichtet Dr. Hans-Heinrich Hallmann, der mit dem Dampfer »Wangoni« Mitte März Verwundete und Flüchtlinge von Hela nach Kopenhagen brachte:

»Auf Hela-Reede wurden 400 nicht gehfähige Schwerverwundete übernommen, ferner etwa 1 100 Leichtverwundete und Genesende und rund 2 000 Flüchtlinge, darunter 200 Kinder unter einem Jahr, unter denen Infektionskrankheiten ausbrachen. Vom Lazarettschiff »Pitea« wurden auf See weitere 200 Verwundete übernommen, weitere Flüchtlinge und Verwundete kamen mit Siebelfähren und Zivilfahrzeugen, entweder über das Seefallreep, oder sie wurden an Bord gehievt.

Da kein Sanitätspersonal an Bord war, das mir helfen konnte, wurde von mir ziviles männliches und weibliches Schiffspersonal, Stewards und Stewardessen, für den Einsatz behelfsmäßig ausgebildet und mit selbstgefertigten Hilfskrankenträger-Armbinden gekennzeichnet. Dieses Personal hat mir wertvolle Hilfe geleistet und sich sehr bewährt, vor allem die Frauen. Die bei der an Bord fehlenden Rufanlage notwendigen Läuferdienste wurden von einer 12-köpfigen Gruppe von Pimpfen eines Hitlerjugend-Ferienlagers, die ohne Eltern waren, mit großer Zuverläßigkeit und nicht erlahmendem Eifer ausgeführt. Das Kriegsmarinepersonal an Bord bestand nur aus einer Flakgruppe mit einem Unteroffizier. Wir fuhren unter einem Zivilkapitän.

Während der Reise mußte eine Amputation wegen Gasbrand behelfsmäßig mit behelfsmäßigen Instrumenten vorgenommen werden, unter Assistenz eines ebenfalls verwundeten Kollegen. Auf der Reise starben 11 Flüchtlinge und Verwundete. Bei Ankunft in Kopenhagen wurden die allerschwersten Fälle sofort ausgeschifft. Desgleichen wurden die in Segeltuch eingenähten Toten von Bord gegeben.

Der Einsatz dieses, zum Transport von Verwundeten, zudem einer erheblichen Anzahl von Schwerverwundeten, nur äußerst behelfsmäßig hergerichteten Schiffes ohne eingearbeitetes Sanitätspersonal ließ sich nur verantworten aus der Not der Situation, soviel Menschen wie möglich einem ungewissen Schicksal im Osten zu entreißen und über die Ostsee in den Westen zu retten. Von diesem Gedanken beherrscht, haben Soldaten und Zivilisten an Bord des Dampfers »Wangoni« ihre Pflicht erfüllt.«

Der Schiffsarzt Dr. Besserer, der als Chefarzt auf dem Verwundetentransporter »Urundi« Dienst tat, berichtete über seine Erlebnisse:

»Die »Urundi« zeigte sich mir in einem unbeschreiblichen Zustand. Ausrüstung beim Anbordgehen nicht vorhanden. Leere Laderäume. Abortrinne an der Reling für Männer und Frauen. Trinkwasserpumpe in der Kombüse. Keine ausreichende Verpflegung. Keine Kochmöglichkeiten. Ärztliche Ausrüstung wurde zum Teil von den an Bord gehenden Soldaten beschafft, aus Sanitätslagern, nur das Notwendigste. Decken wurden durch Beschlagnahme bei Flüchtlingen beschafft. Unterlagen für Verwundete waren überhaupt nicht vorhanden. Die Bezeichnung »Verwundetentransportschiff« war in jeder Hinsicht euphemistisch. Dementsprechend beförderte die »Urundi« praktisch nur Flüchtlinge, auf jeder der insgesamt 5 Reisen zwischen 6 000 und 8 000. Die Flüchtlinge waren so gedrängt, daß nur ein Sitzplatz für jeden freigemacht werden konnte. Meist waren die Flüchtlinge direkt mit Marinefährprähmen von Neufahrwasser zu unserem vor Hela liegenden Schiff herübergebracht und mittels 2 großer Plattformen an den Ladebäumen jeweils in Schüben von 30-40 Personen an Bord gehievt worden. Die Stimmung war die einer Erleichterung, dem Geschehen in Ost- und Westpreußen entgangen zu sein. Nach mehrfachen erfolglosen Fliegerangriffen der Russen, die von unserer ausgezeichnet schießenden Bordflak abgewehrt wurden, wuchs das Gefühl der Sicherheit, den Zielhafen zu erreichen.

Politisch wünschte jeder ein schnelles Ende des Krieges herbei. NS-Parolen waren an Bord unerwünscht. Die Besatzung tat ihre Pflicht. Nach jeder Fahrt hätte sich die gesamte Besatzung der »Urundi« als NS-Amtswalter mit den an Bord zurückgebliebenen braunen Parteiuniformen verkleiden können.

Gotenhafen hat die »Urundi« nahezu als letztes Schiff verlassen, während die russische Artillerie bereits in die Stadt hineinschoss. In Kopenhagen hatte der dänische Hafenarzt noch friedensmäßige Vorstellungen hinsichtlich der Quarantäne. Ein Übel war, daß keiner die unterwegs verstorbenen Flüchtlinge abnehmen wollte. Beim erneuten Auslaufen aus Kopenhagen nach Hela mußten wir 10 Leichen auf die Pier legen, damit sie jemand übernahm. Später wurden auf den Fahrten von Hela nach Kopenhagen die an Bord Verstorbenen auf See über Bord gegeben. Etwa die Hälfte ließ sich nicht mehr identifizieren . . .«

DIE VERLORENEN HÄFEN

Kolberg, Danzig, Gotenhafen

Nacheinander gingen im März 1945 vier wichtige Ostseehäfen verloren: Stolpmünde am 8. März, Kolberg am 18. März, Danzig am 27. März und Gotenhafen am 28. März.

Aus Kolberg hatte man im letzten Augenblick noch 77 500 Menschen retten können, dann mußte auch diese Ostseestadt aufgegeben werden.

In dem Bericht des letzten Kolberger Festungskommandanten Ritterkreuzträger Oberst Fullriede, der die zur Festung erklärte Stadt fast buchstäblich bis zum letzten Mann verteidigte, hieß es abschließend:

»Dem Feind fiel eine völlig niedergebrannte Stadt in die Hand. Der Dom ist eine ausgebrannte, schwerbeschädigte Ruine, sämtliche Persante- und Holzgrabenbrücken wurden gesprengt, der Bahnhof mit Gleisanlagen wurde zerstört, die Verladeeinrichtungen am Hafen wurden für lange Zeit unbrauchbar gemacht. Das war der Gewinn, den der Feind mit sehr hohen Verlusten erkaufte, aber auch der Preis, um den es gelang, mehr als 75 000 Menschen dem Reich zu erhalten.«

Das, was Hitler erst einen Tag nach dem Fall der Festung Kolberg, am 19. März 1945, mit seinem Befehl »Verbrannte

Erde«, anordnete, dem Feind nichts anderes in den ostdeutschen Städten und Dörfern zu hinterlassen als »verbrannte Erde«, hatte der Kolberger Festungskommandant schon ausgeführt, bevor es von oben befohlen wurde.

Oberst Fullriede wurde für die heldenhafte Verteidigung Kolbergs mit dem Eichenlaub zum Ritterkreuz ausgezeichnet.

Auch in der Danziger Bucht ging der Kampf um die Häfen Danzig und Gotenhafen in der letzten Märzwoche zu Ende. Die Übermacht der Sowjets an Menschen und Material war zu groß. Besonders die Hafengebiete hatte man bis zuletzt mit allen Mitteln verteidigt, um möglichst noch vielen Flüchtlingen die Rettung über See zu ermöglichen. Das letzte Schiff, welches Danzig-Neufahrwasser verließ, war die »Ubena«. Kapitän Lankau, der im Februar 1945 Kapitän Förster, der in den wohlverdienten Ruhestand versetzt worden war, abgelöst hatte, schrieb über die letzte Reise seines Schiffes aus Neufahrwasser:

»Dieses Schiff wurde, nachdem es vorher als Wohnschiff in Pillau eingesetzt war, als Verwundetentransporter hergerichtet. Der Speisesaal I. Klasse wurde moderner Operationssaal. Sämtliche Gesellschafts- und Laderäume wurden mit Kojen übereinander ausgestattet, so daß das Schiff 1 300 Betten hatte. Wir erhielten 16 Flak-Geschütze. Wir hatten 4 Ärzte, einen Apotheker und eine Anzahl Schwestern und Sanitätssoldaten an Bord. Diese Umbauten dauerten bis Mitte März. Erst am 21.3. übernahmen wir in Danzig-Gotenhafen 3 112 Flüchtlinge .... Der Kai war schwarz voll Menschen. Dann setzte plötzlich Artilleriefeuer ein. Salve auf Salve rauschte heran. Zu unserem Glück lagen die Salven meist auf der gegenüberliegenden Böschung und zwischen dieser und dem Schiff. Splitter durchschlugen die Promenadendeckswände, schließlich schlug ein Treffer zwischen die vielen Menschen auf dem Kai. Dabei gab es leider Verluste. Wir standen wie auf Kohlen. Allein der Gedanke, daß ein Volltreffer in das voll mit Menschen besetzte Schiff einschlagen würde, war gar nicht auszudenken.

...Endlich konnten wir mit gutem Gewissen abfahren und warfen die Leinen los. Noch im Ablegen kletterten die Menschen in dichten Trauben an Bord .... Nachdem wir eine Zeitlang unterwegs waren, setzte das große Sterben ein, besonders bei den alten und schwachen Menschen. Viele der Flüchtlinge waren nach unerhörten Strapazen und Anstrengungen an Bord gekommen. Die Flucht über Land und über das Wasser, die Aufregung der Einschiffung, oft noch unter Beschuß und Fliegerangriffen, alles zusammen hatte die Kraftreserven erschöpft und das Leben verlosch wie eine ausgehende Kerze. Auf dieser Reise (1 200 Verwundete und 3 800 Flüchtlinge) hatten wir 80 Tote .... Wir kamen heil durch, aber man selbst war auch fertig. Wie Schlaf aussah, wußte man kaum noch. Man brauchte unzählige Zigaretten und trank starken Kaffee. Ich möchte nicht vergessen, an die an Bord arbeitenden Ärzte zu denken. Während wir auf der Brücke Stunde um Stunde mit angespannten Nerven standen und in jedem Augenblick etwas erwarteten, waren wir doch in der frischen Luft. Sobald wir mit unseren tausenden Menschen, Flüchtlingen und Verwundeten unterwegs waren, begannen die Chirurgen mit ihrem Handwerk. Die meisten Verwundeten litten an Gasbrand und hier half nur energische Amputation. Die Verbände aller an Bord gekommenen Verwundeten waren seit längerer Zeit nicht erneuert worden. Die Ärzte und das Sanitätspersonal haben Stunde um Stunde operiert und Kranke versorgt. Wegen der Verdunkelung waren sämtliche Fenster geschlossen, die Luft in den Räumen war heiß und schlecht. Das Furchtbarste waren die vielen Toten...«

DIE HALBINSEL HELA:
Das »deutsche Dünkirchen«

Konteradmiral Konrad Engelhardt, der Seetransportchef der Wehrmacht, dessen Dienststelle in Hamburg in der Nacht vom 12. zum 13. März bei einem Bombenangriff in Schutt und Asche versunken war und der inzwischen in Flensburg auf der »Malaga« ein neues Domizil gefunden hatte, zog Ende März eine Zwischenbilanz der Rettungsaktion Ostsee.

Er stellte mit seinen Mitarbeitern fest, daß bisher 13 311 Menschen bei Schiffsuntergängen umgekommen waren, bzw. als »verschollen« registriert wurden, einschließlich der hohen Verlustzahlen bei den Untergängen »Wilhelm Gustloff« und »Steuben«. Im Vergleich zu der Zahl der Flüchtlinge, Verwundeten und Soldaten, die im gleichen Zeitraum bis zum 30. März 1945 über die Ostsee gerettet worden waren, entsprach dies etwa einem Prozentsatz von nicht einmal 1 Prozent.

Verlorengegangen waren in der Ostsee bisher 149 Schiffe mit insgesamt 415 808 Bruttoregistertonnen, viele von ihnen fielen Bombenangriffen in den Häfen zum Opfer. Die Zahl von fast 150 verlorenen Schiffen, darunter die großen Passagierschiffe »Wilhelm Gustloff« (25 484 BRT), » Berlin« (15 286 BRT), »Steuben« (10 268 BRT), »Hansa« (21 133 BRT), »Hamburg« (21 691 BRT), und »Cordillera« (12 055 BRT), die nun nicht mehr für den Transport von Flüchtlingen zur Verfügung standen, stimmten den Admiral schon sorgenvoller.

Ebenso große Sorgen bereiteten dem Seetransportchef die Zustände in den Häfen, die entweder bereits aufgegeben werden mußten, wie z.B. Stolpmünde, Kolberg, Danzig und Gotenhafen, oder aber dauernden Luftangriffen ausgesetzt waren, wie Hela, Swinemünde und Saßnitz, wo die Einschiffungen nur noch auf Reede vorgenommen werden konnten.

Der Flüchtlingstransport über die Ostsee wurde immer schwerer, die Transportmittel geringer und der Flüchtlingsstau in Libau, Windau, Pillau, auf Hela und in Swinemünde immer größer. Das war die Situation in den ersten Apriltagen 1945.

Eine ganz besondere Bedeutung hatte die Halbinsel Hela erreicht, sie wurde im April 1945 zum deutschen Dünkirchen. Schiff auf Schiff wurde auf der Reede beladen. Mit allen verfügbaren Fahrzeugen brachte man die Flüchtlinge, Verwundeten und Soldaten von der Halbinsel, dem Kriegshafen und dem Fischereihafen, an die Schiffe. Allein in der Nacht vom 4. zum 5. April wurden von der Oxhöfter Kämpe 30 000 Flüchtlinge und 10 000 Soldaten nach Hela übergesetzt, Kriegsfischkutter, Marinefährprähme und schwere Artillerieträger -SATs- leisten mit ihren Mannschaften bei diesem »Unternehmen Walpurgisnacht« Hervorragendes. Kriegsschiffe deckten dieses Rettungswerk.

Am nächsten Tag wurden die von Oxthöft übergesetzten Flüchtlinge auf Hela-Reede von großen Schiffen übernommen. Der Dampfer »Deutschland« nahm mehr als 10 000 Menschen an Bord, die »Cap Arcona« nicht viel weniger, die »Pretoria« und die »Eberhard Essberger« schafften jeweils 7 000 an Bord. Das Ziel der Schiffe war Kopenhagen.

Unter den Schiffen, die am 6. April die Reede von Hela mit Zielhafen Swinemünde verließen, befand sich auch der Frachter »Neidenfels«. Gerhard Fölz war einer der 4 000 Verwundeten, die zusammen mit 2 000 Flüchtlingen und Soldaten an Bord genommen wurden .... Sein Bericht hierüber:

»Bei heftigen Straßenkämpfen in Danzig wurde unsere Einheit völlig aufgerieben und zersprengt. Fast alle meine Fliegerkameraden wurden z.T. schwer verwundet. Nach einer abermaligen Splitterverletzung während der letzten Kampftage im Ostraum Danzigs wurde ich von Heubude, dem durch Bomben und Brände stark zerstörten Fischerdorf, mit einem kleinen, überfüllten Boot der Kriegsmarine nach Hela übergesetzt. Hier ärztlich notdürftig versorgt, suchte ich in den bewaldeten Dünen und später unter einer überfüllten Baracke Schutz bis zum Abtransport auf den Dampfer »Neidenfels« in den ersten Apriltagen 45. Der Verladeversuch mußte wenigstens zweimal wegen Tieffliegerangriffen unterbrochen werden. Die heftige und wirkungsvolle deutsche Flakabwehr konnte aber in den meisten Fällen die russischen Flugzeuge abwehren und einen gezielten Bombenangriff und Bordwaffenbeschuß verhindern.

Wir wurden mit Barkassen und Motorbooten auf die Reede hinausgefahren und erhielten dort durch Signale Weisung, welches Schiff anzusteuern sei. In meinem Boot befanden sich überwiegend Schwerverwundete. Diese wurden, auf Tragen liegend, auf eine Palette gestellt und mit Hilfe eines Schiffskranes an Bord des Dampfers »Neidenfels« gehievt und in eine große Ladeluke hinabgelassen.

Da ich gehfähig war, sprang ich beim Passieren des Oberdecks ab, um nicht in dem großen Laderaum gefangen zu sein. Auf dem Oberdeck befanden sich weitere Verwundete und Flüchtlinge. Unter dem Deck war jeder verfügbare Platz belegt. Die Verwundeten lagen auf Holzgestellen, die, mehrere Stockwerke übereinander, im Laderaum eingebaut waren. Die hygienischen und sanitären Verhältnisse, wie auch die medizinischen, waren völlig unzureichend. Bezeichnend für die Situation war, daß die wenigen zur Betreuung der Schwerverletzten zur Verfügung stehenden Schwestern Stahlhelme als Schieber und Nachttöpfe benutzten, die sie laufend über die Reling entleerten. Mehrere Male wurde die Schiffsflagge auf Halbmast gezogen, an ihren Verletzungen oder an Erschöpfung an Bord Verstorbenen wurden nach Art der Seemannsbestattung der See übergeben. In Swinemünde wurde ich ausgeschifft, kam in eine Reservelazarett und erlebte am 16. April den schweren Luftangriff alliierter Bomber auf Swinemünde, der Stadt und Hafen in ein Flammenmeer verwandelte und vernichtete, der Schwere Kreuzer »Lützow« wurde in der »Kaiserfahrt« versenkt.«

Am 9. April 1945 ging Königsberg verloren, das am 10. kapitulierte. Von jetzt ab war Hela der einzige, noch in deutscher Hand befindliche Menschenumschlagplatz in der Danziger Bucht.

Nun ging es nur noch darum, das nackte Leben zu retten. Alles Gepäck wurde zurückgelassen, nur um sich einen Schiffsplatz zu sichern. Die Beladung der Schiffe wurde immer wieder durch sowjetische Luftangriffe unterbrochen. Viele, die sich schon gerettet glaubten, starben auf Hela während sie auf die Boote warteten, die sie auf die Reede bringen sollte, andere starben auf See in den Fährprähmen, Kriegsfischkuttern und Booten, die von den Flugzeugen mit Bordwaffenbeschuß belegt wurden.

Am 11. April versenkten sowjetische Flugzeuge den Dampfer »Karlsruhe«, wobei 970 Flüchtlinge und Verwundete den Tod fanden und am gleichen Tag auch das kleine Lazarettschiff »Posen«, bei dessen Untergang etwa 300 Verwundete und Flüchtlinge verbrannten oder ertranken.

Das alles geschah auf der Reede von Hela.

Trotz schwerer Bombenangriffe gelang des dem Frachter »Goya« am 16. April 1945 von Hela-Reede wegzukommen. Mit 7 000 Menschen vollgepfercht, lief das Schiff nach Westen. Doch um die Mitternachtszeit zerissen zwei Torpedos die Schiffswände; in nicht mehr als sieben Minuten sank das Schiff auf den Meeresgrund und nahm 6 666 Verwundete und Soldaten mit in den Tod.

DER ENDKAMPF UM PILLAU

Pionierboote als letzte Retter

Am 21. April 1945 zeigte sich, daß auch die Seestadt Pillau nicht mehr zu halten war. Drei Tage lang dauerte der Endkampf um diesen wichtigen Ostseehafen.

In dem Gefechtsbericht des Seekommandanten von Pillau wurden die Ereignisse am 22. und 23. und in der Nacht zum 24. April 1945 festgehalten:

»Mit dem Fall der Batterie Neuhäuser beginnt die Endphase des Kampfes um die Seestadt Pillau. Die Munition der deutschen Truppen wird immer knapper, die Menschenverluste werden immer größer. Der Gegner hat Artillerie und Granatwerfer in unmittelbarer Nähe der Stadt in Stellung gebracht. Die Stalinorgeln vollführen unentwegt ihr übles Konzert. In der Luft ist der Teufel los. In niedrigster Höhe fliegen die Schlachtflieger den ganzen Tag über dem Stadtgelände. Die noch vorhandenen Gebäude und Gebäudereste sinken in Trümmer. Die Kasematten der Zitadelle sind ein einziges Trümmerfeld. Mein Gefechtsstand erhält mehrere schwere Treffer und stürzt zum großen Teil zusammen. Aber noch wird die Stadt gehalten. Die Batterie auf der Nordmole jagt Schuß um Schuß auf den längs des Strandes mit Panzern und Infanterie vorrückenden Feind . . .«

Einen wesentlichen Anteil an den Rettungsaktionen an der Ostseeküste, bei Memel, im Kurischen Haff, bei Oxthöft und anderswo, hatten die Landungspioniere. Dies galt auch für die Räumung der Seestadt Pillau, in der am 24. April der Häuserkampf begonnen hatte, danach die Hafenanlagen gesprengt wurden und die letzten Flüchtlinge und Soldaten fortgeschafft werden mußten. Wieviel tausend Menschen durch die Boote der Landungspioniere gerettet wurden, ist nicht registriert worden, doch erinnerte sich später der General der Panzertruppen, Saucken, daran:

»Die aufopfernde Arbeit der Pionierlandungsboote in den verschiedenen Phasen des Abwehrkampfes im Danziger Raum fand ihren Höhepunkt beim Übersetzen in der Nacht vom 24. zum 25. April 1945 über das Pillauer Tief. Die Pionierlandetruppe wetteiferte mit den Marinefährprähmen im Wegschaffen von Flüchtlingen, Verwundeten und Truppen, unbekümmert um Feindeinwirkungen aus der Luft oder von der Erde. Der Kommandeur der tapferen Pioniereinheiten, Generalmajor Henke leitete das Übersetzen so lange es irgend ging. Dann wurde bei der Armee der Funkspruch von ihm aufgenommen, wonach er sich in der Flakbatterie Lehmberg bei Neutief verteidigte.«

Über den Tod des Höheren Landungs-Pionierführer Generalmajor Henke berichtet der damalige Oberstabsarzt Dr. Maxen aus eigenem Erleben:

»In der Nacht vom 24. auf den 25. April 1945 wurde die Festung Pillau, in der ich einen Regimentsverbandsplatz hatte, mit den Pionierbooten des Genmaj. Henke über den Nehrungsdurchstich nach Neutief evakuiert. Unglücklicherweise war der Russe in der gleichen Nacht auf der Nehrung auch gelandet, so daß wir aus dem kleinen Kessel Pillau in den noch kleineren von Neutief geraten waren. Bei dem Versuch, die russische Sperre zu durchbrechen, traf ich das erstemal auf den General, der das gleiche mit einer anderen Kampfgruppe versuchte. Der Durchbruch gelang aber nicht, und so war unser kleiner Haufen gezwungen, sich in einer Batteriestellung der Marineflak einzuigeln. In dieser kleinen Stellung verteidigten wir uns unter Führung des Generals, ringsum eingeschlossen, gegen eine erdrückende Übermacht zwei Tage lang. Ein Versuch, uns in der dazwischenliegenden Nacht mit von der Weichselmündung kommenden Pionierbooten zu evakuieren, scheiterte. So wurde die Lage am anderen Morgen, an dem kein Geschütz mehr feuerbereit war, aussichtslos. Trotzdem wurden alle Aufforderungen, uns zu ergeben, abgelehnt und der Kampf aus den Bunkern heraus fortgesetzt. Erst als der Russe auch noch acht Sturmgeschütze gegen uns 200 Mann, die nur noch teilweise mit Handfeuerwaffen ausgerüstet waren, einsetzte, fielen die drei Betonbunker. Ich selbst war im Moment der Übergabe nicht im Bunker des Generals, sondern im Nachbarbunker, der voller Verwundeter lag. Wir übergaben zuletzt und wurden mit der Peitsche zu den übrigen Gefangenen getrieben und von den Russen sofort nach dem General gefragt. Offensichtlich hatten sie Befehl gehabt, diesen lebend in die Hand zu bekommen.

Es dauerte nicht lange, bis vier Soldaten den General in einer Decke herantrugen. Er war tot. Ein wenig später eintreffender russischer General erkundigte sich bei uns nach den genaueren Umständen des Todes von Genmaj. Henke, der sich im Augenblick der Gefangennahme selbst erschossen hatte. Der russische General sprach uns dann seine Anerkennung für die tapfere Verteidigung aus und gestattete uns sogar, Genmaj. Henke sofort zu beerdigen. die dazu nötigen Mittel stellte er uns zur Verfügung. Wir Offiziere trugen darauf unseren General auf die höchste in der Nähe gelegene Düne und setzten ihn dort bei. Auf sein Grab pflanzten wir ein schlichtes Holzkreuz mit Inschrift. Danach traten wir den bitteren Weg in die Gefangenschaft an.«

DER NÄCHSTE OSTSEEHAFEN FÄLLT

Die Russen vor Swinemünde

Die Lage der Zehntausende von Flüchtlingen, die die Schiffe auf der Reede von Hela an Bord nahmen, um sie in Swinemünde loszuwerden, wurde immer unmöglicher. Auch der Verwundetentransporter »Adler« mußte am 29. April 1945 diese Feststellung machen. Vergeblich versuchten Kapitän Weiss und Chefarzt Dr. Franz Pertl in Swinemünde ihre Verwundeten abzugeben, die sie aus Hela geholt hatten. Im Gegenteil, anstatt sie ausschiffen zu können, mußten sie weitere Menschen an Bord nehmen, denn das Ende von Swinemünde nahte.

Dr. Pertl berichtet:

»In acht Reisen beförderten wir mit unserem kleinen, nur 1 486 BRT großen Verwundeten-Transportschiff etwa 13 000 Menschen, davon ein Drittel Flüchtlinge und zwei Drittel Verwundete. Zunächst brachten wir die Flüchtlinge von Pillau nach Gotenhafen oder Danzig, später waren wir im Transport Gotenhafen-Swinemünde eingesetzt. Zuletzt holten wir Ende April Verwundete und Flüchtlinge aus Hela. Dort herrschten vorher nie gesehene Zustände.

Neben Verwundeten nahmen wir auch Flüchtlinge auf, auf meine Weisung nur Mütter mit kleinen Kindern und Schwangere. Diese mußten zum Teil in Zelten an Deck untergebracht werden, da alle Räume und Gänge mit Verwundeten belegt werden mußten. Die Zustände an Bord waren katastrophal, da wir nicht ausreichend Waschräume und Toiletten für so viele Menschen hatten.

Trotzdem gelang es uns, Ordnung und Disziplin an Bord aufrecht zu halten. Der Untergangs- und Niederlagenstimmung zufolge gab es auch alkoholische Exzesse mit entsprechenden Auswüchsen. Vor dem Auslaufen des Schiffes mußten wir Herren der Parteileitung und Gauleitung mit ihrem Gefolge in letzter Minute am Betreten des völlig überfüllten Schiffes hindern. Ein Versuch, das Schiff mit Gewalt zu stürmen, mußte von der Brücke aus durch Warnschüsse aus Pistolen verhindert werden.

In Swinemünde angekommen, wurden wir unsere Verwundeten und Flüchtlinge nicht mehr los, da die Russen schon vor Swinemünde standen. Wir nahmen noch Sanitätsoffiziere, Schwestern, braune Schwestern, Sanitätspersonal und Klinikmaterial aus Swinemünde an Bord und erreichten mit völlig überfülltem Schiff den Hafen von Gedser in Dänemark.«

Unter welchen Bedingungen Ende April die Rettungsaktion Ostsee überhaupt noch fortgeführt werden konnte, erfuhr der 2. Offizier Hirschhausen bei seiner letzten Flüchtlingsfahrt. Konteradmiral Engelhardt hatte sein Schiff, den Transporter »Cometa«, weil er noch genug Treibstoff an Bord hatte und fahrbereit war, nach Warnemünde geschickt.

Aus dem Bericht des 2. Offiziers der »Cometa«:

»In etwa zwei Seemeilen Abstand vor dem Strand ankerten wir. Die Signalstation ging in Flammen auf, und plötzlich sahen wir am Strand russische Panzer. Einer oder mehrere von ihnen eröffneten das Feuer auf unser Schiff. Wir beeilten uns, aus der Reichweite zu kommen. Von einem Geleitboot erhielten wir Befehl, bis zur Ansteuerungstonne zu laufen, wo wir erneut ankern sollten. In der folgenden Nacht kamen mehrere große Landungsboote und kleinere Fahrzeuge und brachten uns etwa 2 500 Menschen, die wir an Bord nahmen und nach Sonderburg in Dänemark brachten. Für den Dampfer »Cometa« war mit dieser letzten Reise der Krieg zu Ende.«

Als noch am gleichen Tag 1 000 Mann der Führernachwuchsschule 14 der Infanterie, von Rostock kommend, in Warnemünde eintrafen und hier nach einem Schiff suchten, das sie nach Westen bringen sollte, mußten sie enttäuscht feststellen, daß kein Schiff mehr im Warnemünder Hafen lag, das sie hätte an Bord nehmen können. Und wie die jungen Leute erfuhren, war auch nicht damit zu rechnen, daß noch ein Schiff den Hafen anlaufen würde. Was sie in Warnemünde sahen, waren sowjetische Panzer, die Stadt und Hafen besetzten. Im Eilmarsch machten sich die tausend jungen Männer auf den Weg nach Wismar. Als sie dort ankamen, rollten gerade die Amerikaner an. Noch am Abend erreichten sie aber den kleinen Fischereihafen Timmendorf auf der Insel Poel, hier nahm sie der Nachschubdampfer »Hörnum« an Bord, um sie nach Kiel zu bringen. Das war die Rettung in letzter Sekunde.

HITLER TOT – NACHFOLGER DÖNITZ

Aufgabe: Menschenleben retten

Der 1. Mai 1945 leitete das Ende des Dritten Reiches ein. Hitler war tot. Er hatte sich selbst umgebracht. Wie oft zuvor in Hitlers »Tausendjährigem Reich« wurde auch diesmal das Volk belogen. Nach offiziellen Verlautbarungen starb Hitler im Kampf um die Reichshauptstadt Berlin den »Heldentod«.

Schon am Abend zuvor hatte Großadmiral Dönitz per Funkspruch aus Berlin erfahren, daß ihn Hitler in seinem Testament zum Nachfolger bestimmt hatte. In seinen Erinnerungen »10 Jahre und 20 Tage« schreibt Dönitz darüber:

»Als ich den Funkspruch gelesen hatte, zweifelte ich keinen Augenblick daran, daß ich den Auftrag annehmen mußte. Ich hatte in den letzten Tagen befürchtet, daß das Fehlen einer verantwortlichen zentralen Befehlsinstanz ein Chaos herbeiführen würde, welches noch Hunderttausende von Menschen ohne Sinn und Zweck ins Verderben stürzen würde. Ich glaubte jetzt, diesem Zustand durch schnelles Handeln und durch Anordnungen, die für alle verbindlich waren, steuern zu können.

Es war mir klar, daß mir die dunkelste Stunde bevorstand, die ein Soldat erleben konnte, die Stunde der bedingungslosen militärischen Kapitulation. Ich wußte auch, daß mein Name für alle Zeiten mit ihr verknüpft bleiben würde und daß man mit Haß und Tatsachenentstellung versuchen würde, meine Ehre anzugreifen. Das Gebot der Pflicht verlangte von mir, daß dies alles keine Rolle spielen durfte.

Mein Regierungsprogramm war einfach. Es galt, soviel Menschenleben zu retten wie möglich. Das Ziel war das gleiche wie in den letzten Kriegsmonaten. Alle Maßnahmen waren unter diesem Gesichtspunkt zu treffen. Lehnte ich ab, so würde es keine einheitliche Leitung bei der Durchführung dieser Aufgabe geben. Es würde an zahlreichen Stellen zu selbständigen Kapitulationen oder auch zur Verkündigung von Durchhalteparolen kommen, oft beides am gleichen Ort.«

Seine erste Aufgabe, für das im totalen Zusammenbruch befindliche »Großdeutsche Reich«, eine neue Reichsregierung bilden zu müssen, löste der Großadmiral rasch und kompromißlos. Im Bewußtsein, daß der Krieg verloren sei, leitete er die Kapitulationsverhandlungen ein.

Eine seiner größten Sorgen aber war die Rettung der letzten Soldaten, Verwundeten und der Flüchtlinge aus dem Osten und aus den Ostseehäfen Windau und Libau, Hela und den Mecklenburgischen Häfen, die sich noch in deutscher Hand befanden. Am Abend des 30. April hatte er sich in Plön vom Marineoberbefehlshaber Ostsee, Generaladmiral Kummetz, über die Lage an der Ostsee und die laufenden Seetransporte unterrichten lassen. In Anbetracht der Kapitulationsverhandlungen und den zu erwartenden Kapitulationsbedingungen galt es, keine Zeit zu verlieren. Dönitz ordnete als eine der ersten Maßnahmen an, daß alle noch verfügbaren Schiffe, ob Kriegs- oder Handelsschiffe, vom Fischkutter bis zum großen Passagierdampfer, vom Marinefährprahm bis zum Zerstörer, sofort in die Kurlandhäfen ausliefen, um die letzten Verwundeten, Soldaten und Flüchtlinge vor der zu erwartenden Stunde Null über See zu retten. Für die Marine gab es nur noch diese einzige Aufgabe: Menschenleben retten.

ZWEI HITLERJUNGEN FLIEHEN

Mit der »Minden« nach Dänemark

Auch die Jugend, der der Führer versprochen hatte, daß ihnen die Zukunft des »Großdeutschen Reiches« gehören sollte, floh, soweit sie noch nicht im Endkampf mit der Panzerfaust dem Kriegswahnsinn geopfert worden war, vor den sowjetischen Truppen.

Beispiel dafür war die Flucht des 17-jährigen Otto-Rudolf Rothbart mit seinem Freund.

Als die Sowjets sich dem strategisch wichtigen Rügendamm näherten, dem Zugang vom Festland zur Insel Rügen, hatte er sich am frühen Morgen des 1. Mai von seinen Eltern in Stralsund verabschiedet. Gemeinsam mit einem Freund machte er sich auf den Weg. Sie wollten den Russen nicht in die Hände fallen. Über ihren HJ-Uniformen trugen die beiden Jungen Militärmäntel, die von ihrem Einsatz vor Stettin als »Panzergräben-Schipper« und später als Angehörige eines Panzerjagskommandos, ausgebildet an der Panzerfaust, stammten. Was die beiden 17-Jährigen an den ersten Maitagen auf der Flucht erlebten, schildert Otto-Rudolf Rothbart:

»Am Abend des 1. Mai gelangten wir nach Graal-Mürlitz, einem vor dem Krieg gern besuchten Seebad zwischen Rostock und Darß. Dort gruben wir uns förmlich eine Schlafstätte, ein Loch, in die Berge von Klopapier, mit dem die Strandhalle gestopft voll war, deutsche militärische Vorratshaltung, sicherlich irgendwo korrekt notiert. Wir waren fast 24 Stunden pausenlos unterwegs gewesen und entschliefen deshalb selig.

Nicht so andere. Die hatten längst registriert, daß draußen auf der Reede Schiff an Schiff lag. Sie hatten sich wohl auch durch Lichtzeichen bemerkbar gemacht. Jedenfalls war plötzlich im Morgengrauen großer Aufbruch. Kleine graue Schatten näherten sich dem Ufer, den nicht mehr intakten Landungsbrücken der Seebäder-Dampfer. Es waren deutsche Schnellboote, die mutig genug waren, das seichte Ufer für eine Rettungsaktion zu ignorieren. Auf den Resten der Brückenbalken balancierend, viele wateten lieber gleich durchs Wasser, gelangten wir auf die Boote, die sich wie eine Kette hintereinandergelegt hatten, so daß eigentlich bloß das vorderste Boot das volle Risiko des Auflaufens oder einer unvermuteten Feindattacke zu befürchten hatte. Ich werde nie vergessen, daß auf einem der Boote ein toter Marinesoldat lag.

So gelangten wir dann am Morgen des 2. Mai 1945 auf eines der auf der Reede liegenden Schiffe; es war die »Minden«.

Mein Freund und ich waren damals 17 Jahre alt. Wir waren froh, irgendwo am Oberdeck, vorne unter einem Aufbau, eine Liegestatt zu finden. Die Erfahrenen – mit uns waren versprengte Landser, Angehörige der Organisation Todt, Zivilisten verschiedenen Alters und verschiedenster Herkunft – bemühten sich wohl mehr um Plätze auf dem Achterdeck, von wegen der Minen. In den Laderäumen wimmelte es von Verwundeten, sowie Frauen und Kindern.

Was dann am 2. und 3. Mai auf dem Schiff geschah, entzog sich unserer genauen Einsicht. Die Rede war von Meuterei, vom Aufziehen einer weißen Flagge. Tatsächlich waren britische Bomber nicht zu übersehen, die im Tiefflug die Flotte von Schiffen aller Größen umschwirrten, die alle nur eine Richtung kannten: Westen. Wir konnten auch brennende Schiffe beobachten. Unser Schiff, die »Minden«, fuhr, lag dann lange vor Anker, fuhr wieder... Am 4. Mai schließlich landeten wir in Nyborg/Dänemark. Es gab Essen, Quartiere wurden zugewiesen.

Nun war ich deutscher Flüchtling in Dänemark. Es wurde ein langer Aufenthalt, ein besonderes Kapitel deutscher Flüchtlingsschicksale. Deutschen Boden betrat ich erst wieder im Jahre 1947.«

VOR DER KAPITULATION

»Rette sich wer kann«

In den ersten acht Maitagen überstürzten sich die Ereignisse an der Ostseefront, die keine mehr war.

»Rette sich wer kann« war die Parole, die niemand ausgegeben hatte, kaum jemand aussprach, die aber im Bewußtsein aller war, die in den noch wenigen in deutscher Hand befindlichen Ostseehäfen auf Rettung warteten. Es ging um einen Platz auf den letzten Schiffen die nach Westen liefen, und wenn es auch nur ein Stehplatz auf dem freien Oberdeck war, oder ein Platz auf einem Fährprahm, einem Boot, einem Schiffchen. Jetzt war alles gleich, es brauchte nur ein Fahrzeug zu sein, das sich auf dem Wasser vorwärts bewegte. Dazu gehörten auch die noch einsatzfähigen Kriegsschiffe jeder Größe, die jetzt keine andere Aufgabe mehr hatten als Menschenleben über die Ostsee zu retten. Sie war der einzige noch vorhandene Kriegsschauplatz der deutschen Kriegsmarine, die ihre humanste Aufgabe im Zweiten Weltkrieg in diesen Tagen wie auch in den letzten Wochen und Monaten bravourös löste. Obwohl Kriegsschiffe für Menschentransporte nicht eingerichtet waren, holte man in den Ostseehäfen soviel Menschen an Bord, wie es möglich und zu verantworten war, soviel, daß gerade noch die Geschütze bedient werden konnten, um Fliegerangriffe abwehren zu können.

»Retten was noch zu retten ist« war das Gebot des Handelns, sowohl für die Kommandanten der Kriegsschiffe als auch für die Kapitäne der Handelsmarine. Die Mannschaften gaben das Letzte.

Während die Seetransporte in der Ostsee auf vollen Touren liefen, ergaben sich bei den Kapitulationsverhandlungen, die Generaladmiral von Friedeburg im Auftrage der Reichsregierung führte, Schwierigkeiten, die zum Abbruch der Rettungsaktion Ostsee hätten führen können. Friedeburg berichtete Dönitz, daß Montgomery eine Teilkapitulation im norddeutschen Raum, die der Großadmiral anstrebte, nur bei gleichzeitiger Übergabe aller im Kapitulationsbereich befindlichen Kriegs- und Handelsschiffe akzeptieren würde.

Dönitz zu dieser Forderung in seinen Memoiren:

»Die Forderung, die Schiffe auszuliefern, beunruhigte mich. Sie mußte das Ende der Seetransporte von Flüchtlingen und Truppen nach Westen bedeuten. Ich bekam jedoch aus Friedeburgs Bericht über die Haltung Montgomerys in dieser Frage den Eindruck, daß es wenigstens möglich sein würde, die bereits in See befindlichen Schiffe nach Westen weiterlaufen zu lassen. Die auf ihnen untergebrachten Verwundeten, Truppen und Flüchtlinge würden jedoch in dänischen Häfen gelandet werden müssen. Die Ankunft von etwa 300 000 deutschen Menschen mußte selbstverständlich nicht nur politische, sondern vor allem eine grosse organisatorische Belastung für Dänemark mit seinen geringen Hilfsmitteln zur Folge haben. Unterbringung, Verpflegung und ärztliche Versorgung einer so hohen Zahl von Ausländern, noch dazu feindliches Volk, mußten sehr schwierig sein. Aber diese Nachteile würden notgedrungen in Kauf genommen werden müssen. Es handelte sich darum, ungezählte Menschen unseres Volkes, auch Frauen und Kinder, noch am Ende des Krieges vor dem Tode zu bewahren.«

Für Dönitz galt an diesen ersten Maitagen nur eine Devise: die Unterschrift unter die Teilkapitulation möglichst lange hinauszuzögern, damit noch viele Menschen über die Ostsee nach Westen gerettet werden konnten. Er war sich aber bewußt, daß die Unterschrift unter die Teilkapitulation nur noch um Stunden oder ein bis zwei Tage hinauszuzögern war.

DAS DRAMA IN DER NEUSTÄDTER BUCHT

Bomben auf die Häftlingsflotte

Doch bis dahin geschah noch so manches. So manches Schiff sank noch auf den Grund der Ostsee, so mancher Verwundete, Soldat oder Flüchtling fand in diesen Maitagen bis zur Stunde Null noch den Tod.

Das tragischte Ereignis war wohl das Drama in der Neustädter Bucht, bei dem am 3. Mai 1945 8 000 Menschen, darunter 7 148 ehemalige Häftlinge des Konzentrationslagers Neuengamme bei Hamburg, den Tod fanden.

Sie starben auf dem großen ehemaligen Hamburg-Süd-Passagierschiff »Cap Arcona«, das auf drei Flüchtlingsfahrten rund 30 000 Menschen über die Ostsee gerettet hatte, und dem Dampfer »Thielbek«. Man hatte die nicht mehr fahrtüchtige »Cap Arcona« in der Neustädter Bucht mit KZ-Häftlingen beladen, ebenso den Dampfer »Thielbek«. Was mit dieser Menschenfracht geschehen sollte, wußte niemand. Die Kapitäne und Mannschaften der beiden Schiffe hofften, sich mit ihrer Last vom verlorenen Krieg in den hautnah greifbaren Frieden hinüberretten zu können. Noch mehr hofften dies die KZ-Häftlinge. Sie sahen das Tor zur Freiheit schon offenstehen.

Doch, wie aus heiterem Himmel, stürzten sich am Mittag des 3. Mai acht Maschinen der in Ahlhorn nordöstlich von Cloppenburg stationierten 263. Staffel des Typs »Typhoon« auf die Schiffe in der Neustädter Bucht, zu denen auch die noch nicht beladene »Deutschland« gehörte. 63 Raketen fielen auf die »Cap Ancora« und die »Deutschland«. Die Logbucheintragung des englischen Staffelkommandanten Scott Rumbold: »Flugzeit 1 Stunde und 20 Minuten – Gutes Feuer entwickelte sich nach dem Angriff.«

Vom Feldflugplatz in Celle war zur gleichen Zeit die 197. Staffel der britischen RAF gestartet. Das Angriffsziel: die Schiffe in der Neustädter Bucht. Auch dieser Angriff war nach Meinung der Briten »erfolgreich«. Der Eintrag des Staffelkommandanten Leutnant K.J. Harding in das »Operations Record Book« lautete: »Der Angriff erwies sich als sehr erfolgreich und war auf ein 15 000 bis 20 000 Tonnenschiff gerichtet. Das Schiff brannte bereits als Folge eines vorhergehenden Angriffs der 263. Staffel, aber zwei direkte Treffer der 197. machten es zu einem lodernden, kenternden Wrack.«

Auch die auf dem Feldflugplatz Plantlünne, zwischen Rheine und Lingen, stationierte 198. Staffel der britischen RAF hatte sich das gleiche Angriffsziel gewählt. Mit fünf

Maschinen stürzte sich die Staffel auf die leere »Deutschland«, vier Maschinen der Staffel warfen ihre Raketen auf den mit KZ-Häftlingen überfüllten Dampfer »Thielbek«.

Mehr als 8 000 Menschen starben einen elenden Tod im Flammenmeer der kenternden Schiffe oder in den Fluten der Ostsee, die Küste von Neustadt vor den Augen.

Dies war die folgenschwerste Katastrophe am Ende des Krieges in der Ostsee, obwohl am gleichen Tage das Linienschiff »Schlesien« vor Swinemünde versenkt wurde, in der Kieler Bucht 23 Handelsschiffe durch britische Luftangriffe versenkt und 8 Schiffe schwer beschädigt wurden und einen Tag später, am 4. Mai 1945, der Hilfskreuzer »Orion« ex »Hektor« verlorenging.«

DAS LETZTE SCHIFF HEISST »HOFFNUNG«

Freiheit oder Gefangenschaft

Die letzten Tage der »Rettungsaktion Ostsee« zwischen dem 4. und dem 8. Mai 1945, 24.00 Uhr, verliefen noch einmal dramatisch. Das letzte Aufgebot an Rettungsschiffen, die noch verbliebenen schnellen Frachtschiffe, vor allem die noch schnelleren Torpedoboote und Zerstörer der Kriegsmarine, wurden noch einmal, zum letzten Mal, nach Osten in Marsch gesetzt. Dort wurden sie fast buchstäblich von Soldaten, Verwundeten und Flüchtlingen gestürmt, soweit dies überhaupt möglich war, denn die meisten der Schiffe konnten nur noch auf Reede beladen werden. Jeder wollte noch mit. Jeder wollte noch Freiheit und Leben retten. Doch jeder konnte nicht gerettet werden. Es waren zu viele, viel zu viele, die noch auf Rettung warteten und hofften. Vor allem Soldaten, die erst in den letzten Tagen die Häfen erreicht hatten. Das war in Libau so, wie in Windau, auf Hela wie in den kleineren Häfen. Allein in Hela warteten noch 250 000 und in den Kurlandhäfen waren es weit mehr als 100 000, die noch abtransportiert werden wollten.

Doch für einen solchen Massentransport in letzter Stunde reichten die Schiffe bei weitem nicht, die noch in den Häfen und auf der Reede lagen oder sich auf den Weg gemacht hatten, das Rettungswerk zu vollenden.

Nachdem am 4. Mai die Kapitulation der deutschen Truppen in Norddeutschland, Dänemark und Holland durch Unterschrift vollzogen worden war, wurden am 5. Mai alle sich außerhalb der Hoheitsgewässer befindlichen Kriegs- und Handelsschiffe nach Hela in Marsch gesetzt. Sie nahmen dort 45 000 Menschen an Bord.

Am 6. Mai liefen die schnellen Kriegsschiffe von Kopenhagen-Reede ab und nahmen auf Hela-Reede 20 000 Soldaten und Flüchtlinge an Bord.

Am 7. Mai erfuhren alle Hafenkapitäne und -dienststellen, alle Kriegsschiff-Kommandanten und Handelsschiffskapitäne über Funk: »Mit dem 8. Mai 0 Uhr hören alle Kampfhandlungen an allen Fronten auf... Bis zu diesem Zeitpunkt müssen alle See- und Sicherungsstreitkräfte und alle Handelsschiffe die Häfen Kurlands und Hela verlassen haben!«

Das war die »Stunde Null« für die »Rettungsaktion Ostsee 1944/45«, die Nacht vom 8. zum 9. Mai 0.00 Uhr.

Was in den Tagen und Stunden bis dahin Seeleute, Pioniere und Soldaten noch leisteten, um Menschen aus dem Osten vor Gefangenschaft, Versklavung und Tod über die Ostsee in die Freiheit zu retten, war beispielhaft:

Die kleinen Frachter »Weserberg« und »Paloma« verließen am 8. Mai nachmittags, bis auf den letzten Decksplatz besetzt, Hela. Kurz danach folgten die Tanker »Lieselotte Friedrich« und »Julius Rütgers«. Als letztes Schiff verließ der Ex-Bäderdampfer »Rugard« den Hafen der Halbinsel. Unter den 1 500 an Bord befindlichen Soldaten und Flüchtlingen befand sich auch Fregattenkapitän Adalbert von Blanc, der Chef der 9. Sicherungsdivision, dem der Dampfer »Rugard« zuletzt als schwimmender Befehlsstand gedient hatte. Das allerletzte Fahrzeug, das den Fischereihafen Hela verließ, war kein Schiff, sondern ein Danziger Binnenkahn. Dieser Kahn mit dem Namen »Hoffnung«, der noch nie die Ostsee überquert hatte, wagte die Reise ins Ungewisse ohne Kompaß, ohne Seekarte mit 135 Men-

Flüchtlingsschiffe auf Hela-Reede (11)

12

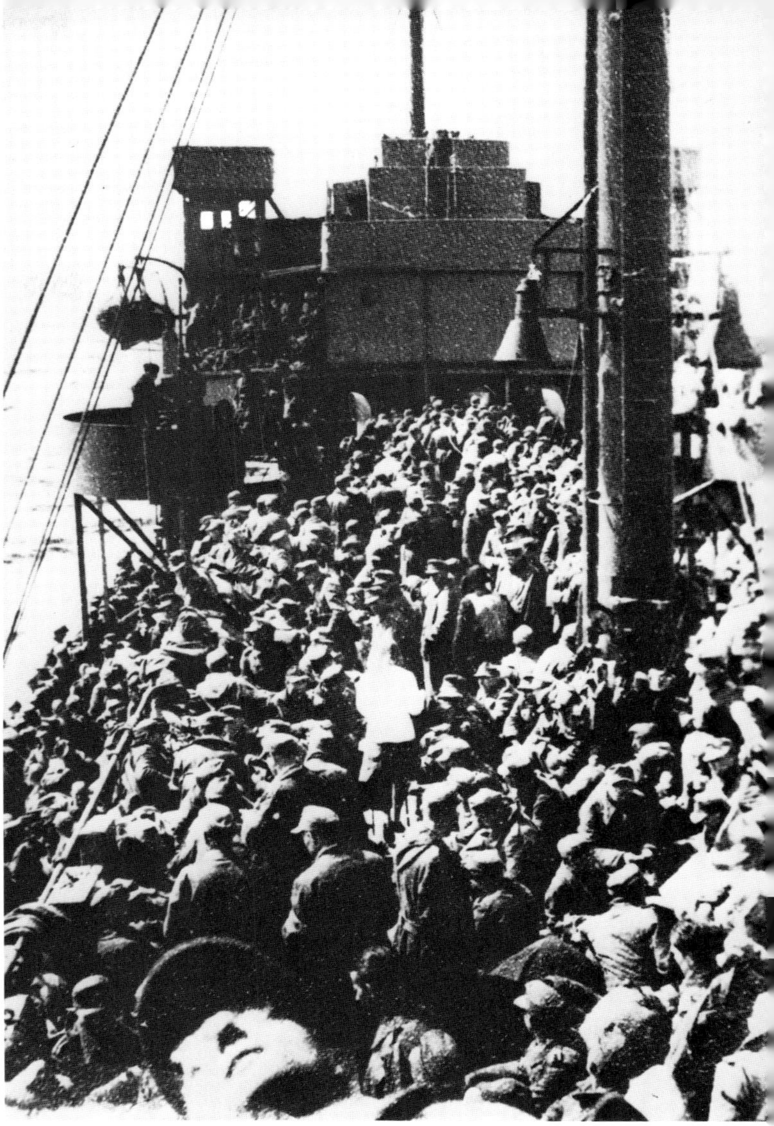

13

Links oben:
Letzte Truppeneinschiffung vor Hela am 8. Mai 1945 (12)

Rechts oben:
Letztes Schiff aus Windau: Tanker »Rudolf Albrecht«, 8. Mai 1945 (13)

Der Krieg ist aus. Deutschland kapituliert bedingungslos (14)

14

schen an Bord; es war die »Arche Noah« der letzten Ostseeflüchtlinge aus Hela.

Weiter im Norden der Ostseefront, verließ am 8. Mai 1945 um 23.00 Uhr, 60 Minuten vor der »Stunde Null«, der Tanker »Rudolf Albrecht« den Hafen von Windau. Er bildete mit 15 Fischkuttern und 45 Pionierlandungsbooten ein Geleit. 11 330 Menschen hatten auf diesen Fahrzeugen Platz gefunden.

Mit dem Eintreffen des letzten Flüchtlingsschiffes im Zweiten Weltkrieg, dem Binnenkahn »Hoffnung« am 14. Mai 1945 um 14 Uhr in Flensburg, war das Drama der Ostseeflucht zu Ende.

DIE RETTER OHNE RUHM

»Helden der Humanität«

So plötzlich, wie sich zu Beginn des letzten Kriegsjahres aus der im Sommer 1944 begonnenen »Evakuierung« der Zivilbevölkerung aus dem Baltikum und dem Memelland, die Notwendigkeit ergeben hatte, fast drei Millionen Menschen über die Ostsee vor dem Zugriff sowjetischer Truppen zu retten, so plötzlich beendete die Kapitulation dieses Rettungswerk.

Die Flucht über die Ostsee ist inzwischen Geschichte geworden. Sie ist nicht nur ein ebenso bedeutender wie tragischer Teil der Geschichte des Zweiten Weltkrieges, sondern sie ist auch von britischen und amerikanischen Historikern inzwischen als »das größte Rettungswerk der Seegeschichte« anerkannt.

Mehr als 1 000 Handels- und Kriegsschiffe waren an diesem Rettungswerk beteiligt, vom Fischkutter bis zum großen Passagierschiff, das einst die Weltmeere befuhr, vom Marinefährprahm bis zum Schweren Kreuzer, nicht zu vergessen die ungezählten Pionierlandungsboote, Sturmboote und sonstigen Fahrzeuge, die sich in den Dienst dieses, der Rettung der Menschen dienenden, Unternehmens stellten.

Die vollbrachte Leistung, die Rettung von mehr als zweieinhalb Millionen Menschen über die Ostsee, verdient Respekt und Anerkennung. Wenn dieser Zahl der Geretteten »nur« eine Zahl von 25 000 Taten gegenübersteht, meist Frauen und Kinder, die auf der »Wilhelm Gustloff«, der »Steuben« der »Goya« und einigen kleinen Schiffen, nicht eingerechnet, die Zahl der Opfer des Dramas in der Neustädter Bucht am 3. Mai 1945, ihr Leben lassen mußten, so ist dies nicht zuletzt auf die Sicherung der Flüchtlingsschiffe – und Geleite durch Kriegsmarineeinheiten zurückzuführen. Sie haben einen wesentlichen Anteil am Gelingen des Rettungswerkes.

Die Größe des »Rettungswerkes Ostsee 1944/45«, bei der nur rund 1% Opfer zu beklagen sind, wird noch deutlicher, wenn man die Zahl von etwa 350 000 Menschen gegenüberstellt, die im gleichen Zeitraum aus den gleichen Gebieten, aus dem Memelland, aus Ostpreußen, Danzig-Westpreußen und Hinterpommern auf dem Landweg geflohen sind, wobei die Zahl der Umgekommenen bei 15 Prozent liegt.

Die Flucht über die Ostsee soll nicht vergessen werden. An dieses große Rettungswerk erinnern heute das Marineehrenmal in Laboe, in dem eine Gedenktafel vom Dank der Heimatvertriebenen an die deutschen Seeleute kündet, die »Erinnerungsstätte ALBATROS – Rettung über See« in Damp 2000, die als »Museumsschiff« viele Dokumente der ereignis- und schicksalsreichen letzten Ostseekriegsmonate birgt und zum Besuch einlädt; nicht zuletzt auch die Erinnerungsstätte in Oberschleißheim bei München, eingerichtet von der Ost- und Westpreußenstiftung in Bayern, die mit einem als Denkmal aufgestellten, an der Rettungsaktion beteiligten Pionierlandungsboot dazu beitragen will, daß die Leistungen der Pioniere beim Rettungsunternehmen Ostsee 1944/45 nicht in Vergessenheit geraten.

Keiner der bekannten und unbekannten Retter hat nach dem Kriege Ruhm oder Medaillen geerntet. Keiner hat dies auch erwartet. Ihre Tat war ein Werk der Nächstenliebe. Sie, die Retter, wurden, ohne es zu wollen, zu »Helden der Humanität«.

Als solche werden sie allen Überlebenden in Erinnerung bleiben. Und das wiegt mehr als Ruhm und Medaillen.

Der letzte Kahn hieß »Hoffnung« . . . 15

OSTSEE-TAGEBUCH

JANUAR – DEZEMBER | 1944

Jan.

05. Die 8. USAAF greift Kiel an.

06. Nachtangriff von 348 Flugzeugen des RAF-Bomber Command auf Stettin. Abwurf von 1 118 to Bomben. Flugsicherungsschiffe »Krischan« und »Bernard von Tschirschky« sinken.

14. Angriff sowjetischer Armeen entlang der gesamten Leningrad-Front. Die 18. deutsche Armee wird zurückgeworfen. Die aufgestellten schweren Geschütze, die Leningrad beschießen sollten, müssen zurückgelassen werden. Zwischen Narwa und Peipusee wird eine neue deutsche Front gebildet und eine Verbindung zu der weiter südlich operierenden Armee hergestellt.
Die sowjetische Armee, die mit ihrem Angriff den Einschließungsring um Leningrad durchbricht, transportierte seit dem 5. 11. 1943 mit Kleinfahrzeugen der Baltischen Flotte die 2. sowjetische Stoßarmee aus Leningrad in den Brückenkopf Oranienburg mit 44 000 Mann, über 200 Panzern, 600 Geschützen, 2 400 Kraftfahrzeugen, 6 000 Pferden und 30 000 to Material. Die vom 14. bis 21. 1. dauernde Ausbruchsoffensive wird durch die Artillerie der Baltischen Flotte unterstützt, die 24 000 Granaten feuert.

31. Im Januar 1944 sind in der Ostsee die Schiffe »Hecksee«, 865 BRT (M), »Helios«, 2 885 BRT (B), »Emsland«, 5 170 BRT (B) und »Hanau«, 1 040 BRT (M), verlorengegangen.

März

01. Deutsche Marine verstärkt Bewachung der Minensperren im Finnenbusen, um den Vorstoß sowjetischer Schiffe in die östliche Ostsee aufzuhalten bzw. zu verhindern.

09. Sowjetische Flugzeuge greifen erstmalig massiv die deutschen Bewacher im Finnenbusen an.

12. Deutsche Zerstörer Z 28 und Z 39 greifen in den Kampf ein und beschießen sowjetische Stellungen bei Hungerburg.

13. Deutscher Netzsperrverband beginnt mit der Auslegung des U-Boot-Netzes »Walroß« zwischen Nargön und Porkkala. Die Minenschiffe »Linz«, »Roland«, »Brummer«, die M-Boote »M 3«, »M 37« und die Zerstörer »Z 25«, »Z 28«, »Z 35«, »Z 39« erneuern die »Seeigel«-Stellungen. Marinefährprähme der 24. L-Flottille, M- und R-Boote ergänzen die Minensperre »Nashorn«.

31. Schiffsverluste im März 1944: »Desdemona«, 1 304 BRT (M), »Ruth Geiß« (M), »Erfurt«, 4 201 BRT (M).

April

10. 70 sowjetische Flugzeuge greifen die Minensuchboote »M 459« und »M 413« an. »M 459« sinkt nach Bombentreffern. »M 413« kann trotz mehrerer Treffer den nächsten Hafen erreichen.

12. Finnland hält Deutschland die Treue und lehnt sowjetische Friedensbedingungen ab.

21. Minenschiff »Roland« geht im Finnenbusen auf eigener Minensperre verloren.

26. Bis zum 20. 05. legen deutsche Minenschiffe, kleinere Fahrzeuge und Zerstörer 7 599 Minen und 2 795 Sperrschutzmittel.

30. Schiffsverluste im April 1944: »Altair«, 2 424 BRT (B) und »Lotte Leonhardt«, 4 167 BRT (A)

Mai

08. 18 sowjetische Schlachtflugzeuge greifen Boote der 17. Vorposten-Flottille mit Bomben und Bordwaffen an. Mit feuernden Bordwaffen stürzt sich eine angeschossene sowjetische Maschine auf das Vorpostenboot 1701 und versinkt mit diesem im Meer.

30. Schiffsverluste im Mai 1944: »Ingeborg«, 895 BRT (M), »Anni Ahrens«, 899 BRT (M).

Juni

15. Die Sowjets greifen die der karelischen Landenge vorgelagerten Inseln an.
Unter dem Druck der 59. und 21. sowjetischen Armee muß sich das Finn.IV Korps aus der Mannerheim-Stellung auf Viborg absetzen. Die deutschen Torpedoboote »T 30« und »T 31«, die 1. R-Flottille, die 3. M-Flottille und eine AF-Gruppe der 24. L-Flottille werden in der Viborg-Bucht und im Koivisto-Sund eingesetzt. »T 31« wird durch einen sowjetischen Torpedokutter versenkt.

21. »AF 32« und Minentransporter »Otter« sinken. »M 29«, »R 110«, »R 120« und das R-Boot-Begleitschiff »Nettelbeck« werden beschädigt. Sowjetische Landungen auf Koivisto.

23. Räumung der Insel Koivisto, danach sowjetische Besetzung. Viborg geht verloren, nachdem am 9. Juni die Rote Armee über die karelische Landenge Finnland angreift und zunehmend erobert. Die Kämpfe an Land und auf See verschärfen sich zusehends.

Juli

16. 52 Maschinen Pe-3, 42 des Typs Il-2, 8 Boston-Bomber und 30 LaGG greifen von 15.45 bis 16.20 Uhr in den Schären südlich Kotka den deutschen Flugabwehrkreuzer »Niobe« mit Bomben, Torpedos und Bordwaffen an. Um 17.40 Uhr sinkt das Schiff auf Grund; Mast, Schornstein und Brücke ragen aus dem Wasser. Von der 300 Mann starken Besatzung finden 60 den Tod, 30 werden verwundet.

24. Ein RAF-Bomber-Command wirft in der Nacht zum 24. 7. 2748 to Bomben auf Kiel. Im Hafen gehen »Axel«, 1540 BRT, der U-Tender »Erwin Wassner«, der Sperrbrecher 25 und die Unterseeboote »U 239«, »U 2323« und »U 1164« verloren.

30. Folgenschwerer Angriff der sowjetischen U-Boot-Jäger »MO.103« und »DS.910« in der Koivisto-Enge am Finnischen Meerbusen auf auf das deutsche U-Boot »U 250« (Kpt.Lt.W.K.Schmidt) mit Wasserbomben. Im seichten Gewässer geht »U 250« mit der gesamten Besatzung unter. Das Boot wird von der Roten Flotte gehoben und nach Kronstadt gebracht. In dem Boot wird neben sämtlichen Geheimunterlagen die Chiffriermaschine »Enigma m« und auch einer der neuesten deutschen akustischen Torpedos, der zielsuchende Torpedo »Zaunkönig« gefunden. Ein britisches Spezialistenteam erhält von Stalin die Genehmigung, das Wrack des deutschen U-Bootes »U 250«l, die Chiffriermaschine und den Torpedo »Zaunkönig« in Kronstadt zu besichtigen.

Bei laufenden Angriffen sowjetischer Jagdbomber und Schlachtflugzeugen der Luftwaffe der Baltflotte gegen die deutschen Sperrbewachungen in der Narwabucht und in den Einsatzhäfen in Finnland und Estland werden »M 20«, »M 413«, »F 237«, »F 498« und »V 1707« versenkt, 10 M-Boote, zwei Vorpostenboote, der Zerstörer »Z 39« und der Flakjäger »F 26« werden beschädigt.

31. Weitere Schiffsverluste im Juli 1944: »Hochsee«, 2245 BRT (B), »Ingrid Horn« (Sperrbrecher), 4006 BRT (B). Ende Juli 1944 gelingt es einem sowjetischen Panzerkeil bis zum litauischen Siauliai vorzustoßen und sich Memel bis auf ca. 140 km zu nähern. Fregattenkapitän K.F. Merten, der Chef der in Memel stationierten 24. U.-Boot-Schulflottille, läßt auf den Dampfern »Welheim« und »Messina« 6000 Hitlerjungen, die im Kreis Memel für Schanzarbeiten eingesetzt waren, in die Heimat abtransportieren. Ende Juli 1944 beginnt die erste große Evakuierungsaktion einer deutschen Stadt an der Ostseeküste rechtzeitig, bevor die Sowjets eingreifen können. Mit den Schiffen »Angelburg«, »Goya«, »Heinz Horn«, »Lech«, »Messina«, »Nordland«, »Sumatra«, »Wega«, »Welheim« und »Wolta« werden in den folgenden Wochen mehr als 50000 Memelländer über die Ostsee nach Pillau, Gotenhafen und Danzig evakuiert.

Aug.

01. Carl Gustav von Mannerheim, Kommandeur der finnischen Wehrmacht, der eine neue Politik gegenüber der Sowjetunion einleiten soll, übernimmt anstelle des finnischen Präsidenten Rystp Ryti die finnische Staatsgewalt.

Sowjetischen Unterseebooten gelingt der Ausbruch aus der Kronstädter Bucht. Erstmalig stehen zwölf sowjetische Front-U-Boote in der östlichen Ostsee im Einsatz.

Ostpreußens Gauleiter Koch mobilisiert die letzten Greise und Knaben für den Bau des »Erich-Koch-Walls«, der sowjetische Panzer und Truppen aufhalten soll.

02. Sowjetische Truppen dringen zum ersten Male über die Wechsel vor.

18. Am Rigaer Meerbusen bei Tukkum gelingt es sowjetischen Verbänden durchzubrechen.

20. Einem deutschen Panzer gelingt es, bei einem Gegenstoß die Sowjets zurückzuwerfen und wieder eine schmale Landbrücke nach Riga freizukämpfen.

An der Front der Narwa zwingen sowjetische Truppen die deutschen Truppen zum weiteren Rückzug. Der größte Teil Estlands geht verloren. Der Haupthafen Reval wird abgeschnitten und ist nur noch von See aus erreichbar.

Der schwere Kreuzer »Prinz Eugen« unterstützt mit den Zerstörern »Z 25«, »Z 28«, »Z 35«, »Z 36« und den Torpedobooten »T 23« und »T 28« mit Artillerie die von sowjetischen Truppen abgeschnittenen Teile der Heeresgruppe Nord am Rigaer Meerbusen bei Tukkum. Es gelingt mit Unterstützung der Schiffsartillerie eine Landverbindung zur abgeschnittenen Heeresgruppe Nord herzustellen.

24. Nachtangriff sowjetischer Bomber auf das Stadtgebiet von Tilsit.

26. Britischer Nachtangriff auf Königsberg. Im Norden der Stadt schwere Schäden.

29. Zweiter britischer Nachtangriff auf Königsberg trifft die Innenstadt vernichtend.

30. General Hoßbach, Oberbefehlshaber der 4. Armee, schlägt die »vorbeugende Evakuierung« der Zivilbevölkerung aus den östlichen Gebieten Ostpreußens vor. Die Parteiführung in Berlin verurteilt die Vorschläge als Defätismus und verbietet sie.

30. Schwerer britischer Luftangriff auf den Hafen von Stettin.

30. Schiffsverluste im August 1944: »Odin«, 1 137 BRT, »Viadra«, 947 BRT (B), »Hanna Cords«, 1 891 BRT (B), »Rügenwalde«, 152 BRT (B), »Otto Alfred Müller«, 1 589 BRT (B), »Karl Friedrich Geiß«, (B), »Grenadier«, 2 319 BRT (B), »Alexandra«, 592 BRT (B).

Sept.

02. Hitler wird von Mannerheim darüber informiert, daß Finnland aus dem Krieg ausscheidet. Finnland bricht die diplomatischen Beziehungen zu Deutschland ab und fordert den sofortigen Abzug aller deutschen Truppen innerhalb von zwei Wochen. In Südwestfinnland sind die deutschen Depots bis an den Rand mit Kriegsmaterial gefüllt, 4 000 Soldaten und 3 000 Verwundete warten auf Abtransport.

04. Bis zum 21. 09. werden aus den finnischen Ostseehäfen 4 049 Soldaten, 3 336 Verwundete, 332 Evakuierte, 746 Fahrzeuge und 42 144 to Kriegsmaterial über die Ostsee abtransportiert, 13 064 to Wehrmachtsgut geht auf dem Seeweg verloren, da einige Schiffe in schwedische Häfen ausweichen müssen. 110 000 to Wehrmachtsgut muß in Finnland an Ort und Stelle wegen fehlender Transportmittel vernichtet werden.

05. Nach Ausfall der finnischen Häfen operieren die deutschen U.Boote jetzt von Gotenhaften und Danzig aus vor den Eingängen des Finnenbusens.

14. Finnischer Widerstand verhindert deutsche Landungsoperation »Tanne Ost« gegen die finnische Insel Suursari. Angriffe finnischer Schnellboote und sowjetischer Flugzeuge zwingen deutsche Landungseinheiten zum Rückzug.

15. Nachtangriff von 490 RAF- Bombern mit 1 448 to Bomben auf Kiel.

16. Die auf der finnischen Insel Suursari gelandeten deutschen Truppen müssen sich ergeben, 175 Verwundete und 1 156 Soldaten geraten in Gefangenschaft.

17. Die finnische Insel Suur-Tytersaari wird geräumt. S-Boote der 5. Deutschen Schnellboot-Flottille holen die Besatzung ab.

18. Sowjetische Truppen stoßen weiter in den Süden nach Estland vor. Das III. SS-Panzerkorps muß sich aus der Narwa-Stellung nach Westen absetzen. Das nächste Angriffsziel der Sowjets ist Reval. Die Evakuierung der Stadt ist unvermeidbar. In den folgenden Tagen verlassen mehrere Geleitzüge, gesichert von Minensuchbooten, Reval und bringen 91 000 Soldaten, 85 000 Flüchtlinge und 82 000 to Kriegsmaterial über die Ostsee in deutsche Häfen.

19. Die UdSSR und Finnland unterzeichnen in Moskau einen Friedensvertrag. Alle deutschen Truppen müssen innerhalb von 15 Tagen Finnland geräumt haben. Die deutschen Minensperren, die den Finnischen Meerbusen abgeriegelt haben, gehen verloren.

20. Die Sowjets besetzen die finnische Insel Suur-Tytersaari.

22. Der Dampfer »Moero«, 5 277 BRT, der am frühen Morgen den Hafen von Reval mit 700 Verwundeten und 573 Flüchtlingen verlassen hat, wird gegen 11. 00 Uhr westlich von Windau von 17 sowjetischen Flugzeugen angegriffen. Das Schiff sinkt innerhalb von 55 Minuten. Der Dampfer »Lappland«, das S-Boot Begleitschiff »Hermann von Wissmann«, das Torpedoboot »T 194« und ein Minensucher retten 618 Menschen. 655 Menschen, darunter etwa 600 Verwundete, finden beim Untergang des D. »Moero« den Tod.

23. Der letzte Geleitzug, bestehend aus den Dampfern »Eberhard Essberger«, »Peter Wessel«, »Tanga« und

»Alette Noot« und dem Lazarettschiff »Oberhausen«, verläßt Reval. An Bord der fünf Schiffe befinden sich über 10 000 Menschen. Die Torpedoboote »T 13«, »T 17«, »T 19« und »T 20« der 3. T-Flottille sichern das Geleit. Die Torpedoboote »T 23« und »T 28«, auf denen sich das letzte Hafensprengkommando befindet, werden an der Revaler Hafenausfahrt von sowjetischen Panzern, die bereits bis hierher vorgedrungen sind, unter Beschuß genommen.
Am Abend des 23. 09. ist Reval in sowjetischer Hand.

25. Hitler befiehlt die Aufstellung des »Volkssturms«; er begründet dies mit dem Versagen sämtlicher Verbündeter.

27. Schweden schließt seine Ostseehäfen für deutsche Schiffe.

29. Mit Torpedokuttern und 90 Amphibienfahrzeugen landen sowjetische Voraustruppen auf der Insel Moon und zwingen die deutschen Verteidiger zum Rückzug nach Ösel.
Die Kriegslage an der Ostseefront verändert sich zuungunsten der Deutschen weiter. Die Sowjets starten einen umfassenden Angriff auf die baltischen Inseln und setzen dabei 50 Torpedokutter, 13 Wachboote, 20 Hafenschutzboote, 20 Tender und 8 Panzerkutter ein, als Landungseinheiten Verbände der 8. sowjetischen Armee. Die Landungsaktion wird von der 13. sowjetischen Luftarmee unterstützt.

30. Weitere Schiffsverluste im September 1944: »Weilburg«, 1 023 BRT (M), »Greifswald«, 132 BRT (SVL), »Meyerlegde«, 868 BRT (B), »Oslo«, 1 412 BRT (M), »Anne Ohl«, 582 BRT (B) und »Hartmut«, 2 713 BRT (M).

Okt.

02. Sowjetische Vorausabteilungen und danach die Masse der 109. Schützendivision landen auf Dagö. Die deutschen Truppen müssen der Übermacht weichen und räumen die Insel.
Der Rigaische Meerbusen wird noch von deutschen Seestreitkräften beherrscht. Die Absicht der Sowjets, entlang des Südufers des Rigaischen Meerbusens und entlang der Ostseeküste auf Libau zu marschieren, wird durch den Beschuß von See her vereitelt. Die massive Beschießung durch deutsche Seestreitkräfte verhindert in diesem Zeitraum, als deutsche Truppen in Kurland zurückgedrängt werden, eine Katastrophe. Deutsche Truppen bilden um die Häfen Windau und Libau einen großen Brückenkopf, den 26 deutsche Divisionen, 600 000 Mann, bis zum Ende des Krieges gegen alle sowjetischen Angriffe verteidigen. Dies war für die deutsche Kurlandarmee von entscheidender Bedeutung, der Weg in die Freiheit über die Ostsee blieb damit bis zur letzten Stunde des Krieges für sie offen.

02. Bis zum 4. 10. greifen zwei Torpedoboote, danach der Schwere Kreuzer »Lützow« in die Kämpfe im Rigaischen Meerbusen ein und beschießen mit zwei Zerstörern und weiteren fünf Torpedobooten gemeinsam von der offenen See her die sowjetischen Stellungen an Land und verhindern ein weiteres Vorgehen der Sowjets.

05. Dagö geht verloren. Die deutschen Truppen ziehen sich weiter auf die Halbinsel Sworbe zurück. Trotz heftiger sowjetischer Angriffe kann Sworbe gehalten werden.
Von Hangö und Abo aus operieren sowjetische U-Boote vor Windau. SC 310 gelingt es, den deutschen Dampfer »Ro 24« (4 499 BRT) zu versenken, SC-407 torpediert vor Memel das Schulschiff »Nordstern« (1 127 BRT), S-4 versenkt vor Rixhöft »Taunus«, »Terra« und »Thalatta« mit zusammen 4 896 BRT. Kapitän des 3. Ranges Marinesco gelingt es auf der Stolpe-Bank den Fischdampfer »Siegfried« (563 BRT) zu versenken, L-3 schickt bei Bornholm den schwedischen Dampfer »Hilma Lau« (2 424 BRT) auf den Grund der Ostsee. Die sowjetische U-Boot-Gefahr in der östlichen Ostsee nimmt zu.

06. Beginn der Sowjet-Offensive Richtung Memel. Ein sowjetischer Angriff durchbricht die dünne Front der 3. deutschen Panzer-Armee. Das Memelland – mit Ausnahme des Brückenkopfes Memel – fällt bis zum 10. 10. in sowjetische Hände.
Nach dem sowjetischen Durchbruch an der Ostsee zwischen Libau und Memel beschießen bis zum 10. 10. die Schweren Kreuzer »Prinz Eugen« und »Lützow«, sowie die 6. Zerstörer-Flottille mit »Z 25«, »Z 35« und »Z 36« sowjetische Bereitstellungen bei Memel. Die U-Boot- und Flaksicherung übernehmen die 3. T-Flot-

tille mit den Torpedobooten »T 13«, »T 16«, »T 20« und »T 21«. Starke sowjetische Luftangriffe werden abgewehrt.

10. Sowjetische Truppen kesseln die Heeresgruppe Nord in Kurland ein.

11. Das Landungs-Pionier-Lehr- und Ersatz-Regiment in Fredericia / Dänemark erhält Weisung, sofort alle verfügbaren Fronteinheiten der »Festung Memel« zuzuführen, worauf die 2. Ldgs.Pi.Btl. 128 (Oblt. Ochs) mit 13 Landungsbooten und ein Zug des le. Stubo-Kommandos 902 (Lt. Postel) mit 21 leichten Sturmbooten im Bahntransport in den Raum Königsberg-Cranz befördert werden und von dort über Cranzbeek und Haff nach Memel weitergehen.

13. Nachdem die letzten Schiffe den Hafen verlassen haben, besetzen sowjetische Truppen Riga.

16. Beginn der Groß-Offensive der 3. Weißrussischen Front auf die 4. Armee in Ostpreussen. Eydtkau, Wirballen, Ebenrode und die Rominter Heide gehen nacheinander verloren. Die 11. Sowjetische Gardearmee stößt durch bis Nemmersdorf. Die 4. deutsche Armee unter General der Infanterie Hoßbach kann den sowjetischen Angriff bis Ende Oktober an der Linie Goldap-Groß Waltersdorf-Schloßberg-Ostfluß auffangen. Trotz der von sowjetischen Soldaten in Nemmersdorf verübten Greueltaten erfolgt nur eine beschränkte Räumung der besonders gefährdeten ostpreussischen Grenzkreise.

20. Die Kriegsmarinedienststelle Danzig formiert aus 19 Fahrgastschiffen, 27 Schleppern und 7 Motorkähnen die »Transport-Bootsgruppe Kptl. Pauls« mit der Aufgabe, Nachschub-, Truppen-, Flüchtlings- und Verwundetentransporte, zunächst im Memeler Seetief, durchzuführen.

22. Die Torpedoboote »T 23« und »T 28« beschießen sowjetische Einheiten, die auf Sworbe gelandet sind.

23. Der Schwere Kreuzer »Lützow«, die Zerstörer »Z 28« und »Z 35« und die Torpedoboote »T 13«, »T19« und »T 21« beschießen am 23. und 24. 10. sowjetische Stellungen auf Sworbe und bei Memel.

31. Sowjetische Flugzeuge versenken bei Hela den Dampfer »Bremerhaven« (5 356 BRT), 410 Menschen kommen dabei ums Leben.
Weitere Schiffsverluste im Oktober 1944: »Forelle«, 1 205 BRT (B), »Elbing I«, 466 BRT (B), »Maria Siedler«, 438 BRT (B), »Ingrid Christophersen«, 1 353 BRT (B), »Roland L.M. Russ«, 1 320 BRT, »Inge Johanns«, 1 202 BRT (B), »Finnland«, 5 281 BRT (B), »Hohenhörn«, 2 997 BRT (M), »Aalen«, 6 131 BRT, »Vacuum«, 622 BRT (B), »Nina«, 1 371 BRT (M), »Thann«, 7 412 BRT (B).

Nov.

01. Bis zum 1. 11. wurden 1 Million Männer im Alter zwischen 16 und 60 Jahren, soweit noch nicht der Wehrmacht angehörend, zum »Volkssturm« herangezogen.

18. Beginn der sowjetischen Offensive gegen die Halbinsel Sworbe. Die Sowjetische 8. Armee tritt mit starker Unterstützung der Artillerie- und Fliegerverbände und Feuerunterstützung durch 3 K-Boote und 11 Panzerkutter zum Angriff an der Ostseite der Halbinsel an.

20. Die Kampftruppe Vizeadmiral Thiele greift mit dem Kreuzer »Prinz Eugen« und der 3. Torpedoboot-Flottille mit den T-Booten »T 13«, »T 16«, »T 19«, »T 21« in die Kämpfe um Sworbe ein, am 22., 23. und 24. 10. löst der Kreuzer »Admiral Scheer« mit den Zerstörern »Z 25« und »Z 35«, sowie der 2. Torpedoboot-Flottille mit »T 3«, »T 5«, »T 9«, »T 12«, »T 13« und »T 16« den Verband ab.
Sowjetische Artillerie versenkt 11 sm nördlich Memel das Zielschiff »Füsilier«, 6 157 BRT, 287 Menschen finden dabei den Tod.
Hitler verläßt sein Hauptquartier Wolfsschanze bei Rastenburg in Ostpreussen, in welchem er mit Unterbrechungen dreieinhalb Jahre zugebracht hat.

21. Die in Lazarettschiffe verwandelten Fahrgastschiffe »Grenzland« und »Phönix« geraten zwischen Schwarzort und Memel auf Grund, »Grenzland« kommt aus eigener Kraft frei, »Phönix« wird trotz deutlicher Kennzeichnung mit dem Roten Kreuz in Brand geschossen und total zerstört, die Besatzung kann geborgen werden.

22. Schlepper »Helgoland« und »Roland« werden bei Elchwerder durch plötzliches Eis eingeschlossen und müssen zurückgelassen werden. Die übrigen Fahrzeuge können über die Deime ins Frische Haff entkommen.

24. In der Nacht zum 24. 11. wird die Räumung der Halbinsel Sworbe durch deutsche Truppen abgeschlossen.

Die letzten 4 694 Mann werden mit MFPs übergesetzt. Mit der Halbinsel Sworbe geht der letzte feste Platz im östlichen Bereich der Ostsee verloren. Sowjetische U-Boote können jetzt ungehinderter in die Danziger Bucht und die mittlere Ostsee vordringen. Den deutschen Schiffen, die die Kurlandfront, die Häfen Libau und Windau mit Truppen und Nachschub zu versorgen haben und der Stadt Memel drohen jetzt größere Gefahren. Eine stärkere Sicherung der Schiffsgeleite ist notwendig.

30. Weitere Schiffsverluste im November 1944: »Schiffbek«, 2 158 BRT (M), »Carl Cords«, 905 BRT (T), »Phönix«, 999 BRT, »Spreeufer«, 216 BRT (M), »Hansa«, 493 BRT (M)L, »Ellie«, 1 873 BRT (ML), »Gerda Vieth«, 1 312 BRT (M), »Strunda«, 2 414 BRT (RB).

Dez.

01. Zur besseren Geleitsicherung erfolgt Neugliederung des Marineoberkommandos Ost. Als westlicher Partner der 9. Sicherungsdivision, gebildet und neben den »Admiral Östliche Ostsee«, der »Admiral Westliche Ostsee« gestellt.

11. Die 6. Zerstörer-Flottille führt mit den Zerstörern »Z 35«, »Z 36« und »Z 43«, sowie den Torpedobooten »T 23« und »T 28« eine offensive Minenunternehmung im Finnenbusen durch. Dabei geraten die Zerstörer »Z 35« und »Z 36« auf eigene Minen und gehen verloren.

14. Schwerer sowjetischer Luftangriff auf den Hafen von Libau. Die Transporter »Erika Schünemann« (1 177 BRT) und »Minna Cords« (951 BRT), sowie der Tanker »Inka« (427 BRT), gehen verloren.

15. Kälteeinbruch im Kurischen Haff, das zufriert. Fahrzeuge der »Transportgruppe Pauls« müssen nach Labiau zurückgezogen werden.

18. In der Nacht zum 19. 12. werfen RAF-Bomber 824 to Bomben auf den Hafen von Gotenhafen und versenken das Schulschiff »Schleswig Holstein«, das Torpedoboot »T 10«, das Zielschiff »Zähringen« und das U-Boot-Begleitschiff »Waldemar Kophammel«. Außerdem gehen der Netzleger »Theresia L.M. Russ« (1 694 BRT), die Frachter »Leverkusen« (1 273 BRT), »Warthe« (4 922 BRT), »Heinz Horn« (3 964 BRT) und der Tanker »Blexen« (715 BRT) verloren. Mehrere Schiffe werden schwer beschädigt, darunter die »Unitas«, die sechs Bombentreffer erhält.

31. Weitere Schiffsverluste im Dezember 1944: »Dirschau«, 762 BRT (T), »Seeburg«, 12 181 BRT (M), »Nordenham«, 4 592 BRT (M), »Holstentor«, 370 BRT, »Habicht«, 1 377 BRT (B), »Reporter«, (B), »Clara L.M.Russ«, 1 377 BRT (B), »Otterberg«, 1 293 BRT (B), »Minna Cords«, 951 BRT (B), »Trude Schünemann«, 1 259 BRT (B), »Friederikus Rex«, 249 BRT (M), »Eberhardt«, 749 BRT (M), »Baltenland«, 3 038 BRT (T), »Fulda«, 9 492 BRT (B), »Boltenhof«, 3 307 BRT (B), »Castor«, 519 BRT (B) und der Seezeichendampfer »Walter Körte« 350 BRT (M).
Von Januar bis Dezember 1944 gehen insgesamt 84 Schiffe in der Ostsee verloren, 29 durch Minen-, 7 durch Torpedo-, 42 durch Bomben-, 3 durch Artillerietreffer und 3 durch Selbstversenkung.

16

Anfang 1944 beginnt im Ostsee-Krieg eine neue Phase. Die Sowjets durchbrechen den Einschließungsring um Leningrad. Die Deutschen müssen die Minensperren im Finnenbusen verstärken. Dabei gelangen auch Einheiten der 24. L.-Flottille (16) zum Einsatz. Das Eis im Finnenbusen räumen die Eisbrecher »Eisbär« (17) und »Eisvogel« (18) unter Kapitän Walter Schmidt (19).

17

19

18

20

23

21

24

22

25

F 257 (20) der 24. L.-Fl. verlegt in der Narwa-Bucht Minen. Anfang März greifen sowjetische Flugzeuge im Finnenbusen verstärkt die deutschen Bewacher an. Am 12. März beschießen die deutschen Zerstörer »Z 28« (21) und »Z 39« (22) sowjetische Stellungen bei Hungerburg. Am 16. Juli 1944 gelingt es den Sowjets nördlich von Kotka den Flugabwehrkreuzer »Niobe« zu versenken. Nach dem Angriff durch mehr als einhundert sowjetische Maschinen sinkt das Schiff. Von der 300 Mann starken Besatzung kommen 60 ums Leben, 30 werden verwundet. Zurück bleibt nur ein Wrack (23). Bei dem schweren Nachtangriff eines RAF Bomber-Kommandos auf den Hafen von Kiel gehen in der Nacht vom 24. zum 25. Juli 1944 mehrere Schiffe verloren, darunter der U-Tender »Erwin Wassner« (24). Am 25. Juli 1944 wird mit der »Evakuierung« der Zivilbevölkerung in den Häfen Reval und Riga (25) begonnen.

26

Die ersten Deutschen, die »vorübergehend evakuiert« werden, sind die Memelländer. 120 000 Memeldeutsche ziehen in endlosen Trecks über die Memel (26) nach Ostpreußen im guten Glauben, nach wenigen Wochen wieder in ihre Heimat zurückkehren zu können. Währenddessen sind Artillerie-Fähr-Prähme (AFP) der 24. L.-Flottille (27) im ständigen Einsatz in der Ostsee.

27

28

30

29

Auf Initiative des Kommandeurs der in Memel stationierten 24. U-Boot-Schul-Flottille, Fregattenkapitän K.F. Merten, werden auf den Dampfern »Messina« (28) und »Welheim« (30) 6 000 Hitlerjungen, die im Kreis Memel zu Schanzarbeiten (29) eingesetzt waren, Ende Juli 1944 in die Heimat zurückgebracht, damit sie nicht in die Hände der Sowjets fallen.

31

32

50 000 Memelländern gelingt in den letzten Julitagen und im August 1944 die Flucht über die Ostsee nach Pillau, Gotenhafen und Danzig. Zu den zumeist kleineren Schiffen unter 10 000 BRT, die bei den ersten Transporten aus Memel eingesetzt werden, gehören auch das Motorschiff »Goya« (31) der 3 994 BRT große Horn-Damper »Heinz Horn«, (32), der Gribel-Dampfer »Nordland«, (33), das U-Boot-Begleitschiff »Lech« (34) und die 7 183 BRT große »Wolta« der Reederei John T. Essberger (35).

33

34

35

36

Als erstes großes Schiff wird der Hapag-Dampfer »Sumatra« Ende Juli für Flüchtlingstransporte von Memel über die Ostsee eingesetzt. Das 10 439 BRT große Schiff (37) konnte mehr als 3 000 Flüchtlinge an Bord nehmen. Einer von ihnen war Alfred Lops (36). Mit seiner Mutter und drei Geschwistern gelangte er Ende Juli 1944 mit der »Sumatra« wohlbehalten nach Pillau.

37

38

39

40

41

42

43

Zu den ersten Schiffsverlusten 1944 in der Ostsee gehören die Flugsicherungsschiffe »Krischan« (38), »Bernard von Tschirschky« (39), sowie »Hecksee« (40), »Helios« (41), »Emsland« (42) und »Hanau« (43).

44

45

46

47

48

49

Zwischen dem 31. März und dem 31. Juli gehen in der Ostsee die Schiffe »Desdemona« (44), »Altair« (45) »Anni Ahrens« (46) » Otter« (47) »Hochsee« (48) und »Ingrid Horn« (49) durch Minentreffer oder bei Bombenangriffen verloren.

50

H 27 = S/S »San Mateo«, 5 947 BRT (50) ein ehemaliges französisches Schiff, das der 13. L.-Flottille als Wohnschiff dient, übernimmt in Aarhus/DK das le.Sturmboot-Kommando 902, um es am 7. August 1944 für das Unternehmen »Tanne Ost« in den Finnenbusen zu bringen. Bild (51) zeigt die Übernahme eines Sturmbootanhängers im Hafen von Aarhus/Dänemark.

51

53

Oberst (ab 1.10.1944 General-Major) Carl Henke, der Chef der Landungspioniere (links) mit seinem späteren Nachfolger Major Kurt Paul (53).

52

Landungsboote des zuvor am Peipus-See eingesetzten Landungs-Pionier Bataillons 772 werden in Reval wieder zu Wasser gelassen (52). Die Boote wurden mit der Bahn von Dorpat nach Reval befördert. (August 1944).

54

55

Als im August die Rote Armee Estland erobert, packen die Estländer ihre Habe zusammen und fliehen. Sowjetische Flugzeuge greifen die Trecks an und werfen die Dörfer in Brand (54). Von den einstigen Orten im Baltikum zeigen nur noch wenige menschliches Leben in den Ruinen (55).

56

In den Stellungen der lettischen 19. SS-Division, die ihre Heimat verteidigt (56).

57

Mitte August 1944 brennen überall in Estland die kleinen Dörfer, die kaum noch bewohnt sind. Nur wenige alte Menschen, die die Strapazen der Flucht nicht auf sich nehmen wollen, bleiben zurück. (57), die meisten von ihnen kommen um.

58

59

60

Der Schwere Kreuzer »Prinz Eugen« (58), vier Zerstörer und zwei Torpedoboote greifen am 20. August 1944 mit ihrer Schiffsartillerie am Rigaer Meerbusen bei Tukkum in die Landkämpfe ein.
Ostpreußen macht sich verteidigungsbereit. Zivilisten, meist Hitlerjungen und ältere Männer, heben Panzergräben aus (59).
Britische Bomber zerstören in zwei Nachtangriffen am 26. und 28. August 1944 einen Teil der Königsberger Innenstadt. Nach dem ersten Angriff steht der Steindamm (60) in Flammen. Der zweite Angriff hinterläßt an vielen Stellen der Stadt nur noch Ruinen (61).

61

Königsberg nach den britischen Luftangriffen: Eine Aufnahme vom 30. August 1945 (62).

62

Auch der Münzplatz in Königsberg (63) ist nicht wiederzuerkennen.

63

64

Vernichtet, ausgebrannt: die Universität (64)

65

66

67

Am 22. September 1944 wird der 5 277 BRT große Dampfer »Moero« (65) Opfer eines massierten sowjetischen Bombenangriffes. 17 Flugzeuge greifen das mit 700 Verwundeten und 573 Flüchtlingen aus Reval kommende Schiff westlich von Libau aus an. Das Schiff sinkt innerhalb von 55 Minuten. Der Dampfer »Lappland« 7 644 BRT groß (66), das Schnellbootbegleitschiff »Hermann von Wissmann« (67), das Torpedoboot »T 194« und ein Minensucher können 618 »Moero«-Schiffbrüchige retten, 655 Menschen, darunter etwa 600 Verwundete finden beim Untergang der »Moero« in der Ostsee den Tod.

Mit 10 000 Menschen an Bord verlassen die Schiffe »Eberhard Essberger«, »Peter Wessel«, »Tanga« (68), »Aletta Not« und das kleine Lazarettschiff »Oberhausen« (69) am 23. September 1944 Reval«. Die Torpedoboote »T 13«, »T 17«, »T 19« und »T 20« der 3. Torpedoboots-Flottille sichern dieses letzte Geleit aus Reval.

68

69

»T 23« und »T 28« (70), mit dem Hafenspreng-Kommando an Bord, die als letzte Boote den Hafen verlassen, werden von sowjetischen Panzern, die sich bereits im Hafen von Reval befinden, beim Auslaufen unter Beschuß genommen.

70

Marine-Fähr-Prähme (MFPs), mit Pioniersturmbooten im Schlepp, kehren von einem Ostseeeinsatz zurück (71). An der Landfront gewinnen sowjetische Truppen immer weiter an Boden. Das Foto zeigt russische Schützen im Sturm auf die Stellungen der 30. Infanterie-Division beim Pampali im Herbst 1944 (72).
Bei Gotenhafen-Oxhöft werden im Herbst 1944 von Soldaten Panzergräben ausgehoben (73). Schon zu diesem Zeitpunkt rechnet man mit dem möglichen Vordringen sowjetischer Truppen bis in die Danziger Bucht.

71

73

72

74

Als im Herbst 1944 sowjetische Panzerspitzen die Reichsgrenze von Ostpreußen erreichen und sich der Zusammenbruch der deutschen Abwehrfront im Mittelabschnitt abzeichnet, formieren sich die ersten Trecks. Viele Ostpreußen haben den Glauben an die NS-Parole verloren, daß niemals ein Sowjetsoldat ostpreußischen Boden betreten wird (74).

Ende Sptember 1944 befiehlt Hitler die Aufstellung des deutschen »Volkssturms«, zu dem alle Männer zwischen 16 und 60 Jahren herangezogen werden, insgesamt werden für diese »Kampftruppe zur Verteidigung der Heimat« etwa 1 Million Männer mobilisiert (75).

75

Volkssturmmänner bei der Empfangnahme von gelben Volkssturm-Armbinden und von Waffen und Munition (76).

76

Schwere deutsche Flak bei der Abwehr eines sowjetischen Luftangriffes auf Libau im Herbst 1944 (77).

Am 3. Oktober 1944 trifft im Hafen von Libau ein Transportschiff mit Truppen und Gerät zur Frontverstärkung ein. Die Mannschaften werden sofort ausgeschifft und an die Front geschickt (78).

77

78

Am 6. Oktober 1944 torpediert das Sowjet-U-Boot SC-407 vor Memel das Schulschiff »Nordstern« ex Minos (79), welches einige Zeit auch als Lazarettschiff (80) eingesetzt war. »Nordstern« befand sich mit SAT »Ostsee« (Kümo) und Schulschiff »Nautik« mit Flüchtlingen an Bord auf dem Weg von Windau nach Gotenhafen. Das Schiff sinkt nach dem Torpedotreffer in 2 Minuten. Von den 625 Menschen die sich an Bord befinden, überleben nur 94.

79

80

81

SAT »Ostsee« (81) konnte nur 5 Überlebende des Schulschiffes »Nordstern« bergen, da das Sowjet-U-Boot auch einen Angriff auf »Ostsee« fährt, das 6 Wasserbomben und 60 Handgranaten wirft und 117 Schuß verfeuert. Das Schulschiff »Nautik« kann 89 »Nordstern«-Schiffbrüchige retten.

Zu den Überlebenden gehören auch Kapitän Profitlich (82) und der 1. Offizier Reinhard Prahm (83). Der 1. Ingenieur August Kramer, der einigen Frauen des Rundfunksenders Riga seine Kabine zur Verfügung gestellt hat, findet bei dem Versuch, sie aus der Kabine, deren Tür sich verklemmt hatte, zu befreien, den Tod. Er bezahlt seine Hilfsbereitschaft mit dem eigenen Leben (84).

82

83

84

85

86

Marinefährprähme auf dem Weg von Kurland nach dem Westen, Blick vom Führerboot achteraus (85).

Selbst mit kleinen und kleinsten Schiffen, so auch mit Marinefährprähmen, Kriegsfischkuttern und den Booten der Pioniereinheiten, wurden Flüchtlinge und Soldaten aus Windau, Libau und Memel schon im Herbst 1944 nach Westen in die Danziger Bucht befördert (86).

87

Memelländer auf der Flucht über die Ostsee. Noch ist im Herbst 1944 das Wetter so günstig, daß man auch auf den freien Oberdecks die Ostseeflucht ertragen kann (87).

88

89

90

Im Geleit geht es nach Westen (88). Zunächst sind Pillau, Gotenhafen und Danzig die Zielhäfen.

Elisabeth Wermbter, geboren am 6. Juli 1912 im Memel (89) und Barbe Skroblies, geboren am 25.9.1911 (90), gelingt die Flucht mit dem Dampfer »Sumatra« von Memel nach Pillau.

91

Zu den ersten großen Schiffen über 10 000 BRT, die als »Flüchtlingsschiffe« in der Ostsee im Herbst 1944 eingesetzt werden, gehören der NDL-Dampfer »Steuben« 14 660 BRT (91), der am 10. Februar 1945 Opfer eines sowjetischen U-Boot-Angriffes wird und der 21 046 BRT große Dampfer der Hamburg-Amerika-Linie »Deutschland« (92) der wenige Tage vor der Kapitulation in der Neustädter Bucht durch britische Bomber versenkt wird.

92

93

94

95

Vorpostenboote sichern die Geleite von Memel und den Kurlandhäfen in die Häfen in der Danziger Bucht (93).

Ein Landungs-Pionierboot vom Typ 41 wartet in einem Kurlandhafen im Herbst 1944 auf Beladung (94).

Die Anfang Oktober 1944 auf dem Marsch nach Kurland in der Danziger Bucht im Sturm verlorengegangene Fähre 319 I des Landungs-Pionier-Batt. 128.

96

97

98

Der Schwere Kreuzer »Prinz Eugen«, (96) der das Heer bei seinen schweren Abwehrkämpfen im Baltikum hervorragend unterstützte, beschießt gemeinsam mit »Lützow«, den Zerstörern »Z 25« (98),
»Z 35«, »Z 36« sowjetische Bereitstellungen bei Memel, nachdem sowjetischen Truppen der Durchbruch an die Ostsee zwischen Libau und Memel gelungen ist. Bild (97): Kapitän zur See Reinicke, (ganz rechts) der Kommandant des Schweren Kreuzers »Prinz Eugen«.

99

100

Am 16. Oktober 1944 stoßen plötzlich und unerwartet sowjetische Panzerspitzen bis in das Gebiet Goldap-Gumbinnen in Ostpreußen vor und besetzen das kleine Dorf Nemmersdorf (102). Die Sowjets ermorden alles, was lebt. Als deutsche Soldaten Nemmersdorf zurückerobern (99), finden sie nur noch Tote (100), (101).

101

102

103

Am 23. Oktober 1944 beschießt der Schwere Kreuzer «Lützow« gemeinsam mit Torpedobooten und Zerstörern Stellungen und Truppenansammlungen der Sowjets bei Memel (103).
410 Menschen sterben beim Untergang des Dampfer »Bremerhaven«, der am 31. Oktober 1944 bei Hela von sowjetischen Flugzeugen versenkt wird (104).

104

105

106

Mit Hochdruck wird im November 1944 der Bau des »Ostwalls«" oft als »Erich-Koch-Wall« bezeichnet, in Ost- und Westpreußen (105), (106) vorangetrieben. Selbst die Besatzungsmitglieder der »Wilhelm Gustloff« werden für den Stellungsbau bei Oxhöft eingesetzt (107).

107

108

109

110

111

Vom 22. bis 24. Oktober 1944 greifen der Kreuzer »Admiral Scheer« (108), die Torpedoboote »T 3« (109), »T 5« (110), »T 9« (111), »T 12«, »T 13«, »T 16« und die Zerstörer »T 25« und »T 35« mit ihrer Artillerie in die Landkämpfe auf der Halbinsel Sworbe im Finnenbusen ein. Doch die Räumung von Sworbe durch deutsche Truppen ist nicht mehr aufzuhalten; sie wird am 24. November 1944 abgeschlossen. Damit geht der letzte feste Platz im östlichen Teil der Ostsee verloren. Sowjetische U-Boote können jetzt ungehinderter bis in die mittlere Ostsee vordringen. Die Gefahr für die deutschen Schiffe wird dadurch größer.

112

113

S/P »Phönix«, kleines Lazarettschiff bei der Haff-Flottille Kptlt. Pauls, strandet am 22. November 1944 im Kurischen Haff und wird dann durch sowjetische Artillerie zerstört (112). Auch RS/P »Grenzland« ex »Tilsit« gehört 1944 zur Haff-Flottille. Das Schiff überlebt den Krieg und wird 1960 im Emdener Hafen als Restaurationsschiff eingesetzt (113).

Nur 13 Menschen überleben den Untergang des Dampfers »Füsilier« am 20. November 1944. 287 Menschen nimmt die Ostsee zu sich, die meisten von ihnen sind Angehörige der 58 Infanterie-Division und der 95 Infanterie-Division. (114)

114

115

Die Zerstörer »Z 35« und »Z 36« (115) laufen bei einer Minenunternehmung im Finnenbusen, an der auch der Zerstörer »Z 43« (116), die Torpedoboote »T 23« (117) und »T 28« beteiligt sind, in eine eigene Minensperre und sinken. 600 Seeleute kämpfen im eiskalten Wasser, das nur eine Temperatur von etwa 3 bis 5 Grad hat, um ihr Leben. Nur 67 Überlebende können geborgen werden, der Flottillenchef geht freiwillig mit seinem Schiff unter. Der Verlust der Zerstörer »Z 35« und »Z 36« mit mehr als 600 Seeleuten – viele starben bereits an Bord durch die Minentreffer – ist einer der größten Verluste der Kriegsmarine 1944 in der Ostsee.

116

117

118

Der Truppennachschub für die Kurlandhäfen Windau und Libau läuft auch im November 1944 noch auf vollen Touren. Von Gotenhafen aus werden die Truppen mit Transportern (118) in die Kurlandhäfen gebracht, die bereits mehrere sowjetische Angriffe erfolgreich abwehren konnten. Ein Marinefährprähm der 24. L.-Flottille bei einem der letzten Einsätze im Finnischen Meerbusen (119).

Der sowjetische Vormarsch ist nicht mehr aufzuhalten. Russischer Angriff auf Frauenburg im November 1944 (120, Sowjetisches Originalfoto). Gefechtsstand eines sowjetischen Schützenkorps bei Tukkum Anfang Dezember 1944 (121, Sowjetisches Originalfoto).

119

120

121

122

123

124

Zu den an der Rettungsaktion Ostsee 1944 beteiligten Schiffen ghören u.a. das Nachtjagdleitschiff »Togo« (122), das Motorschiff »Tanga« (124), der Dampfer »Urundi« (125), der vor allem für Verwundetentransporte eingesetzt wird. Zu den Besatzungsmitgliedern der »Togo« gehört auch Wilhelm Pesch (123).

125

126

127

Gotenhafen (Gdingen), einer der wichtigsten Stützpunkte der Kriegsmarine in der östlichen Ostsee und gemeinsam mit Pillau wichtigster Ausbildungsplatz für U-Boot-Besatzungen, ist im Herbst 1944 vom Krieg noch wenig mitgenommen (126). die Luftangriffe waren bisher noch gering. Die Veränderung der Ostseefront und das weitere Vordringen der Sowjets an der Landfront künden auch für Gotenhafen Gefahren an. Das friedliche Bild, das der Hafen von Gotenhafen noch am 15. Dezember (127), (128) bietet, ändert sich schon wenige Tage später.

128

129

130

131

132

133

134

135

824 Tonnen Bomben, abgeworfen von RAF-Bombern, fallen in der Nacht vom 18. zum 19. Dezember 1944 auf Hafen und Schiffe in Gotenhafen und versenken das Schulschiff »Schleswig-Holstein« (131), das Zielschiff »Zähringen«, das brennend sinkt (129), (130). Ferner gehen die Schiffe »Warthe« (132), »L.M. Russ« (133), der Frachter »Leverkusen« (134) und das U-Boot-Begleitschiff »Waldemar von Kophammel« (135) verloren.
Das Walfangmutterschiff »Unitas« erhält bei dem Angriff auf Gotenhafen sechs Bombentreffer, doch »Unitas« (136) sinkt nicht, wird später repariert und 1945 als Flüchtlingstransporter eingesetzt.

136

137

138

Eines der letzten Ostsee-Geleite (137), im Oktober 1944, das noch von »Schleswig-Holstein« gesichert wurde. Im Dezember 1944 werden immer mehr Vorpostenboote für die Sicherung von Geleiten eingesetzt (138). Bevor die Schiffe überhaupt Flüchtlinge an Bord nehmen und auslaufen können, müssen sie zunächst »vom Eise befreit« werden (139).

139

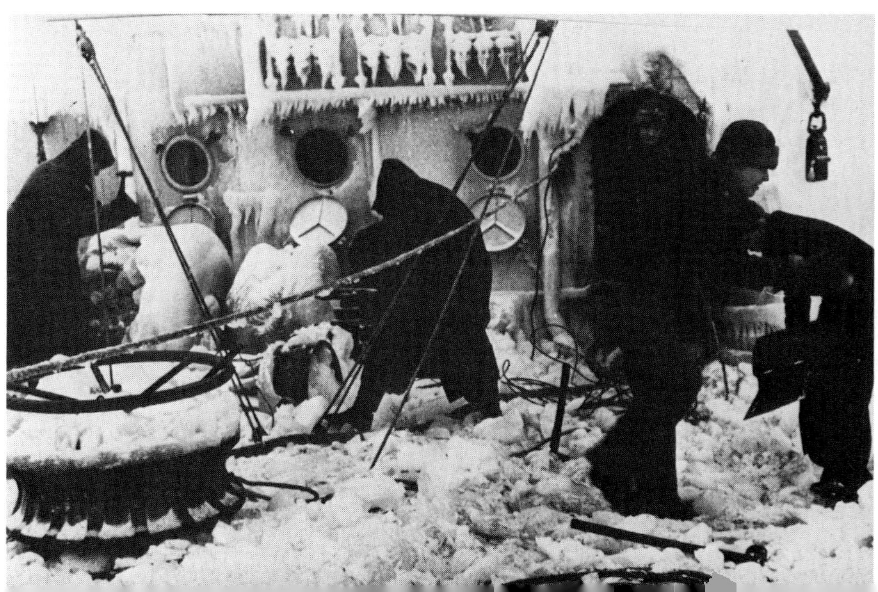

140

141

Retter unterwegs im eisigen Wintersturm in der Ostsee (140). Die Flucht im Winter über das Meer ist auf den Schiffen nur unter Deck auszuhalten. Trotzdem sind viele Flüchtlinge auch mit einem Platz an Oberdeck zufrieden (141). Viele die an Oberdeck die Reise erleben, kommen in Gotenhafen oder Danzig tot an; sie sind auf der Fahrt erfroren. Keine Reise ist ohne Gefahren, immer wieder sinken Schiffe durch Minentreffer (142).

142

143

144

145

146

147

148

84 Schiffe gehen 1944 in der Ostsee verloren. Darunter die Schiffe »Odin« 1 137 BRT (143), »Siegfried« (144), »Hohenhörn« 2 997 BRT (145), »O.A. Müller« 1 598 BRT (146), »Forelle 1 205 BRT (147) und »Schiffbek« (148).

149

150

151

152

153

154

Zu den 1944 in der Ostsee verlorengegangenen Schiffe gehören auch die Schiffe »Seeburg« 12 181 BRT (149), »Habicht« 1 377 BRT (150), »Clara L.M. Russ« 1 600 BRT (151), »Fulda« 9 492 BRT (152), »Erika Schünemann« 1 177 BRT (153) und die kleine »Minna Cords« (154).

Auch der Seezeichendampfer »Walter Körte«, nur 350 BRT groß (155), der Dampfer »Taunus« (156) und der Frachter »Gerda Vieth« (157) gehören zu den Ostseeverlusten 1944. Gemessen an der Zahl der über die Ostsee geretteten Flüchtlinge, Verwundeten und Soldaten sind die Schiffsverluste, vor allem die Verluste an Menschen, bei der Flucht über die Ostsee sehr gering. Bei den 84 Schiffsverlusten 1944 verloren nur 1 903 Menschen ihr Leben.

155

156

157

01. Aus der Danziger Bucht laufen regelmäßig deutsche Geleite zur Versorgung der Heeresgruppe Kurland nach Libau und Windau.

12. Die unter dem Befehl von Marschall Schukow stehende 1. Weißrussische Front tritt aus ihren Weichselbrückenköpfen südlich von Warschau mit Stoßrichtung Posen – Pommern zum Angriff an.

13. Beginn des sowjetischen Großangriffs aus Ostpreußen im Raum von Pillkallen. 7 Armeen mit 55 Divisionen der 3. Weißrussischen Front unter dem Befehl des Armeegenerals Tschernjachowski durchbrechen bei Gumbinnen die Front der 3. Panzerarmee (GenOberst Raus) mit Stoßrichtung Königsberg/Kurisches Haff.

14. Die 2. Weißrussische Front unter Marschall Rokossowski tritt aus ihren Bereitstellungsräumen im Narew-Bug-Dreieck heraus und greift mit 6 Armeen und 5 Panzerkorps die 2. deutsche Armee (GenOberst Weiß) mit Stoßrichtung Elbing/Weichselmündung an.

16. Die 43. Armee der sowjetischen 1. Baltischen Front greift von Tilsit aus an und stößt entlang des Kurischen Haffs nördlich an Königsberg vorbei.

17. Die Massenflucht der ostpreußischen Bevölkerung aus den frontnahen Kreisen in die Hafenstädte Pillau, Danzig und Gotenhafen stellt die Kriegsmarine vor die Aufgabe, rasch und ohne Zeitverzögerung den Massentransport von den in den Häfen stationierten U-Boot-Ausbildungseinheiten, von Verwundeten und zehntausenden von Flüchtlingen mit Handels- und Kriegsschiffen über die Ostsee nach Westen zu organisieren. Das Marinekommando Ost übernimmt die Gesamtleitung der Evakuierungsaktion, der Seetransportchef der Wehrmacht, Konteradmiral Engelhardt, die Bereitstellung des erforderlichen Schiffsraumes. Der 9. und 10. Sicherungsdivisionen, die in allen großen Häfen Zweigstellen und Sonderstäbe erhalten, wird die Aufgabe übertragen, mit den ihnen unterstellten Fahrzeugen die Sicherung der Transporte und Flüchtlingsgeleite nach Westen zu übernehmen.

18. Die Fluchtbewegung aus dem Samland und aus Ost- und Westpreußen in die Häfen verstärkt sich ständig weiter. Trecks werden gebildet, die das zugefrorene Haff als Fluchtweg nutzen.

19. Tilsit geht verloren.

21. Die 4. deutsche Armee (General Hoßbach) wird in Ostpreußen zum Rückzug gezwungen. Der Befehlshaber des Ersatzheeres, Himmler, befiehlt die Auflösung.
Großadmiral Dönitz befiehlt die »Operation Hanibal«: die Verlegung der in Gotenhafen-Danzig und Pillau stationierten 1. und 2. Unterseeboots-Lehrdivisionen. Der für den Soldaten-Transport nicht benötigte Schiffsraum soll mit Flüchtlingen belegt werden. In Gotenhafen-Danzig sind von diesem Befehl die Wohnschiffe »Wilhelm Gustloff«, »Hansa«, »Hamburg« und »Deutschland« betroffen, in Pillau, dem Sitz der 1. ULD u. a. das ehemalige KdF-Schiff »Robert Ley«.

22. Der letzte D-Zug verläßt am frühen Morgen den Bahnhof von Königsberg. Allenstein, Insterburg, Osterode, Mohrungen und Deutsch-Eylau gehen verloren.
Eine Flüchtlingswelle großen Ausmaßes erreicht Pillau. Für Memel wird der Räumungsbefehl erteilt.

23. Nach dem Einmarsch sowjetischer Truppen in Allenstein wird das Tannenbergdenkmal gesprengt, nachdem vorher die Särge des ehemaligen Generalfeldmarschalls und Reichspräsidenten Paul von Hindenburg sichergestellt und auf den Kreuzer »Emden« überführt worden sind.
Russische Panzerspitzen erreichen Elbing. Die Bevölkerung flieht Hals über Kopf.

24. Aus dem Brückenkopf Memel wird das XXVIII. Korps über das Eis auf die Kurische Nehrung überführt.

25. Fast gleichzeitig beginnen auf den großen Passagierschiffen »Wilhelm Gustloff«, »Hansa«, »Hamburg«, »Deutschland«, »Cap Arcona«, »Iberia«, »Antonio Delfino«, »Potsdam«, den kleineren Dampfern »Herkules«, »Hestia«, »Freiburg«, »Ostmark«, »Mungo«, »Brunhilde«, »Deicke Rickmers« und »Fangturm« die Einschiffungen von Flüchtlingen in Gotenhafen und Danzig-Neufahrwasser.
Bei klirrendem Frost bis 30 Grad Minus werden durch Landungs-Pionier-Einheiten abschnittsweise auf den Memeler Hafen zurückgehende Soldaten nach Sandkrug übergesetzt.
Erste Großaktion zur Evakuierung einer deutschen Stadt. Die ersten Flüchtlingsschiffe »Robert Ley« (27 288 BRT), »Pretoria« (16 662 BRT), »Ubena« (9 554 BRT), »Duala« (6 133 BRT) verlassen Pillau und erreichen ihre Zielhäfen ohne Feindeinwirkung.
Mit der Verteidigung Königsbergs wird Generalleutnant Schittnig mit dem Stab der 1. ostpreußischen Infanteriedivision beauftragt.
Sowjetischer Durchbruch durch den Frisching, Eindringen in den Ostteil des Kreises Samland. Löwenhagen wird besetzt, Lötzen und die Seenstellung aufgegeben, Labiau, Ortelsburg, Angerburg und Preuß. Holland geht verloren.
Der Versuch der Sowjets, über den Pregel und die Deime den Durchbruch nach Königsberg zu erzwingen, wird abgeschlagen. Südlich Tolkemit stoßen die Sowjets an das Frische Haff. Steinbeck, Fuchshöfen, Waldau, Gamsau, Mölsehnen und Liska-Schaaken werden besetzt.
Erste Beschießung Königsbergs durch sowjetische Artillerie.

26. Die sowjetische 39. und 43. Armee sind zwischen

Königsberg und Cranz ins westliche Samland bis vor Fischhausen vorgedrungen und haben die Landverbindung Pillau–Königsberg unterbrochen.

27. Durch Lautsprecher wird die Zivilbevölkerung Königsbergs zur Räumung aufgefordert. Eine regellose Flucht setzt ein. General Lasch wird zum Festungskommandanten ernannt und der 3. Panzerarmee unterstellt. Sowjetische Angriffsspitzen erreichen am hart umkämpften Elbing vorbei das Frische Haff. Damit ist Ostpreußen abgeriegelt, der Fluchtweg über die Weichsel versperrt und der Westweg nur noch über die Nehrung offen. 500 000 Ostpreußen befinden sich in Gefahr, in sowjetische Hand zu geraten. Bei heftigem Artilleriefeuer auf Königsberg setzt Massenflucht ein.
Die Räumung Memels wird beendet.
Rastenburg und Gerdauen gehen verloren.
Sowjetische Truppen überschreiten bei Mewe 60 Kilometer südlich von Danzig die Weichsel.

28. Gegen 4.00 Uhr werden die letzten Nachhuten und Sprengkommandos in Memel auf ein L-Boot der Pioniere eingeschifft, das im Feuer sowjetischer Infanteriewaffen nur knapp entkommt und mit Glück vor Schwarzort den Anschluß an die vorausgelaufenen Zivilfähren, Marine- und Pionierfahrzeuge gewinnt.
Sowjetische Truppen setzen ihre Durchbruchsversuche beiderseits des Pregels fort und schieben sich an die Ost- und Nordostfront des Befestigungsgürtels von Königsberg heran. Reichsverteidigungskommissar Gauleiter Koch verläßt mit Anhang und Behördenleitern die Stadt Königsberg, nachdem er Kreisleiter Wagner als örtlichen Parteibevollmächtigten eingesetzt hat. Am Mittag wird die Autobahnbrücke nördlich Gollau gesprengt. Ludwigswalde, Neuhausen und Tannenwalde gehen verloren. Nach Süden wird Königsberg durch die 5. deutsche Panzer-Division abgeschirmt. Fort Dohna und Zwischenwerk Altenburg gehen in der Nacht zum 29. 01. verloren. Kämpfe im gesamten Vorfeld von Königsberg unter Beteiligung des Volkssturms.
Memel fällt. Die Sowjets besetzen Stadt und Hafen.

29. Die deutsche Kampfgruppe 2 (VAdm. Thiele) beschießt mit dem Kreuzer »Prinz Eugen« (Kpt. z. S. Reinicke), den Zerstörern »Z 25« (FKpt. Gohrbrandt), »Paul Jacobi« (KKpt. Bülter) und den Torpedobooten »T 23« (Kptlt. Weinling) und »T 33« (Kptlt. Priebe) Landziele vor den deutschen Angriffsspitzen.
Artillerieträger, u. a. »Polaris« und «Joost«, beschiessen aus dem Königsberger Seekanal heraus sowjetische Panzerspitzen.
Die Sowjets stoßen zwischen Brandenburg und Haffstrom an das Frische Haff. Godriemen, Trankwirz und Wargen gehen verloren.
In der Nacht zum 30. 01. dringen die Sowjets in Metgethen ein.

30. Im Hafen von Pillau nehmen das Verwundetentransportschiff »Monte Rosa«, das kleine Lazarettschiff »Meteor«, das Schulschiff »Nautik« und die viel größeren Schiffe »Gotenland«, »Göttingen«, »Irene Oldendorf« und »Eberhard Essberger« Flüchtlinge an Bord.
Die Panzer-Grenadier-Division »Großdeutschland« kämpft Brandenburg und Heide-Waldburg wieder frei und schafft damit vorübergehend eine Verbindung mit Königsberg.
In der Nacht zum 31. Januar stoßen sowjetische Truppen bei Nautzwinkel und Gr. Heydekrug bis zum Königsberger Seekanal vor und sperren damit die Verbindung nach Pillau. Ein weiteres Vordringen auf die Stadt kann verhindert werden.
General Müller löst General Hoßbach ab.
Erster sowjetischer Einbruch in Ostpommern.
Am Abend des 30. Januar 1945 um 21.16 Uhr treffen drei sowjetische Torpedos, abgefeuert von S-13 unter Führung von Kapitän 3. Ranges Alexander Marinesko das mit 6 600 Menschen beladene ehemalige KdF-Schiff »Wilhelm Gustloff«, das nach 62 Minuten sinkt. 5 438 Menschen, darunter etwa 3 000 Kinder, finden bei der Gustloff-Katastrophe den Tod.

31. Mit 7 000 Menschen beladen verläßt der Dampfer »Hansa« die Reede von Hela, die »Deutschland« setzt sich mit 10 000 Menschen an Bord nach Westen in Marsch, die »Cap Arcona« mit 9 800. In der Nacht zum 1. 02. scheitert der zweimalige Versuch des sowjetischen U-Bootes »L-3« unter Führung von Kapitän 3. Ranges Konovalov, die vollbeladene »Cap Arcona« zu torpedieren. Sowohl »Hansa« als auch »Deutschland« und »Cap Arcona« erreichen unbeschädigt ihre Zielhäfen.
Der Schwere Kreuzer »Prinz Eugen« unterstützt bei Cranz (Samland) mit seiner Artillerie die Kämpfe der Landtruppen. Der U-Tender »Memel« läuft vor Swinemünde auf eine Mine und sinkt. Von den 900 an Bord befindlichen Flüchtlingen können nur etwa 300 gerettet werden.
Weitere Schiffsverluste im Januar 1945: »Lütjehorn«, 1 953 BRT (M), »Belgrand«, 6 095 BRT (M), »Mimi Horn II«, 4 007 BRT (B), »Ferdinand«, 167 BRT (B), »Nettelbeck«, 580 BRT (STR), »Steinburg«, 1 319 BRT (M), »Henriette Schulte«, 1 923 BRT (M), »Fritz Schoop«, 1 598 BRT (A), »Henry Lütgens«, 1 141 BRT (M), »Berlin«, 15 286 BRT (M).
Insgesamt gingen im Januar 1945 12 Schiffe mit zusammen 60 710 BRT verloren, 8 durch Minentreffer, 1 durch Torpedotreffer, 2 durch Bombenangriffe, 1 durch Artilleriebeschuß.

Bei Schiffsuntergängen waren 5 948 Opfer zu beklagen.
Aus den Häfen Windau, Libau, Memel, Königsberg, Pillau, Danzig, Gotenhafen, Hela, Elbing, Stolpmünde und Swinemünde werden im Januar 1945 mit Schiffen der Handels- und Kriegsmarine mehr als 250 000 Menschen über die Ostsee gerettet.

159

158

Silversternacht 1944/45 in Kurland (158). Der Hafen von Libau (159) ist ein wichtiges Nachschubzentrum für die Kurlandarmee. Die Kriegsmarine nutzt den Hafen als Ausgangsbasis für Minenunternehmen in die Rigaer Bucht. Verwundete werden von hier aus mit Schiffen in die Danziger Bucht befördert, auf dem Rückweg von Gotenhafen oder Danzig werden Truppenverstärkungen für die Kurlandfront befördert.

160

161

Während im Hafen von Königsberg in den ersten Januarwochen Flüchtlinge in großen Scharen in den Hafen und auf die Schiffe strömen (160) werden in Gotenhafen (161) Wehrmachtseinheiten auf Schiffe verladen, die sie nach Libau und Windau bringen.

In der Seestadt Pillau (162) kann man in der ersten Januarwoche 1945 noch ruhig schlafen. Niemand ahnt, daß weniger als zwei Wochen später Stadt und Hafen von einer unerwarteten Flüchtlingswelle erfaßt werden. Noch liegen die Schiffe der 1. Unterseebootslehrdivision ruhig im Hafen (163), der Lehrbetrieb und die U-Boot-Übungsfahrten (164) können noch in aller Ruhe durchgeführt werden. Doch bald wird es mit dieser Ruhe vorbei sein. Bereits für Mitte Januar wird der Befehl zur Verlegung der 1. U-Boots-Lehrdivision in einem westlicheren Ostseehafen erwartet.

162

163

164

165

166

Gotenhafen, das einstige »Gdingen«, bietet Anfang Januar 1945 ein ähnliches Bild (165). Ein Blick auf die Stadt mit den würfelförmigen Häusern zeigt kaum Zerstörungen. Auch der Adolf-Hitler-Platz (166) und die Hermann-Göring-Strasse (167) weisen kaum Zerstörungen auf. In den Hafenbecken liegen die großen Wohnschiffe der 2. Unterseebootslehrdivision. Gotenhafen ist einer der wichtigsten Stützpunkte der Kriegsmarine für die U-Boot-Ausbildung, die 1944 nur noch in der Ostsee erfolgen konnte.

167

168

Mit dem sowjetischen Großangriff auf Ostpreußen, Westpreußen und die Danziger Bucht, der am 13. Januar 1945 beginnt, ändert sich das Bild in den Ostsehäfen schlagartig. Bei grimmiger Kälte und heftigen Schneestürmen ziehen endlos scheinende Trecks (168), (169), über die vereisten Straßen über Land und in die Häfen.

Auch das Eisenbahnfährschiff »Preussen« wird als Verwundetentransportschiff verwendet (170) und am 19. Januar 1945 im Hafen von Libau (171) mit Verwundeten und Soldaten beladen (172).

169

170

171

172

173

Vor Libau sammelt sich auf der Reede das Geleit (173), wozu auch das Eisenbahnfährschiff »Preussen« gehört. Die Ostsee ist mit Eisschollen übersät, als sich der Geleitzug (174) mit Kurs nach Westen in Bewegung setzt.

174

175

Ostpreussische Bauern fliehen über das zugefrorene Kurische Haff (175). Das Ziel des Trecks ist der Hafen von Pillau. doch nicht alle, die sich auf die Flucht machten, kommen dort an. Der Tod fordert seine Opfer, zumeist Kinder, Frauen und alte Leute. Sie erfrieren, sterben in den Geschoßgarben sowjetischer Tieffliegerangriffe, brechen mit ihren Fahrzeugen in das von Bombentreffern berstende Eis ein, ertrinken elend...

Ganze Trecks verschwinden unter dem Eis des Frischen Haffs, über das die Menschen in die Danziger Bucht, nach Danzig und Gotenhafen fliehen wollen. Von vielen Trecks, die auszogen, um den letzten Rest ihrer Habe und ihr Leben zu retten, bleiben nur eingebrochene Leiterwagen, Pferdekadaver, Kisten, Koffer und Menschenreste übrig, liegen verstreut auf dem Eis als Zeugen erbarmungslosen Kriegsgeschehens. Unbeschreibliche menschliche Schicksale werden bei dieser Vertreibung aus der Heimat heraufbeschworen (176).

176

Auch auf der Nehrung (177) sind die Trecks nicht sicher. Die Kälte, fehlende Nahrungsmittel für Kinder und Alte, machen die Flucht zur Qual. die Hoffnung, bald einen Hafen und ein Schiff zu erreichen, treibt den Strom der Flüchtenden Tag und Nacht vorwärts.

Eines der Schiffe, das im Königsberger Hafen Flüchtlinge an Bord nimmt, um sie nach Swinemünde zu bringen, ist die nur 1 923 BRT große »Huelva« (179). Ruth Diedrich (178), 18 Jahre alt, findet mit ihrer Mutter einen Platz auf dem Schiff und gelangt mit diesem glücklich über die Ostsee. Auf der Fahrt stirbt ein Kind und ein Kind wird geboren, mitten auf der Ostsee.

177

178

179

180

181

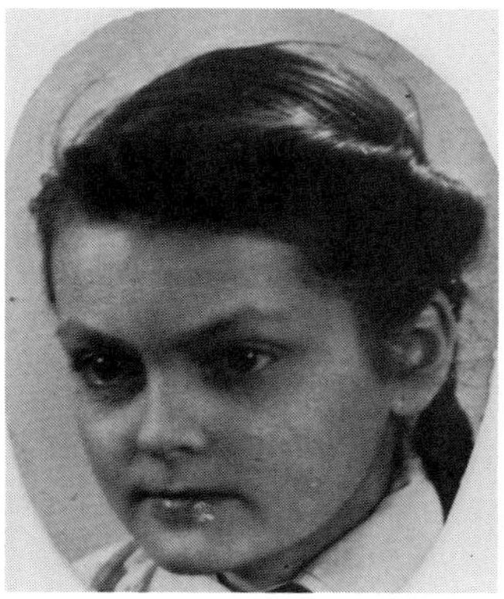

Das ehemalige KdF-Schiff »Der Deutsche« (180) und der Dampfer »General San Martin« (182) nehmen am 24. Januar 1945 bei 20 Grad unter Null und hohem Schnee in Königsberg Flüchtlinge an Bord und Patienten der Königsberger Kliniken. Als Patientin der Uni-Kinderklinik Königsberg wird auch die 14-jährige Christel Makuth im Hafenbecken 4 in Königsberg auf den D. »General San Martin« gebracht. Wohlbehalten trifft die 14-jährige Christel in Swinemünde ein (181), sie erinnert sich noch heute an diese »Seereise«.

182

183

Die Sowjets gewinnen in Ostpreußen immer mehr an Boden, dringen immer weiter vor, versuchen bis zur Ostsee vorzustoßen um die Fluchtwege abzuriegeln. Die Trecks über das Haff-Eis werden immer länger. Und immer wieder fragen sich die Flüchtenden ob das Eis halten wird (183) und ob im Pillauer Hafen auch tatsächlich genug Schiffe bereitliegen um die Flüchtenden aufzunehmen und über die Ostsee zu bringen. Nicht wenige Treckwagen versinken in Bombenlöchern (184).

184

185

Nicht nur die großen Handelsschiffe und die Frachter nehmen Flüchtlinge an Bord. Das Flugsicherungsboot »Wedel« hat mitgeholfen, die letzten Flüchtlinge aus Memel zu holen um sie nach Pillau zu bringen, wo sie ausgeladen werden (185). In der kleinen Seestadt Pillau drängen am 20. Januar 1945 mehr als 50 000 Menschen in den Hafen. Das ist fast die zehnfache Einwohnerzahl. Im Hafen türmt sich das Flüchtlingsgepäck (186). Dazwischen schreien Kinder, sterben alte Menschen an den Strapazen der Flucht, die hinter ihnen liegt. Alles wartet auf rettende Schiffe.

186

187

188

Das Flaggschiff der »Kraft durch Freude-Flotte« (187) »Robert Ley«, 27 288 BRT, bei Kriegsbeginn zum großen Lazarettschiff umgebaut und in der Ostsee stationiert, wird im Januar 1945 vom »Wohnschiff« für U-Boot-Soldaten (188) zu einem »Flüchtlingsschiff« umfunktioniert.

189

190

191

192

193

194

Die großen Hallen und Säle auf der »Robert Ley«: der »Theatersaal« (189), die Festhalle (190), die Vordere Halle (191) und die Hintere Halle (192), sind im Januar 1945 nicht mehr Treffpunkt für KdF-Urlauber, sondern dienen Flüchtlingen, die aus ihrer Heimat vertrieben wurden. Zu den begehrtesten Räumen auf dem KdF-Schiff gehört die Schwimmhalle (193). Auf der Kommandobrücke (194) bereitet man sich am 22. Januar 1945 auf die erste »Flüchtlingsreise« des Schiffes vor.

195

Der Afrika-Dampfer »Pretoria« hat schon bessere Zeiten erlebt, bevor er im Januar 1945 in Pillau zum ersten Male Flüchtlinge an Bord nehmen muss (195). Die Familie May (196) und auch die Familie Neufang (197) aus Fischhausen/ Ostpr., die am 24. Januar 1945 an Bord der »Pretoria« kommen, fühlen sich auf diesem »Flüchtlingsschiff« sehr wohl und gelangen auch wohlbehalten mit dem Schiff in den Westen.

196

197

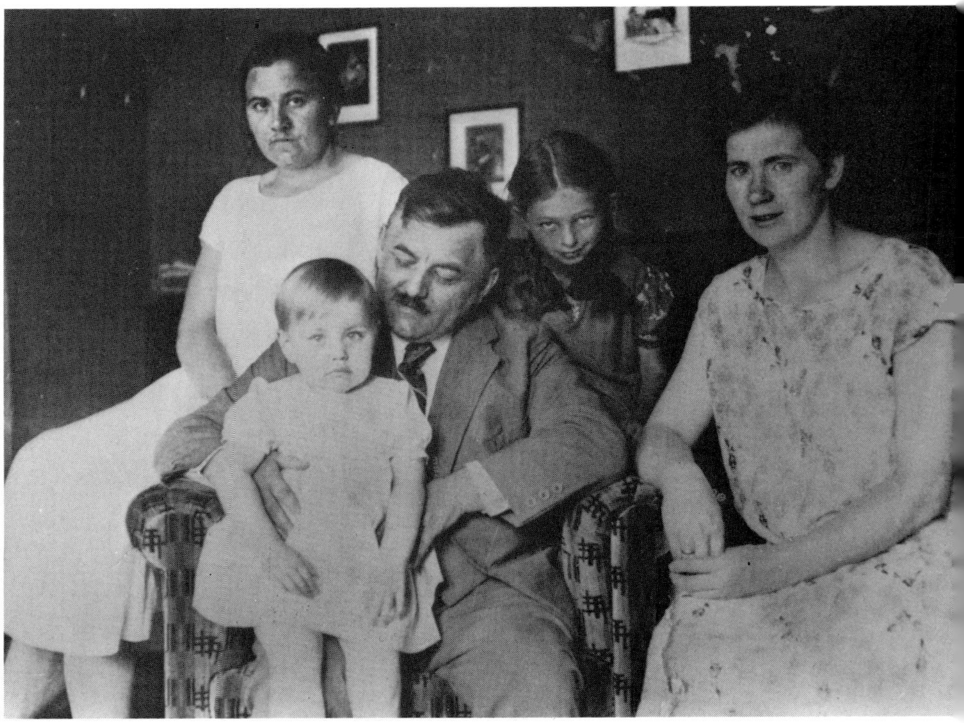

198

Die Räumung der Seestadt Pillau von den U-Booteinheiten und der 1. ULD beginnt am 24. Januar 1945. Die großen Wohnschiffe der 1. ULD erhalten den Befehl, den nicht für den Transport von Soldaten benötigten Schiffsraum für die »nichtkampffähige Zivilbevölkerung« bereitzustellen, die »vorübergehend evakuiert« werden soll. Die U-Boot-Bastion Pillau (198) wird aufgegeben.
Zu den in Pillau liegenden Wohnschiffen gehört auch der Afrika-Dampfer »Ubena« (199) der von Kapitän Hermann M. Förster sei 1931 geführt wird (200).

199

200

201

Die einst stolze »Ubena« ist im Januar 1945 kaum wiederzuerkennen (201).
Als erstes »Ubena«-Kind wird während der ersten Flüchtlingsreise des Schiffes am 27. Januar 1945 Karin Kühn an Bord geboren (202), (203).

202

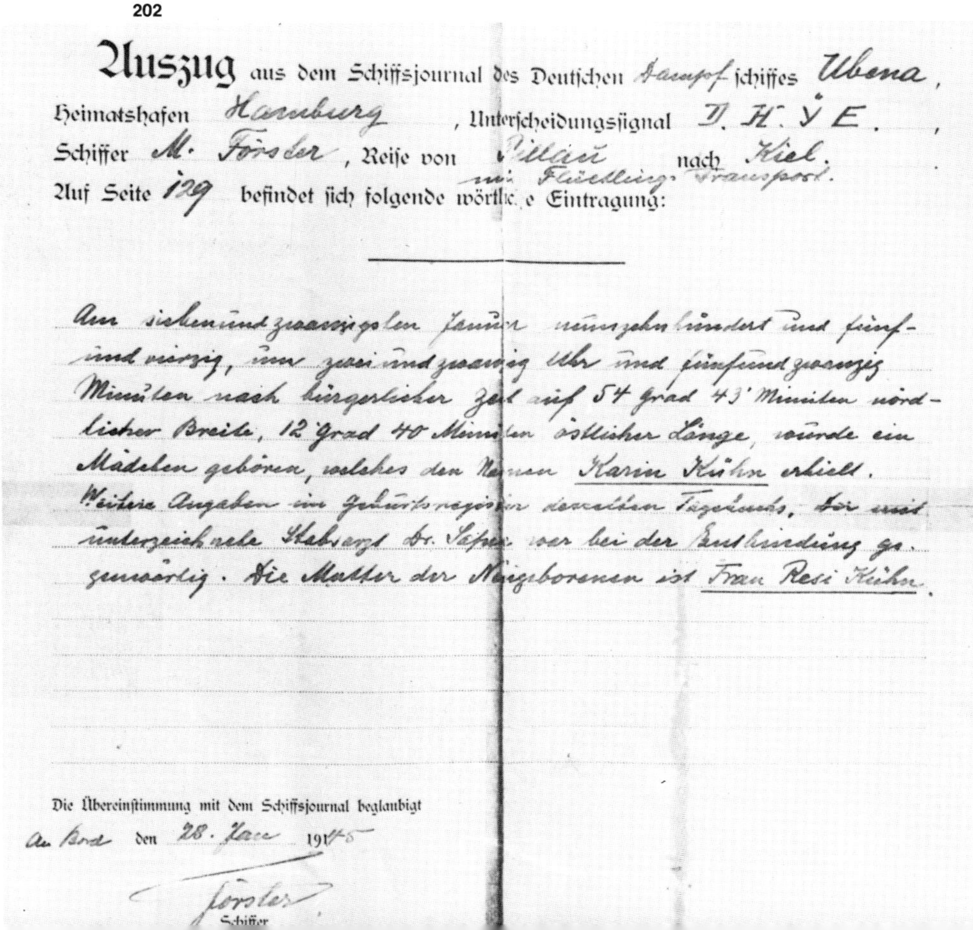

Auszug aus dem Schiffsjournal des Deutschen Dampf schiffes Ubena,
Heimatshafen Hamburg, Unterscheidungssignal D. H. Y E.,
Schiffer M. Förster, Reise von Pillau nach Kiel.
mit Flüchtling Transport.
Auf Seite 129 befindet sich folgende wörtliche Eintragung:

Am siebenundzwanzigsten Januar neunzehnhundert und fünfundvierzig, um zweiundzwanzig Uhr und fünfundzwanzig Minuten nach bürgerlicher Zeit auf 54 Grad 43' Minuten nördlicher Breite, 12 Grad 40 Minuten östlicher Länge, wurde ein Mädchen geboren, welches den Namen Karin Kühn erhielt. Weitere Angaben im Geburtsregister desselben Tagebuchs. Der mitunterzeichnete Stabsarzt Dr. Safner war bei der Entbindung gegenwärtig. Die Mutter der Neugeborenen ist Frau Resi Kühn.

Die Übereinstimmung mit dem Schiffsjournal beglaubigt
An Bord den 28. Jan. 1945

Förster
Schiffer

203

204

205

206

Der Dampfer »Duala« nimmt in Pillau ebenfalls Flüchtlinge an Bord und verläßt fast gleichzeitig mit »Robert Ley«, »Pretoria« und »Ubena« den Hafen von Pillau (204).
Auch Kriegsschiffe, so der Sperrbrecher 11 ex »Belgrano (205) werden für den Flüchtlingstransport über die Ostsee eingesetzt. Der Steuermanns-Gefreite Ernst A. Bolten (206) hat diese Fahrten miterlebt.

Für den Verwundetentransport von Königsberg und Pillau nach dem Westen wird das Lazarettschiff »Berlin« eingesetzt, das allerdings bereits am 31. Januar 1945 durch Minentreffer verlorengeht (207, 208).

207

208

209

210

211

Der NDL-Dampfer »Steuben«, vor dem Krieg ein stolzes weißes Schiff mit Heimathafen Bremen (209) wird im Zweiten Weltkrieg zunächst als Lazarettschiff und Verwundetentransporter, danach als Flüchtlingsschiff eingesetzt. Von Pillau aus bringt die »Steuben« mehrere tausend Verwundete nach Westen, zumeist nach Swinemünde, wo die Ausschiffung erfolgt (210). Die Mannschaft des Verwundetentransporters »Steuben« besteht zu einem Teil aus Sanitätssoldaten (211). Am 10. Februar 1945 läuft das vollbeladene Schiff, von Pillau kommend, vor die Torpedorohre eines sowjetischen U-Bootes.

Am 21. Januar 1945 befiehlt Großadmiral Dönitz die »Operation Hanibal«, die Verlegung der 2. Unterseebootslehrdivision aus der Danziger Bucht nach Kiel und Flensburg. Davon betroffen sind das ehemalige KdF-Schiff »Wilhelm Gustloff« (212) und der Dampfer »Hansa« (213), die in Gotenhafen-Oxhöft liegen, ferner der Dampfer »Deutschland« (214, links im Bild TDS »Cap Arcona«). Außer den Marineeinheiten sollen die Schiffe auch Flüchtlinge an Bord nehmen und nach Westen bringen.

212

213

214

Am 25. Januar 1945 kommen in stürmischen Winterwetter die ersten Flüchtlinge an Bord der »Gustloff« (Zeichnung nach Angaben des Verfassers von H. Rathe).

Der Dampfer »Hansa« erhält Anweisung 5 000 Flüchtlinge an Bord zu nehmen (216), die »Deutschland« (217) 6 000 Menschen, nimmt aber 10 000 an Bord. Auch auf die »Gustloff« strömen mehr als die »Sollzahlen« von 4 000 (218).

216

217

218

219

220

221

Zu den Schiffen, die Ende Januar in Gotenhafen und Danzig zu »Flüchtlingsschiffen« umgerüstet werden, gehören ferner die großen Passagierschiffe »Potsdam« (219) mit 17 528 BRT, »Oceana« (220) und »Antonio Delfino« (221), die beide fast unmittelbar neben der »Wilhelm Gustloff« in Gotenhafen-Oxhöft liegen, und die 9 829 BRT große »Iberia« (222).

222

223

224

Während in der Danziger Bucht die Einschiffung von Flüchtlingen mit großer Eile vorangetrieben wird, beschießt die Kampfgruppe 2 unter Vizeadmiral Thiele mit den Kreuzern »Prinz Eugen« (223), (224), dem Zerstörer »Paul Jacobi« (225), dem Zerstörer »Z 25« und den Torpedobooten »T 23« und »T 33« (226) Landziele, um das weitere Vordringen sowjetischer Truppen aufzuhalten.

225

226

227

In der letzten Januarwoche nimmt die Fluchtbewegung über das zugefrorene Frische Haff (227), (228) immer mehr zu, die Trecks werden länger und länger und die Gefahr, von sowjetischen Flugzeugen angegriffen zu werden, immer größer.

228

229

Das einst so stolze KdF-Schiff »Wilhelm Gustloff« (229) mit Heimathafen Hamburg, bereitet sich indessen auf seine letzte Reise vor, die auf dem Grunde der Ostsee endet. Doch alle, die in den letzten Januartagen des Jahres 1945 an Bord strömen und sich schon in Sicherheit fühlen, ahnen nichts davon.

230

231

Aus dem KdF-Schiff »Wilhelm Gustloff«, das 1938 seine erste »Arbeiter-Urlaubs-Reise« machte (230), wurde zum Kriegsbeginn 1939 »Lazarettschiff« (231) und danach »Soldatenschiff« in Gotenhafen-Oxhöft (232).

232

233

Die »Wilhelm Gustloff« vor ihrer letzten Reise (233) im Hafen von Gotenhafen-Oxhöft, rechts im Bild das Heck des Dampfers »Hansa«.
Die letzte »Abteilungsmusterung« auf dem Sonnendeck des Soldatenschiffes »Wilhelm Gustloff« (234). Das Bild läßt die Größe des Sonnendecks erkennen.

234

235

236

237

238

239

240

Um mehr als 5 000 Flüchtlinge an Bord nehmen zu können, werden auf der »Gustloff« die Musikhalle (235), die Große Halle (236), der Trachtensaal (237), die Vordere Halle (238), die Hintere Halle (239) und der große Speisesaal (240) mit Matratzen und Strohsäcken ausgelegt und als Massenqartier benutzt.

241

242

243

Die verantwortlichen Männer auf der Kommandobrücke (244) der »Wilhelm Gustloff« auf der letzten Reise des Schiffes: Kapitän Friedrich Petersen (241), der 1. Offizier Louis Reese (243) und der Kommandeur der II. Abteilung der 2. ULD, Korvettenkapitän Wilhelm Zahn (242).

244

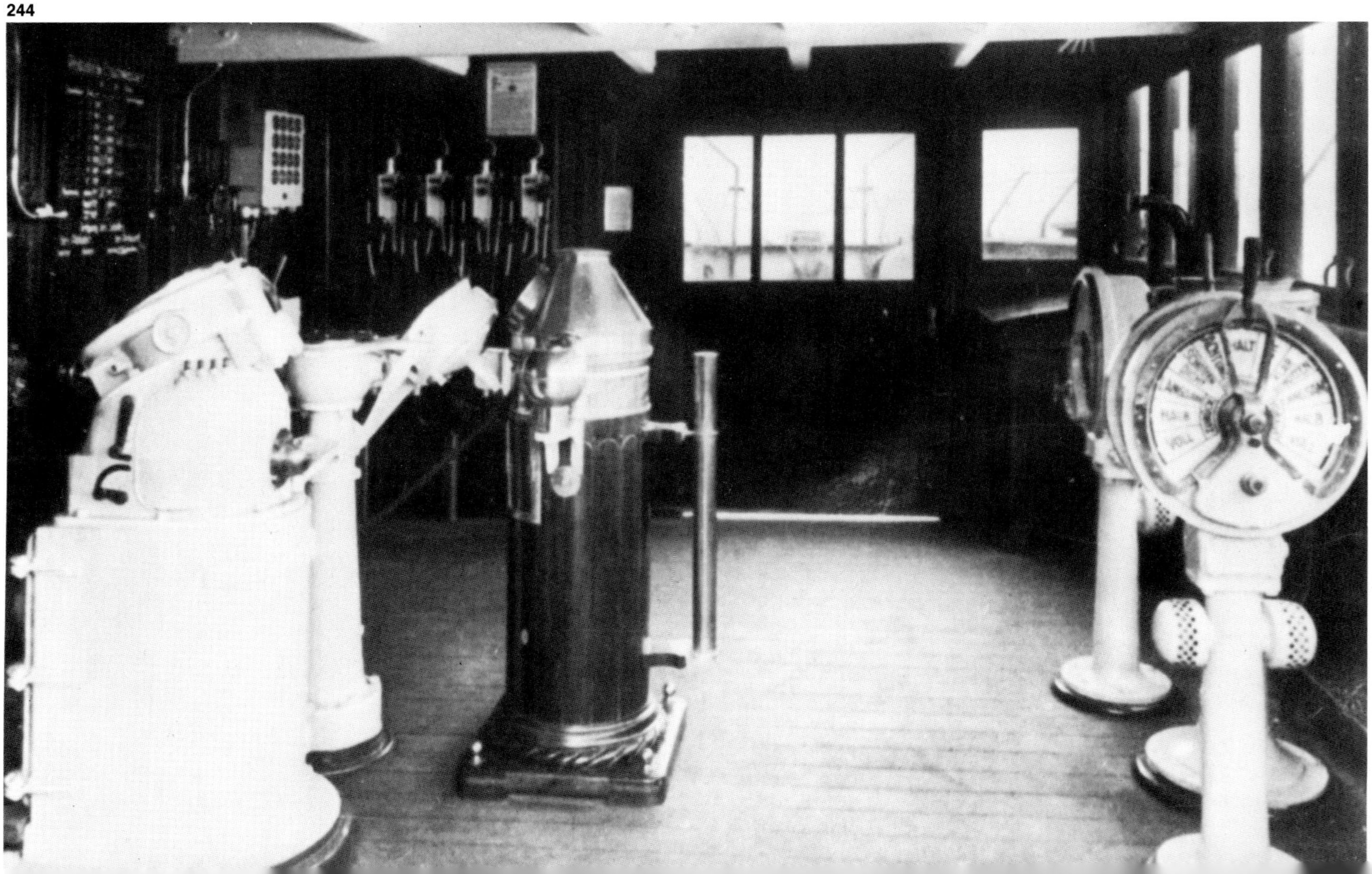

45

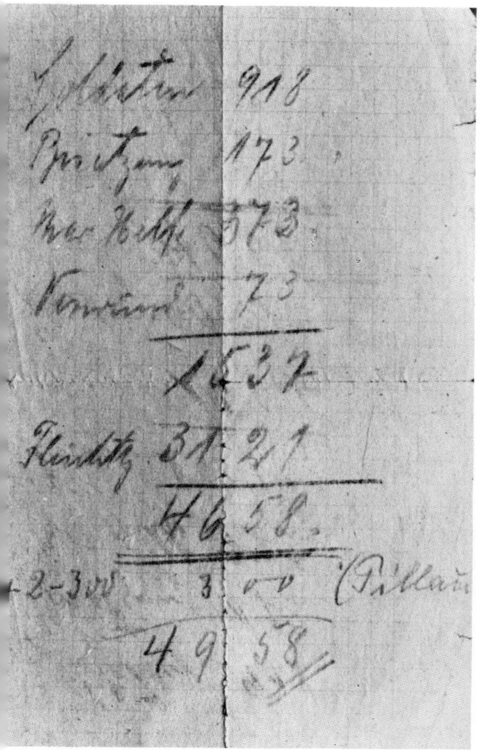

247

248

ie letzte handschriftliche Notiz des für die Einschiffung zuständigen 1. Offiziers Reese, zwei Tage vor dem Auslaufen. An Bord 4 958 Menschen :45). Als die »Gustloff« am Mittag des 30. Januar ausläuft, sind es mehr als 6 000.

ie Schiffsleitung der »Gustloff« wählt nicht den Küstenweg, sondern den von Minen geräumten Tiefwasserweg (246), damit begibt sich das Schiff auf odeskurs.

2 Seemeilen querab Stolpmünde wartet das Sowjet-U-Boot 2-13 (247, sowjetisches Foto), auf ein großes Schiff. Ahnungslos läuft ihm die »Gustloff« or die Rohre. Um 21.16 Uhr, am 30. Januar 1945 gibt der sowjetische U-Boot-Kommandant Alexander Marinesco (248, sowjetisches Foto) das ommando: Feuer!«. Drei Torpedos suchen ihr Ziel: die »Gustloff«.

246

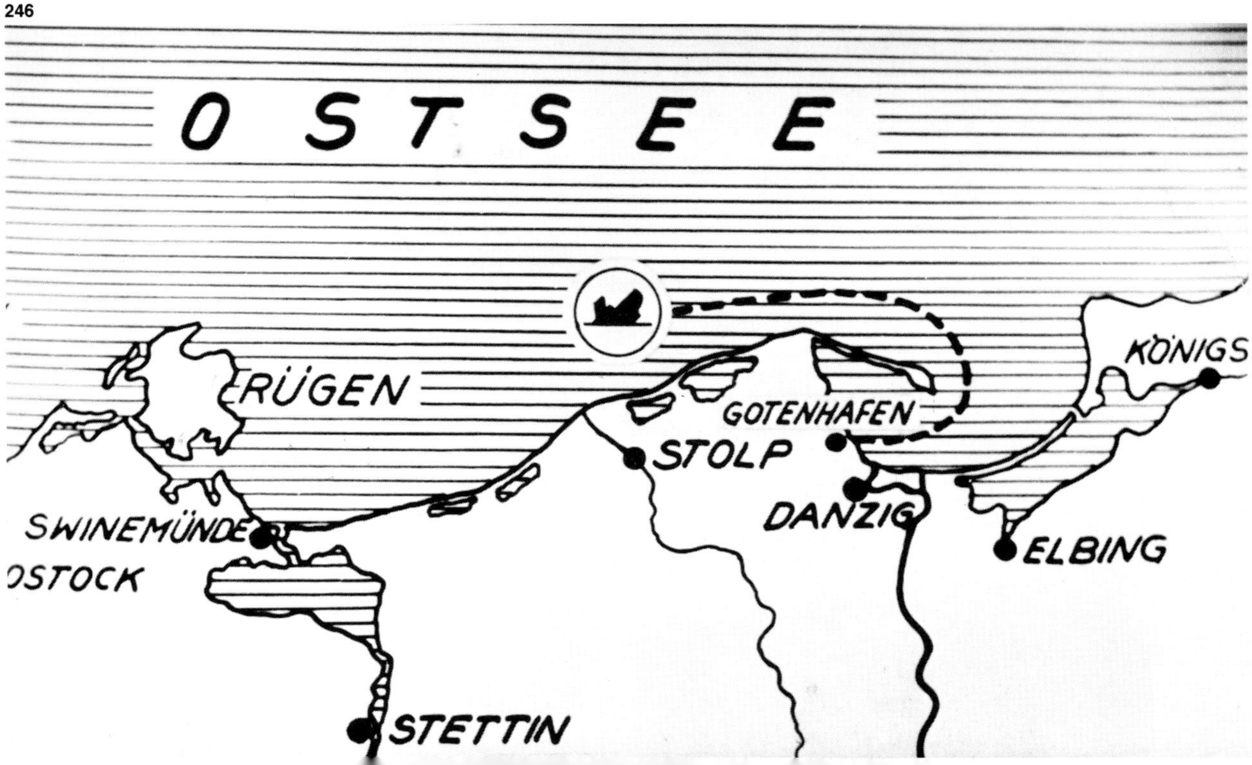

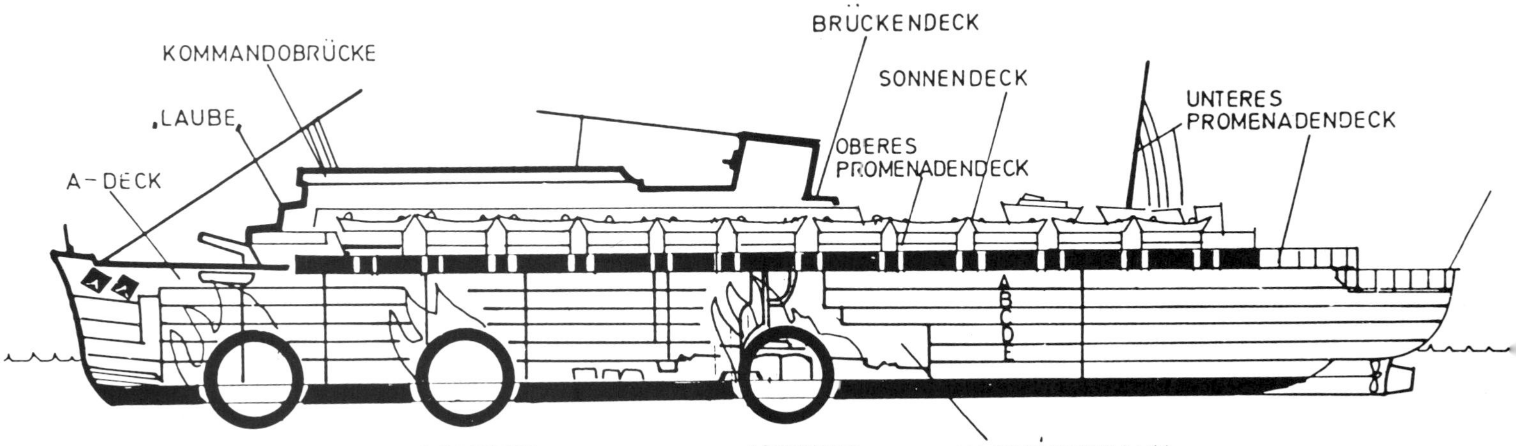

249

Diese auf Grund der Baupläne der »Wilhelm Gustloff« angefertigte Schemazeichnung veranschaulicht den Hergang der Katastrophe. Die drei sowjetischen Torpedos trafen das Vorschiff (1. Treffer), das Schwimmbad (2. Treffer) und den Maschinenraum (3. Treffer). Sogleich entstand ein Verzweiflungskampf um die Aufgänge in den Decks. Das Schiffsinnere war aufgeteilt in das E-Deck (E) – das unterste Deck, in welchem auch das Schwimmbad lag – das D-Deck (D), das C-Deck (C), das B-Deck (B), das A-Deck (A), das untere Promenadendeck, das nach außen hin mit panzerharten Scheiben verglast war. Das darüber gelegene Promenadendeck war von einer Reling umgeben. Darüber erst lag das Sonnendeck. Erst von hier aus war der Zugang zu den Rettungsbooten möglich. Über den Aufbauten des Sonnendecks (»Laube« und einige andere Räume) erstreckt sich das Brückendeck mit der Kommandobrücke, u.a. das Steuerhaus mit den anschließenden Navigations- und Kapitänsräumen, und die Funkstation, die mit ihren Anlagen fast die Hälfte der Brücke umfaßte.

Ein grauenvolles Bild steigt aus dem Dunkel der stürmischen Ostseewinternacht. Nach drei Torpedtreffern sinkt die »Wilhelm Gustloff« mit 6 600 Menschen an Bord bei 18 Grad unter Null. Wenige Augenblicke nach den Torpedotreffern stürmen die Menschen die Aufgänge und Treppenhäuser, wollen nach oben, auf das Sonnendeck, zu den Booten und Flößen. Im Schiff rast die Panik und oben an Deck hat ein erbarmungsloser Kampf um die Boote eingesetzt, die nur Frauen und Kindern vorbehalten sind (250, Zeichnung nach Angaben des Verfassers von H. Rathe).

250

251

Das Schwimmbad der »Gustloff« (251) diente 175 blutjungen Marinehelferinnen als Notunterkunft. Mitten im Schwimmbad detonierte einer der sowjetischen Torpedos, zerreißt die Mädchen, tötet fast alle, holt sie aus dem Schlaf in den Tod, bis auf zwei, die sich retten können.

252

253

254

Frank Wisbar hat in seinem GUSTLOFF-Film »Nacht fiel über Gotenhafen« die Panik auf der »Gustloff«, den Kampf ums nackte Leben an Bord des sinkenden Schiffes und in der eiskalten Ostsee als Schiffbrüchige, nachzuzeichnen versucht, wie die Filmszenenfotos (252, 253, 255, 256, 257, 258, 259, 260, 261, 262, 263, 264, 265, 267) zeigen.

Der 3. Torpedotreffer setzt das Herz des Schiffes, den Maschinenraum (254) ausser Betrieb. Tonnenweise stürzt die Ostsee in die Maschinenhalle.

255

256

257

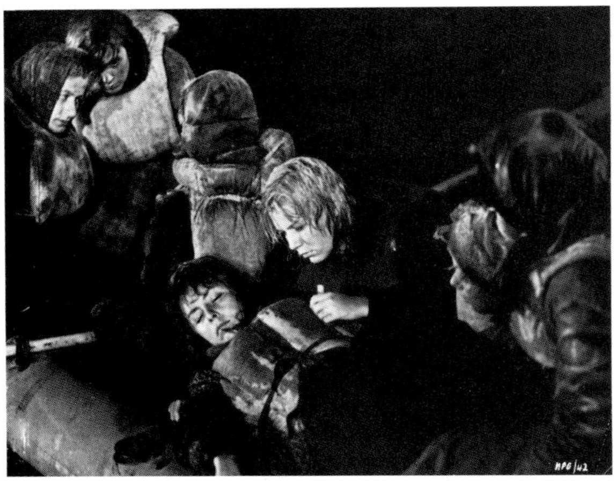

258

259

260

261

262

263

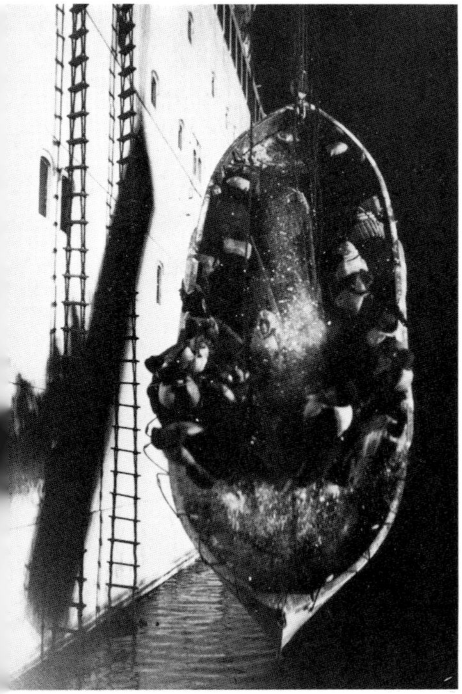

264

265

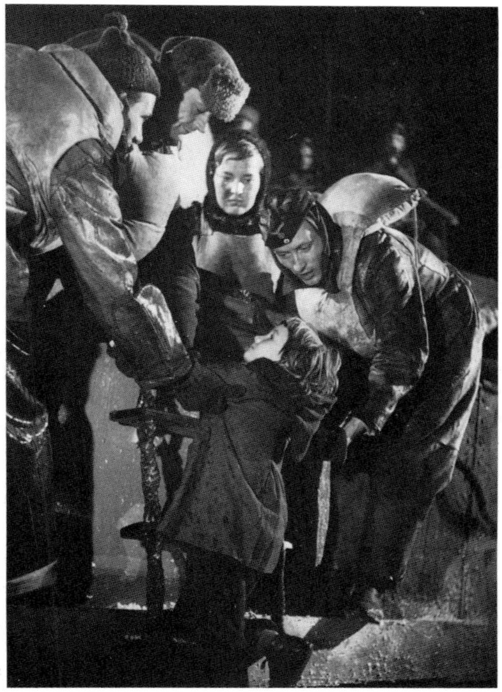

Die »Gustloff«, auf ihrer letzten Reise nur von dem Torpedoboot »Löwe« begleitet, hatte die Rettungsboote nicht ausgeschwungen. Das Bild (266) zeigt das Obere Promenadendeck der »Gustloff«.

266

267

268

269

Im Unteren Promenadendeck warten etwa 1 000 Menschen während des Untergangs auf die Ankunft der Rettungsschiffe, da sich das Schiff lange hält und nur langsam sinkt (268). Doch das Wasser ist schneller, stürzt plötzlich und unerwartet in das durch dicke Glasscheiben abgeschlossene Deck (269). Nur eine Mutter entkommt dieser Todesfalle.

Der Schwere Kreuzer »Admiral Hipper« trifft als erstes großes Schiff, selbst mit 1 500 Flüchtlingen an Bord (270) mit seinem Begleitboot, dem Torpedoflottillenboot »T 36« (271) unter Führung von Kapitänleutnant Robert Hering (272) an der »Unfallstelle Gustloff« ein. »Hipper« muß wegen der U-Boot-Gefahr weiterlaufen, läßt aber »T 36« für die Rettungsaktion zurück.

270

271

272

273

274

Unmittelbar nach den Torpedotreffern beginnt das die »Gustloff« begleitende Torpedoboot »Löwe« (273), unter Führung von Kapitänleutnant Paul Prüfe (274), mit der Rettung Schiffbrüchiger. 472 Menschen rettet die Besatzung des »T Löwe« aus der eiskalten See, »T 36« kann in fast pausenlosem Einsatz 564 Gustloff-Schiffbrüchige an Bord nehmen.
Der Dampfer »Göttingen« (276) unter Führung von Kapitän Segelken (275) rettet 28 Schiffbrüchige, das Minensuchboot »M 341« (277) unter Führung von Oberleutnant z. S. Henry Rickmers (278) kann 37 Menschen bergen.

275

276

277

278

279

280

Der Dampfer »Gotenland« (279) unter Führung von Kapitän Heinz Vollmers (280) findet nur noch 2 Überlebende, »M 375« / TS 8 (282) unter Führung von Oberleutnant Walter Weichel (281) 43 Gustloff-Überlebende, Oberleutnant Karl Brinkmann rettet mit seinem Boot »M 387« / TS 2 noch 98 Menschen vor dem Tode des Ertrinkens und Erfrierens.
Die Mannschaft des Torpedofangbootes TF 19 (284) unter Führung von Oberleutnant Walter Schick findet nach Mitternacht des 30. Januar auf dem Grab der »Gustloff« noch sieben Lebende. Zwei von »TF 19«. Am Rettungswerk beteiligt waren: Obersteuermann Walter Thiebach (283) und der Obergefreite Flettner (285).

281

282

283

284

285

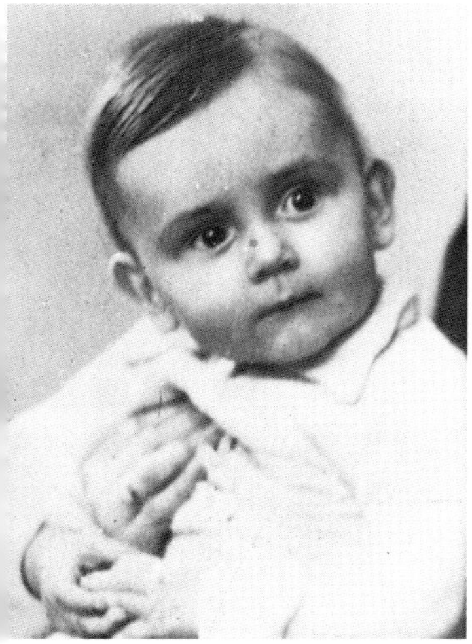

286

287

288

Sieben Stunden nach dem Untergang der »Gustloff« trifft das Vorpostenboot 1703 (288) an der »Unfallstelle Gustloff« ein. Obermaat Werner Fick (287) findet in einem fast leeren Rettungsboot einen einjährigen Säugling (286), behält das Kind und gibt ihm seinen Namen: Peter Fick. So heißt der »Findling« heute und wohnt im anderen Teil Deutschlands.

Acht von 1 252 Überlebenden der Gustloff-Katastrophe: Irene Darnedde (289), Gertrud Agnesens (290), Dunja Henke (291), Fritz Henke (292), Dr. Walter Richter (293), Max Bonnet (294), Theodor Schumann (295), Rudi Lange (296).

289

290

291

292

293

294

295

296

297

Deutlich schreiben!

Ausweis

für

MS. „Wilhelm Gustloff“

Name: Heinz Klapp

Bisherige Wohnung: Obervellmar Kr. Kassel

Anschrift der nächsten Angehörigen: Steingasse 2

Kommando
2. Unterseebootslehrdivision

298

Heinz Klapp gehörte zu den Verwundeten an Bord (297), (298). Er überlebte.

299

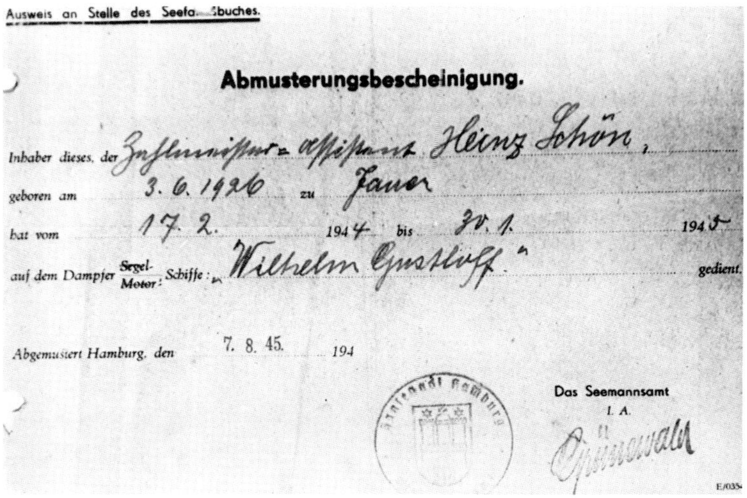

Ausweis an Stelle des Seefa... buches.

Abmusterungsbescheinigung.

Inhaber dieses, der Zahlmeister-Assistent Heinz Schön,

geboren am 3. 6. 1926 zu Jauer

hat vom 17. 2. 1944 bis 30. 1. 1945

auf dem Dampfer Segel- Motor- Schiffe: „Wilhelm Gustloff“ gedient.

Abgemustert Hamburg, den 7. 8. 45. 194

Hansestadt Hamburg

Das Seemannsamt
I. A.
Grünewald

E/035

300

Heinz Schön, wenige Tage nach dem Untergang (299) und sein »Abmusterungsschein« (300).

Kapitänleutnant Voigt und seine Frau (302) fanden beim Untergang der »Wilhelm Gustloff« den Tod. Die beiden Töchter Erika (301) und Hildegard (303) überlebten die Katastrophe.

301

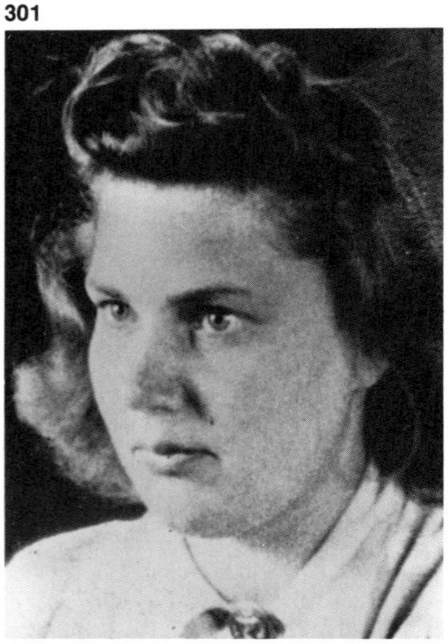

302

303

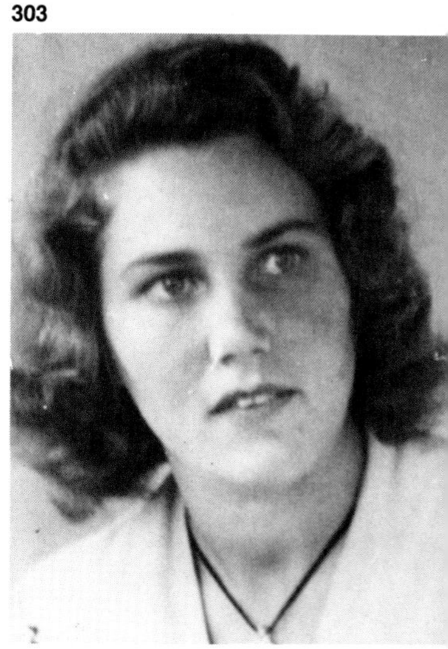

304

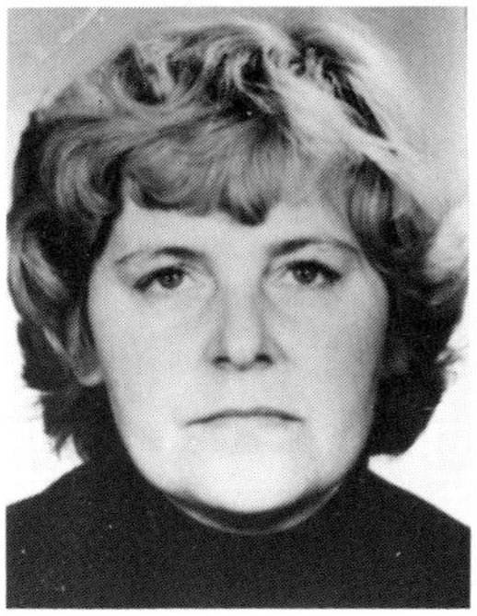

308

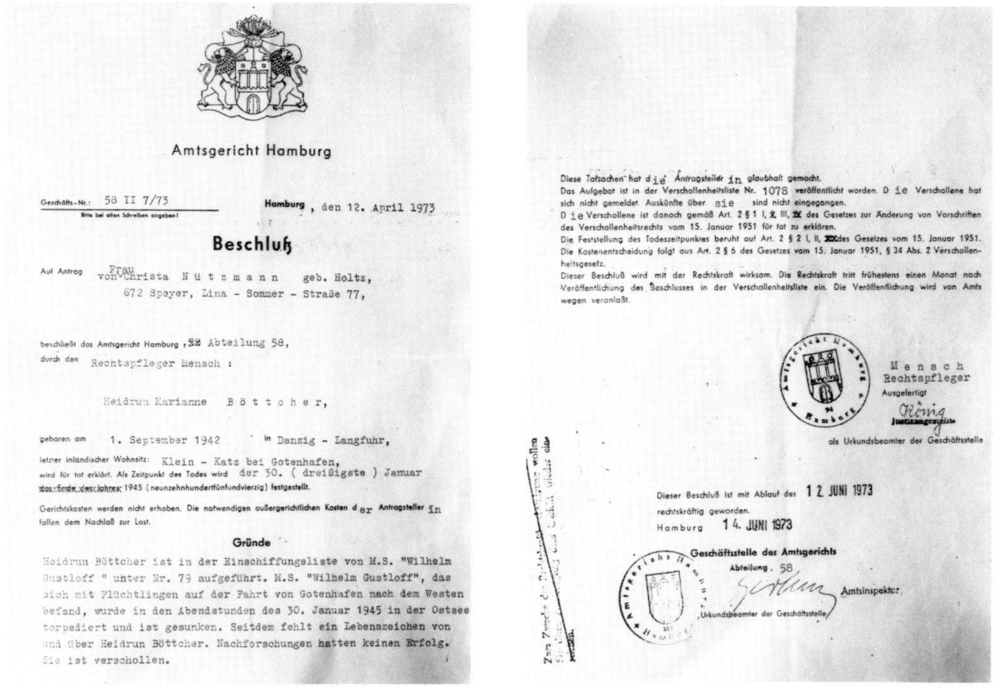

Amtsgericht Hamburg

Geschäfts-Nr.: 58 II 7/73 — Bitte bei allen Schreiben angeben!

Hamburg, den 12. April 1973

Beschluß

Auf Antrog von Frau Christa N ü t z m a n n geb. Holtz,
672 Speyer, Lina - Sommer - Straße 77,

beschließt das Amtsgericht Hamburg, ~~52~~ Abteilung 58,
durch den Rechtspfleger Mensch :

Heidrun Marianne B ö t t c h e r,

geboren am 1. September 1942 in Danzig - Langfuhr,
letzter inländischer Wohnsitz: Klein - Katz bei Gotenhafen,
wird für tot erklärt. Als Zeitpunkt des Todes wird der 30. (dreißigste) Januar ~~das Ende des Jahres~~ 1945 (neunzehnhundertfünfundvierzig) festgestellt.

Gerichtskosten werden nicht erhoben. Die notwendigen außergerichtlichen Kosten der Antragstellerin fallen dem Nachlaß zur Last.

Gründe

Heidrun Böttcher ist in der Einschiffungsliste von M.S. "Wilhelm Gustloff " unter Nr. 79 aufgeführt. M.S. "Wilhelm Gustloff", das sich mit Flüchtlingen auf der Fahrt von Gotenhafen nach dem Westen befand, wurde in den Abendstunden des 30. Januar 1945 in der Ostsee torpediert und ist gesunken. Seitdem fehlt ein Lebenszeichen von und über Heidrun Böttcher. Nachforschungen hatten keinen Erfolg. Sie ist verschollen.

Diese Tatsachen hat die Antragstellerin glaubhaft gemacht.
Das Aufgebot ist in der Verschollenheitsliste Nr. 1078 veröffentlicht worden. Die Verschollene hat sich nicht gemeldet. Auskünfte über sie sind nicht eingegangen.
Die Verschollene ist danach gemäß Art. 2 § 1 I, ~~II~~, III, ~~IV~~ des Gesetzes zur Änderung von Vorschriften des Verschollenheitsrechts vom 15. Januar 1951 für tot zu erklären.
Die Feststellung des Todeszeitpunkres beruht auf Art. 2 § 2 I, II, ~~III~~ des Gesetzes vom 15. Januar 1951.
Die Kostenentscheidung folgt aus Art. 2 § 6 des Gesetzes vom 15. Januar 1951, § 34 Abs. 2 Verschollenheitsgesetz.
Dieser Beschluß wird mit der Rechtskraft wirksam. Die Rechtskraft tritt frühestens einen Monat nach Veröffentlichung des Beschlusses in der Verschollenheitsliste ein. Die Veröffentlichung wird von Amts wegen veranlaßt.

Mensch
Rechtspfleger
Ausgefertigt
König
~~Justizangestellte~~
als Urkundsbeamter der Geschäftsstelle

Dieser Beschluß ist mit Ablauf des 12. JUNI 1973 rechtskräftig geworden.
Hamburg 14. JUNI 1973

Geschäftsstelle des Amtsgerichts
Abteilung. 58
Amtsinspektor
Urkundsbeamter der Geschäftsstelle

305

306

Ein einmaliges Schicksal: Christa Böttcher (304) verlor bei der »Gustloff-Katastrophe« ihre Tochter Heide (306) und ließ sie nach erfolgloser Suche 1973 für tot erklären (305). 1982, 37 Jahre nach dem Untergang der »Gustloff« fand sie ihre in der DDR wohnende Tochter Heide (308), die inzwischen verheiratet und Mutter von zwei Kindern ist (307), wieder. Am 28.4.1982 hob das Amtsgericht Hamburg die Todeserklärung für Heide Böttcher wieder auf (309).

307

309

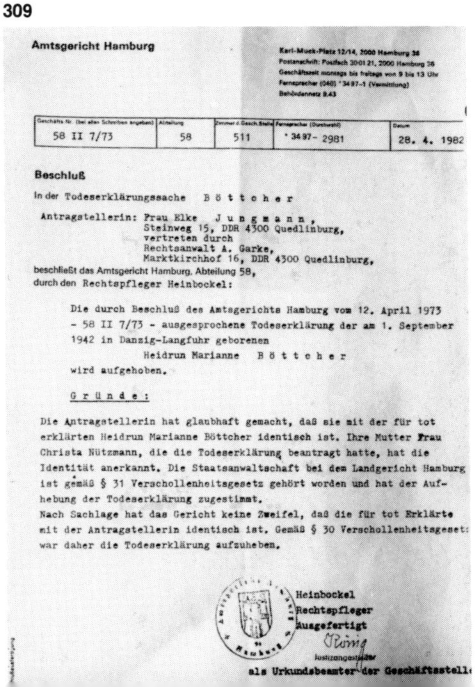

Amtsgericht Hamburg

Karl-Muck-Platz 12/14, 2000 Hamburg 36
Postanschrift: Postfach 30 01 21, 2000 Hamburg 36
Geschäftszeit montags bis freitags von 9 bis 13 Uhr
Fernsprecher (040) * 34 97-1 (Vermittlung)
Behördennetz 9.43

Geschäfts-Nr. (bei allen Schreiben angeben)	Abteilung	Zimmer d. Gesch. Stelle	Fernsprecher (Durchwahl)	Datum
58 II 7/73	58	511	* 34 97- 2981	28. 4. 1982

Beschluß

In der Todeserklärungssache B ö t t c h e r

Antragstellerin: Frau Elke J u n g m a n n,
Steinweg 15, DDR 4300 Quedlinburg,
vertreten durch
Rechtsanwalt A. Garke,
Marktkirchhof 16, DDR 4300 Quedlinburg,

beschließt das Amtsgericht Hamburg, Abteilung 58,
durch den Rechtspfleger Heinbockel:

Die durch Beschluß des Amtsgerichts Hamburg vom 12. April 1973 - 58 II 7/73 - ausgesprochene Todeserklärung der am 1. September 1942 in Danzig-Langfuhr geborenen
Heidrun Marianne B ö t t c h e r
wird aufgehoben.

G r ü n d e :

Die Antragstellerin hat glaubhaft gemacht, daß sie mit der für tot erklärten Heidrun Marianne Böttcher identisch ist. Ihre Mutter Frau Christa Nützmann, die die Todeserklärung beantragt hatte, hat die Identität anerkannt. Die Staatsanwaltschaft bei dem Landgericht Hamburg ist gemäß § 31 Verschollenheitsgesetz gehört worden und hat der Aufhebung der Todeserklärung zugestimmt.
Nach Sachlage hat das Gericht keine Zweifel, daß die für tot Erklärte mit der Antragstellerin identisch ist. Gemäß § 30 Verschollenheitsgesetz war daher die Todeserklärung aufzuheben.

Heinbockel
Rechtspfleger
Ausgefertigt
König
Justizangestellter
als Urkundsbeamter der Geschäftsstelle

310

311

312

313

314

Maat Helmut Simon (310), am 18.8.44 in der Kirche St. Brigitten in Danzig getraut (312), muß mit seinem U-Boot »U 522« Gotenhafen verlassen. Vorher bringt er seine Frau Annemarie auf den »U-Tender Weichsel« (311), der vollbeladen mit Flüchtlingen am 28. Januar 1945 von Gotenhafen nach Flensburg läuft. Gerd Schaper (313) und seine beiden Geschwister machen ihre erste Seereise mit dem Walfangmutterschiff »Walter Rau« (314) am 28. Januar von Gotenhafen nach Eckernförde.

315

316

Irene Kurbjuhn (315, Bildmitte) wird mit ihrer Mutter und ihrer 83-jährigen Großmutter am 31. Januar 1945 in Pillau an Bord des Kreuzers »Emden« (316) genommen, auf dem sich auch die Särge Hindenburgs und seiner Frau befinden. Das Schiff bringt die Königsberger Familie nach Kiel. Dort ließ sich Irene Kabjun an Bord der »Emden« mit zwei Besatzungsmitgliedern fotografieren (315).

317

318

319

320

321

Zu den Schiffen, die am 30. Januar 1945 in Pillau mit Flüchtlingen beladen werden, zählen auch das Hamburg-Süd-Schiff »Monte Rosa« (317), das kleine Lazarettschiff »Meteor« (318) und das Schulschiff »Nautik«, das zuletzt in Gotenhafen (319) lag. Der Pillauer Hafen ist in den letzten Januartagen voller Menschen. Alle warten auf Schiffe, die sie nach Westen bringen.
Die Flucht über Land, über das Eis des Haffs und über die Nehrung in die Häfen und auf die Schiffe wird durch die Unbill des Wetters Ende Januar immer tödlicher. Hier und da zusammengeschossene Trecks (320). Sowjetische Truppen (321) besetzen einen Ort nach dem anderen (Sowj. Foto).

322

323

Mit fast 10 000 Menschen an Bord verläßt die »Cap Arcona« am 31. Januar 1945 Gotenhafen und entgeht in der Nacht zum 1. Februar ganz knapp einem Torpedoangriff des Sowjet-U-Bootes L-3 unter Führung von Kapitän 3. Ranges Konovalov, der noch ein zweites Mal erfolglos versucht, die »Cap Arcona« (323) zu torpedieren.

Mit mehr als 10 000 Menschen verläßt am 31. Januar 1945 auch der Dampfer »Deutschland« Gotenhafen (322). Auf dem Schiff ist jeder Gang und jeder Winkel besetzt. Die einst repräsentativen Säle und Räume, so auch der Speisesaal 1. Klasse (324), und das Gesellschaftszimmer der Touristenklasse (325) sind Flüchtlings-Massenquartiere.

324

325

326

327

328

Der Dampfer »Berlin«, am 23.8.1939 als erstes deutsche Lazarettschiff in Dienst gestellt (326), läuft in der Nacht des 31. Januar 1945 vor Swinemünde auf eine Mine und sinkt. Zu den im Januar 1945 in der Ostsee verlorenen Schiffen gehören auch die »Mimi Horn« (327), »Fritz Schoop« (328) und »Henry Lütgens« (329).

329

330

Beim Untergang des Schulschiffes »Memel« (330), das am 31. Januar 1945 vor Swinemünde auf eine Mine läuft, kommen 600 Menschen ums Leben. Helmut Dübbers (331) und Obermechaniker-Maat Heinz Kathage (332) gehören zu den Überlebenden des Untergangs der »Memel«.

300 Schiffbrüchige der »Memel« können aus der eiskalten Ostsee geborgen werden, viele vom Torpedeboot »Panther« (333). Zu den Geretteten gehören auch 12 elternlose Kinder im Alter von 3 und 12 Jahren, die von DRK-Schwestern in Swinemünde in Empfang genommen werden.

331

332

333

334 Eva Meding

335 Inge Blase

336 Erika Jeimke-Karge

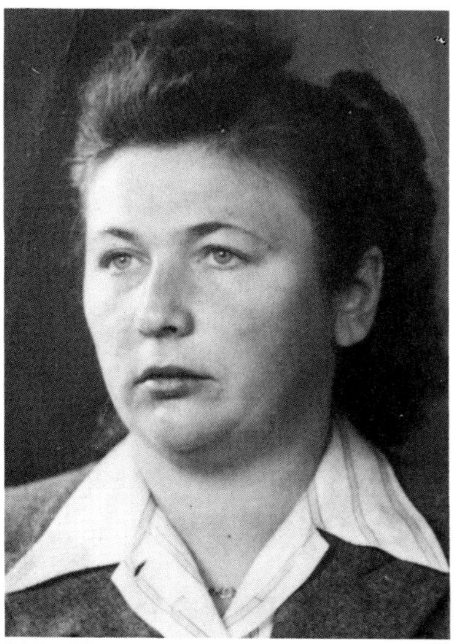
337 Martha Reiter

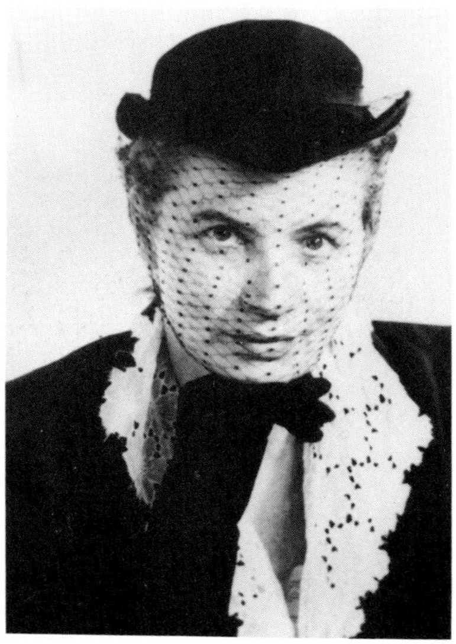
338 Gertrud Weström

339 Anneliese Lochefeld

»Wir danken unseren Rettern!«

Eva Meding und ihr Sohn Horst verdanken ihre Rettung »Robert Ley« (334), die 7-jährige Inge Blase gelangt mit der »Ubena« von Pillau nach Kiel (335), Erika Jeimke-Karge (336) gelangt mit der »Iberia« von Danzig nach Eckernförde, Martha Reiter (337) flieht mit dem Eisenbahnfährschiff »Preussen« von Pillau über die Ostsee, Gertrud Weström (338) wird auf ihrer Fahrt mit dem Dampfer »Gotenland« Zeuge des Untergangs der »Gustloff«, Anneliese Lochefeld erlebt mit ihrer Mutter und 8 Geschwistern auf der »Monte Rosa« die Ostseeflucht.

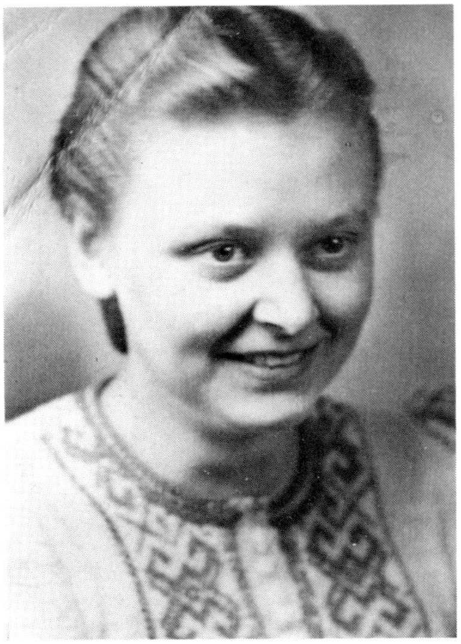

340 Christa Labusch

341 Anneliese Barz

342 Hildegard Schuster

343 Helga Nagel

344 Gertrud Degen

345 Klaus Neumann

»Wir danken unseren Rettern!«

Christa Labusch (340) gelangt mit der »Hansa« nach Kiel, Anneliese Barz (341) und Hildegard Schuster (342) mit der »Deutschland«, Helga Nagel (343) mit Mutter und drei Geschwistern auf der »Cap Arcona« und Gertrud Degen (344) mit der »Robert Ley«.
Ein Schicksal das der Krieg schrieb: Klaus Neumann (345) verliert bei einem Tieffliegerangriff auf der Flucht aus Ostpreußen Mutter und Geschwister. Er selbst wird verletzt. Soldaten bringen den 5-jährigen Verwundeten nach Pillau auf den Dampfer »Wartheland«, der ihn nach Dänemark rettet. Dort lebt er bis 1948 in Krankenhäusern und Heimen.

01. Als Nachfolger von Skl. Qu A VI übernimmt das Marinekommando Ost die Steuerung der Transporte über die Ostsee.
Schwere Kämpfe in Ostpreußen beim Wormditt, Heilsberg, Friedland und beiderseits Königsbergs.
Heiligenbeiler Kessel, Frontverlauf Frauenburg-Wormditt-Guttstadt-Heilsberg-Bartenstein-Friedland-Brandenburg.

02. Der Schwere Kreuzer »Prinz Eugen« unterstützt bei Cranz, »Admiral Scheer« bei Fischhausen (nahe Pillau) küstennahe Abwehrkämpfe.

03. Nördlich Heilsberg und beiderseits Königsberg können sowjetische Angriffe aufgefangen werden.

04. Beiderseits der Reichsstraße 1 zwischen Königsberg und Brandenburg kann ein breiter Streifen freigekämpft werden, geht jedoch in den folgenden Tagen bis auf die Haffnotstraße wieder verloren.

05. Die Kurische Nehrung in Ostpreußen wird vollständig von den Sowjets besetzt.

06. Die Schweren Kreuzer »Lützow« und »Admiral Scheer« beschießen zwei Tage den Kampfraum Frauenburg.

08. Frauenburg geht verloren.
Der Schwere Kreuzer »Lützow« und die Torpedoboote »T 33«, »T 28« und »T 8« unterstützen durch ihr wirkungsvolles Feuer die Besatzung von Elbing. Der Verband nimmt auch sowjetische Stellungen und Aufmarschstraßen am Frischen Haff unter Beschuß.

10. Um 0. 50 Uhr versenkt das sowjetische U-Boot »S-13« unter Führung von Kapitän 3. Ranges Alexander Marinesko den am Tag zuvor aus Pillau ausgelaufenen Verwundetentransporter »Steuben« (14 660 BRT). An Bord befinden sich 4 267 Menschen, darunter 1 467 Schwerverwundete, 1 213 gehfähige Verwundete, Ärzte, Schwestern und rund 900 Flüchtlinge. 659 Menschen können gerettet werden, 3 608 finden in der Ostsee den Tod.
Elbing geht verloren.
Starker sowjetischer Angriff auf Hinterpommern wird zum Stehen gebracht.

11. Aus dem Heiligenbeiler Kessel setzt eine Massenflucht über das Eis des Frischen Haffs ein.

12. Großangriff der 2. Weißrussischen Front mit 5 Armeen in Nordrichtung Westpreußen mit Ziel Danzig.
Mit den Lazarettschiffen und Verwundetentransportern »Berlin«, »Monte Rosa«, »Marburg«, »Glückauf« und »Steuben« wurden bis 12. 02. aus Pillau 60 000 Verwundete in westlichere Ostseehäfen gebracht.

13. Bis zum 12. 02. 24. 00 Uhr wurden mit den Schiffen »Kolberg«, »Colmar«, »Wille«, »Brandenburg«, »Ottilie«, »Anna Peters«, »Essberger«, »Göttingen«, »Ostmark«, »Günter Russ«, »Deike Rickmers«, »Masuren«, »Pillau«, »Wartheland«, »Freiherr von Stein«, »Westpreußen«, »Lene Oldendorff«, »Hinrich Peters«, »Travemünde«, »Fangbüren«, »Memphis«, »Consul Ahrens«, »Butjardingen«, »Caroline«, »Pregel«, »Koholyt«, »Herkules«, »Bru«, »Wartburg«, »Convros«, »Jürgen Fritzen«, »Hoheweg«, »Bruno Grammersdorf«, »Robert Moritz«, »Adler«, »Irmtraut Cords«, »Wirtheyn«, »Saar«, »Heinrich Arp«, »Greif«, »Theseus«, »Weichsel«, »Elbing«, »Nogat«, »Venus«, »Lothringen«, »Bukarest«, »Magarch«, »H 27«, »Bolkoburg«, »Möwe«, »Anna«, »Nadir«, den Eisbrechern »Pollux« und »Castor«, dem Nachtjagdleitschiff »Togo«, dem Dampfer »Duala«, der »Robert Ley«, der »Pretoria« und der »Ubena« insgesamt 150 000 Flüchtlinge aus Pillau über die Ostsee abtransportiert.

15. Mit Fahrtziel Gotenhafen laufen aus: »Ida Blumenthal« mit 1800 Flüchtlingen, »Karoline« mit 700 Fl., »Möwe« mit 1000 Fl., »Södenhamn« mit 1300 Fl. und »Weichsel« mit 722 Verwundeten und 60 Flüchtlingen, mit Fahrtziel Warnemünde »Harald Schröder« mit 400 Flüchtlingen und 202 Verwundeten.
Die Sowjets treiben starke Angriffskeile über Stargard zum Stettiner Haff, nach Köslin und Kolberg.

16. Deutscher Gegenangriff in Pommern bei Stargard nach zwei Tagen gescheitert.

17. Sowjetische Flugzeuge versenken den 1 429 BRT großen Transporter »Eifel«. Der Untergang des Schiffes fordert 785 Todesopfer.
Deutsche Verbände erhalten den Befehl zum Freikämpfen einer Verbindung zwischen Königsberg und Pillau.

19. Durch Minentreffer vor Swinemünde geht der Dampfer »Consul Cords« (951 BRT) verloren. 106 Opfer.
Verbindung mit Königsberg wiederhergestellt.
Deutsche Seestreitkräfte greifen erneut wirkungsvoll in die Samlandkämpfe ein.
Metgethen wird in schweren Kämpfen durch die Kampfgruppe der 1. Infanterie-Division genommen.
Dampfer »Bruno Grammerstorf« verläßt Pillau mit 400 Verwundeten und 20 Flüchtlingen. Fahrtziel ist Danzig.

20. Dampfer »Westpreußen« verläßt mit 2 200 Flüchtlingen Pillau mit Zielhafen Gotenhafen, »Koholyt« setzt sich mit 600 Flüchtlingen, »Theseus« mit 570 Verwundeten von Pillau nach Danzig in Marsch.

21. Ostpreußen: Ein 10 km breiter Streifen mit der Reichsstraße und der Bahnlinie wird durch die deutschen Einheiten freigekämpft. Die Rückeroberung offenbart eine grauenvolle Behandlung der in Metgethen von den Sowjets überraschten Zivilbevölkerung.

22. Sowjetische Truppen werfen westlich von Königsberg auf der Halbinsel Samland deutsche Truppen zurück, die aus Königsberg in Richtung Pillau durchzubrechen versuchten. Den Sowjets gelingt südlich und südwestlich Königsberg die Verengung des Einschließungsringes.
In Pillau treffen aus Königsberg ein: »Günter Russ« mit 700 Flüchtlingen und »Heinrich Schmidt« mit 430 Verwundeten und 20 Soldaten. »Weichsel« verläßt Pillau mit 641 Verwundeten, 21 Flüchtlingen und 7 Soldaten mit Zielhafen Gotenhafen, »Dora Ahrens« mit 350 Verwundeten, »Möwe« mit 1 000 Flüchtlingen, »Reiher« mit 1 050 Flüchtlingen und 350 Verwundeten und »Hektor« mit 948 Flüchtlingen und 272 Verwundeten mit Zielhafen Danzig. »Hestia« mit 200 Flüchtlingen, Zielhafen ist Saßnitz

23. Das sowjetische U-Boot »S-4« versenkt vor Libau den deutschen Frachter »Göttingen« (6 267 BRT). 500 Menschen finden beim Untergang den Tod. Dampfer »Wadai« verläßt mit 2 000 Flüchtlingen Gotenhafen mit Zielhafen Swinemünde, »Deutschland« mit 7 600 Flüchtlingen und 1 400 Verwundeten und »Wullenwever« mit 1 300 Flüchtlingen mit Zielhafen Saßnitz.
»General San Martin« verläßt Danzig mit ca. 2 500 Verwundeten, Zielhafen ist Swinemünde.

24. Sowjetischer Durchbruch in Hinterpommern.
»Ida Blumenthal« bringt 1 250 Flüchtlinge, »Karoline« 800 Flüchtlinge, »Regulus« 680 Flüchtlingen, »Oktant« 280 Flüchtlingen von Pillau nach Gotenhafen, »Koholyt« 600 Flüchtlinge von Pillau nach Danzig. »Feodosia« bringt 300 Flüchtlinge von Gotenhafen nach Saßnitz.

25. Dampfer »Potsdam« nimmt 8 000 Flüchtlinge an Bord und verläßt Gotenhafen um 16 Uhr mit Fahrtziel Saßnitz.

26. Dampfer »Hamburg« verläßt mit 6 300 Flüchtlingen, 1 500 Verwundeten und 1 200 Arbeitern Gotenhafen mit Fahrtziel Saßnitz.
Pillau verlassen »Bru« mit 520 Flüchtlingen, »Regulus« mit 520 Flüchtlingen, »Oktant« mit 250 Flüchtlingen, »Sextant« mit 250 Flüchtlingen, »Rigel« mit 450 Flüchtlingen, »Nadir« mit 250 Flüchtlingen und »Zenith« mit 400 Flüchtlingen, Fahrtziel ist Danzig. Mit Fahrtziel Gotenhafen verlassen Pillau »Günter Russ« mit 700 Flüchtlingen, »Karoline« mit 640 Flüchtlingen, »Weichsel« mit 300 Flüchtlingen und 20 Verwundeten. Angriff der 1. Weißrussischen Front in Pommern von Neustettin nach Norden mit Ziel Ostseeküste. Damit wird der Fluchtweg nach Westen unterbrochen, der Flüchtlingsstrom wird nach Osten in den Raum Danzig-Gotenhafen zurückgedrängt.

27. Der sowjetische Angriff gegen Hinterpommern wird verstärkt. Aus dem Raum ostwärts Stargard drängt die 1. Weißrussische Armee in Richtung Stettiner Haff und Kolberg.
Mit Fahrtziel Swinemünde verläßt »Mars« mit 2 200 Flüchtlingen an Bord um 19 Uhr Pillau. »Möwe« bringt 1 000 Flüchtlinge, »Reiher« 590 Flüchtlinge von Pillau nach Gotenhafen.
Ab Gotenhafen mit Fahrtziel Swinemünde: »Westpreußen» mit 2 000 Flüchtlingen, »Feodosia« mit 2 500 Flüchtlingen, »Hektor« mit 200 Flüchtlingen, 500 RAD-Angehörigen und 500 Arbeitern, »Herkules« mit 600 Flüchtlingen und 900 Verwundeten.

28. Im Februar 1945 verließen 250 Schiffe mit Flüchtlingen den Hafen von Danzig.
Schiffsverluste im Februar 1945: »Planet«, 5 821 BRT (M), »Hiddensee«, 643 BRT (TL), »Pollux«, 518 BRT (B), »Ammerland II«, 2 452 BRT (KO), »Hedwigshütte«, 2 221 BRT (M), 96 Tote, »Holstein«, 10 268 BRT (STR), »MRS 11 – Osnabrück«, 5 095 BRT (M), »Dieter Hugo Stinnes«, 2 545 BRT (M), 14 Tote, »Ellen Larsen«, 1 038 BRT (M), »Erika Fritzen«, 4 169 BRT (B), »Gotenhafen«, TM), »Elbing VI«, 278 BRT (M).
Insgesamt gingen im Februar 1945 17 Schiffe mit zusammen 59 155 BRT verloren, 10 durch Minen- 3 durch Torpedo-, 3 durch Bombentreffer, 1 durch Kollision. Bei den Schiffsuntergängen fanden 5 109 Menschen den Tod.
Aus den Ostseehäfen Libau, Königsberg, Pillau, Danzig, Gotenhafen, Hela, Stolpmünde, Kolberg, Swinemünde und Warnemünde wurden im Februar 1945 insgesamt 475 488 Menschen über die Ostsee nach Westen in Sicherheit gebracht, aus Gotenhafen allein 194 418, aus Pillau 173 902, aus Danzig 79 554.

346

Am Strand der Frischen Nehrung bei Kohlberg werden Flüchtlinge auf Marinefährprähme verladen (346).

Bei der Flucht über das Frische Haff (347) hält Anfang Februar 1945 der Tod eine reiche Ernte. Immer wieder werden Trecks von sowjetischen Tieffliegern zusammengeschossen. Den Weg über das Eis säumen Menschen- und Pferdereste. Hier kann keine Leiche begraben werden.

347

348

Pionier-Landungsfähren der Einsatzgruppe Gaulke retten aus der Weichselniederung Flüchtlinge und Soldaten (348).
Seeschlange der Landungspioniere am Kurischen Haff in den ersten Februartagen 1945. Seeschlangen waren bis zu 210 m lange schwimmende Landungsstege, die schnell verlegt werden konnten und sich je nach Verankerung Seegang und Strömung anpaßten. (349)
Die Ostseehäfen Pillau, Gotenhafen und Danzig werden zu Häfen der Hoffnung für Hunderttausende. Trotz des Unterganges der »Gustloff«, der sich schnell herumspricht, ziehen viele die Flucht über die Ostsee der Flucht über Land vor. So wie auf diesem Bild (350), sah es in fast allen Häfen aus.

349

350

351

352

Der einst stolze NDL-Dampfer »Steuben« macht sich Anfang Februar in Pillau zu seiner letzten Reise bereit (351).
Kapitän Hohmann an Bord der »Steuben« kurz vor der letzten Reise (352), die auf dem Grund der Ostsee endet und auch den Kapitän mit in den Tod nimmt.
Im Krankensaal der »Steuben« liegen die Verwundeten (353), die von vielen Schwestern (354) fürsorglich betreut werden.

353

354

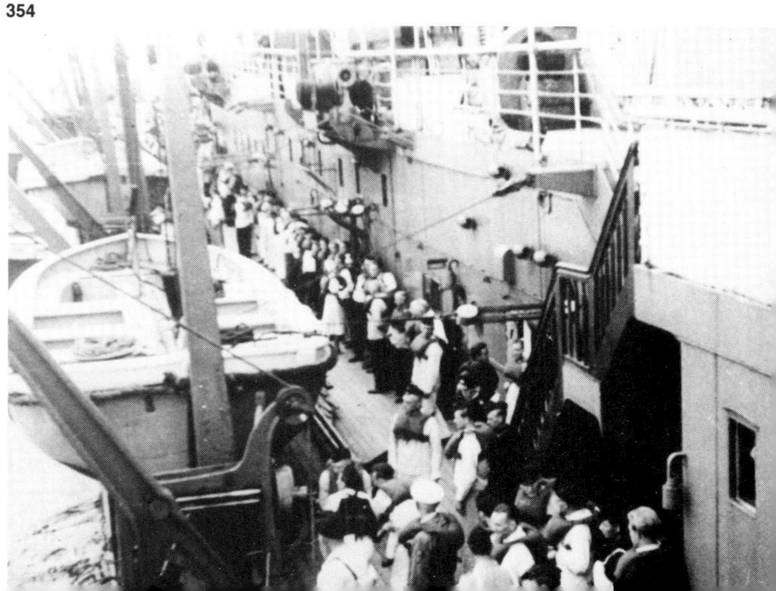

Zivilbesatzungsmitglieder der »Steuben« proben den »Ernstfall« (355), der am 10. Februar um 0.53 Uhr eintritt. Das Schiff sinkt nach zwei Torpedotreffern und nimmt 3 608 Menschen, zumeist Verwundete, mit in den Tod.

Sanitätsobergefreiter Josef Leusch (356), der Verwundete Franz Huber (357), der Sanitätsgefreite Hans-Egon Stoebe (358), der Matrosen-Hauptgefreite Egon Becker (359), der Signalmaat Karl-Heinz Portmann (360), der Verwundete Alfred Burgner (361), gehören zu den Überlebenden der Katastrophe. Gert Schwerinski überlebte die Flucht über die Ostsee mit Mutter Geschwistern auf dem Dampfer »Göttingen« (362).

355

356

357

358

359

360

361

362

363

364

365

366

367

368

369

370

371

Rund 150 000 Flüchtlinge wurden bis zum 12. Februar 1945 von Pillau aus über die Ostsee gerettet. Viele der Geretteten verdanken ihre Rettung den kleinen Schiffen: der 3 161 BRT großen »Pollux« (363), »Masuren« 2 383 BRT (364), »Greif« 1 167 BRT (365), »Heinrich Arp« 1 426 BRT (366), »Pillau« 1 308 BRT (367), »Brandenburg« 1 212 BRT (368), »Saar« 1 026 BRT (369), »Günther Russ« 998 BRT (370) und »Kolberg« 693 BRT (371).

372

373

M/S »Monte Rosa«, 1945 als Lazarettschiff in Dienst gestellt (372) erhält am 16. Februar 1945 vor Hela Minentreffer. Ängstlich gehen die ersten Flüchtlinge in die Boote (373), doch sie können wieder aussteigen. Das Schiff hält sich und wird notdürftig wieder fahrbereit gemacht.
Im Geleit (374), setzt die »Monte Rosa« ihre Fahrt fort und erreicht auch ihren Zielhafen. Die Flüchtlinge sind glücklich, als sie das Schiff wieder verlassen dürfen. Die Angst war ihr ständiger Reisebegleiter bei der Fahrt über das Meer.

785 Todesopfer fordert der Untergang des Transporters »Eifel«, der am 17. Februar 1945 nach Bombentreffern vor Libau sinkt. (375)
»Consul Cords«, nur 951 BRT groß, geht durch Minentreffer am 19. Februar 1945 vor Swinemünde verloren. 106 Menschenleben fordert dieser Schiffsverlust. (376)

374

375

376

377

378

379

»Admiral Scheer« im Geleit zur Beschießung sowjetischer Stellungen bei Fischhausen (Pillau) am 18. Februar 1945 (377).

Sowjetische Truppen der 3. weißrussischen Front ziehen in ein ostpreußisches Dorf ein (378). Nicht alle Frauen konnten mit ihren Kindern rechtzeitig flüchten. Was in den nächsten Stunden hier geschieht, verhüllt die Dunkelheit der Nacht.

In den Häfen, wie hier in Gotenhafen, werden noch immer Soldaten auf Schiffe verladen (379) und nach Libau und Windau in die Kurlandhäfen gebracht.

Den NDL-Frachter »Göttingen« (380), der in der Nacht vom 30. zum 31. Januar 1945 mit seiner Mannschaft 28 Gustloff-Schiffbrüchige rettet, wird am 23. Februar 1945 selbst Opfer eines sowjetischen U-Boot-Angriffes vor Libau.

380

381

382

Ein Besatzungsmitglied eines Rettungsschiffes hielt den Untergang des Frachters »Göttingen« (381), bei dem mehr als 500 Menschen den Tod fanden, in mehreren dokumentarischen Fotos (382) fest, Dokumente der Ostseeflucht 1945.

383

384

385

386

Trotz zunehmender Schiffsverluste geht die »Rettungsaktion Ostsse« weiter. Die Zahl der Opfer steht in keinem Verhältnis zu der Zahl der über die Ostsee Geretteten. Die Kriegsmarine sichert mit ihren Schiffen (383) die mit Flüchtlingen und Verwundeten beladenen großen und kleinen Handelsschiffe und wehrt viele U-Boot- und Flugzeugangriffe erfolgreich ab.
Eine Armada von Kriegsfischkuttern, vollbeladen mit Flüchtlingen aus Ostpreußen, auf dem Weg über die Ostsee. Immer wieder, Tag und Nacht, beschäftigt die Flüchtenden an Bord der kleinen Schiffe die Frage: »Werden wir einen rettenden Hafen erreichen oder trifft das Schiff im nächsten Augenblick eine der unsichtbaren Minen oder Torpedos?« Unter Wasser lauerte überall der Tod (384).
»Pommerland ist abgebrannt« sangen die Kinder noch vor einem Jahr als noch niemand ahnte, daß der Krieg eines Tages auch hier Angst und Schrecken verbreiten würde. Jetzt, im Februar 1945, brennt Pommern wirklich (385) an vielen Stellen. Schiffe, die in Küstennähe vorbeifahren, sehen das brennende Land.
Mit Wasserbomben auf U-Boot-Jagd in der Ostsee (386). Im Vordergrund der Aufnahme vereiste Schwimmkörper von Minenräumgeräten.

387

388

Herbert Schöttker (387), damals 8 Jahre alt, gelingt die Ostseeflucht im Februar 1945 mit dem Dampfer »Lappland« (388). Martha Schöttker flieht mit ihren beiden Kindern (390) auf der kleinen »Wadai« nach Westen (389).

Gerd Griese (391), erlebt als 14-jähriger mit seiner Mutter und seiner Großmutter die Flucht über die Ostsee auf der »Theseus« (392), die viele Menschen aus dem bedrohten Kolberg rettet.

389

390

391

392

393

394

Joachim Behnke (394) flieht mit seiner Mutter aus Polennen Kr. Samland/Ostpr. und gelangt auf die Halbinsel Hela. Hier finden Mutter und Sohn Aufnahme auf der »Feodosia« (393), die sie über die Ostsee nach Usedom bringt.

395

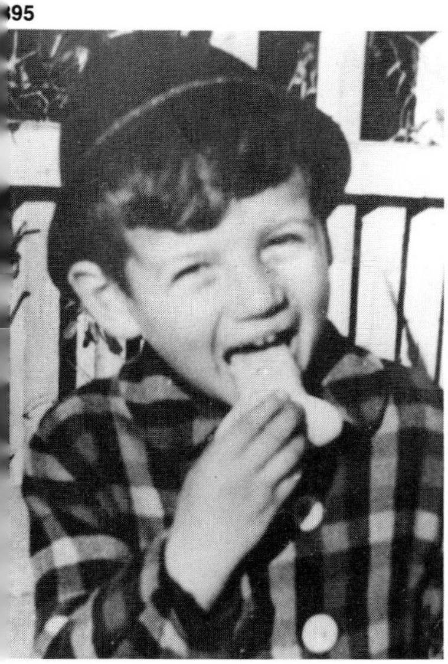

396

An Bord des kleinen Schiffes »Preußisch Holland« (396) gelingt dem 8-jährigen Winfried Reinholdt (395) die Flucht von Pillau nach Gotenhafen.

Drei Tage nach der Geburt ihrer Tochter Bärbel, geboren am 16.2.1945, begibt sich die 37-jährige Brigitte Polenz mit dem Säugling und den beiden älteren Kindern, Hartwig (8) und Karin (6) (398) in Stolpmünde auf den Dampfer »Södenhamn«, der die Familie nach Swinemünde bringt (397).

397

398

Marinefährprähme der 11. L-Flott. erreichen mit Flüchtlingen aus Kolberg den Hafen von Swinemünde. 399

»Wir danken unseren Rettern!«

Helene Krippeit (400) flieht mit dem D. »Deutschland« von Gotenhafen nach dem Westen, Ursula Störmer aus Königsberg (401) geht mit ihrer Mutter und ihrer Großmutter am 26.2.1945 in Pillau an Bord der »Walter Rau« und gelingt mit diesem Schiff nach Kopenhagen. Egon Dirks (402) flieht mit Eltern und Schwestern mit der »Neuwerk« nach Hela, kommt dann auf die »Deutschland« und erreicht mit diesem Schiff Kopenhagen.

400

401

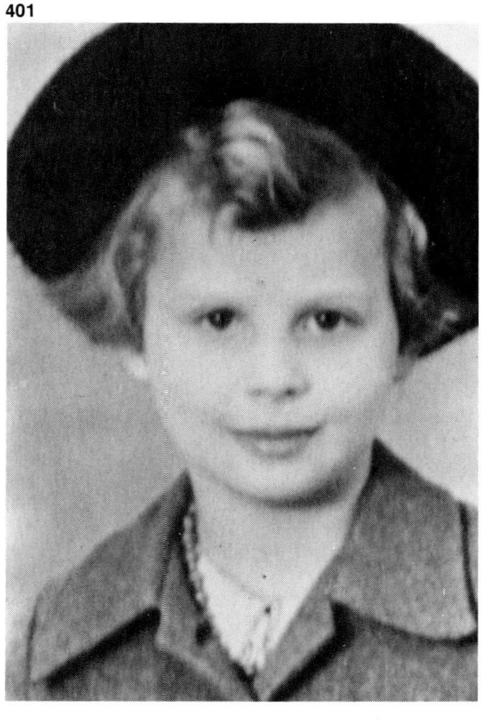

402

403

404

405

406

407

Zu den im Februar 1945 in der Ostsee verlorengegangenen Schiffen gehören u.a. »Planet«, 5 821 BRT (403), MRS 11 »Osnabrück«, 5 095 BRT (404), »Erika Fritzen«, 4 169 BRT (405), »Dieter Hugo Stinnes«, 2 545 BRT (406). Menschenleben sind bei diesen Verlusten nur beim Untergang des »Dieter Hugo Stinnes« (14 Tote) zu beklagen. Die »Hedwigshütte«, die bei Langeland nach Minentreffern sinkt, meldet »96 Verschollene« (407).

408

Wieder haben die Sowjets einen Treck in Ostpreußen zusammengeschossen. Als deutsche Truppen mit ihren »Tiger«-Panzern eintreffen, finden sie nur noch Leichen, Trümmer, kaputte Wagen und einige herrenlose Pferde (408).

01. Dampfer »Koholyt» verläßt mit 1 800 Flüchtlingen an Bord Königsberg mit Zielhafen Danzig.

03. Sowjetische Angriffsspitzen erreichen die Odermündung bei Stettin.

04. »Deutschland« verläßt mit 1 400 Verwundeten, 200 Kranken, 5 400 Flüchtlingen und 1 000 RAD-Angehörigen Gotenhafen mit Zielhafen Saßnitz, »Nadir« mit 485 Flüchtlingen und »Oktant« mit 280 Flüchtlingen verlassen Pillau mit Zielhafen Gotenhafen. Die Lazarettschiffe »Marburg« und »Rügen« laufen mit zusammen 1 195 Verwundeten und 72 Flüchtlingen von Pillau nach Danzig-Gotenhafen.

05. Sowjetische Truppen stoßen bis zur Ostseeküste vor; dadurch ist die 2. deutsche Armee in Westpreußen von der Heimat abgeschnitten, ihre Versorgung ist nur noch über die Ostsee möglich.

06. 150 Lancaster Bomber der 5. Gruppe des Alliierten Bomberkommandos greifen die Stadt und den Hafen Saßnitz an. Weitere 41 Bomber stürzen sich, von sieben Mosquitos als Jagdschutz begleitet, auf die auf Reede liegenden Schiffe »Deutschland«, »Hamburg«, »Der Deutsche«, »Pretoria«, »Potsdam«, »Pitea«, »Robert Möhring«, den Zerstörer »Z 28«, das Flakschiff »Sofia« und eine ganze Anzahl kleinerer Kriegs- und Handelsschiffe. Innerhalb von dreißig Minuten fallen bei diesem Mitternachtsangriff über dem Hafen, der Stadt und dem Bahnhof mit seinem Gelände 4 913 to Bomben. 173,7 to Bomben, darunter 4,8 to Brandbomben und Luftminen, werden über den Schiffen auf See abgeworfen. Die Luftminen sind Magnetminen, die an Fallschirmen hängend, rings um die auf See ankernden Schiffe geworfen werden, die damit in einer Minenfalle sitzen. Das Lazarettschiff »Robert Möhring« (3 344 BRT) mit 737 Verwundeten und 20 Flüchtlingen beladen, geht nach Bombenvolltreffern in Flammen auf und sinkt. 353 Verwundete können nicht mehr gerettet werden und finden den Tod. Auch das Flakschiff »Sofia« und der Zerstörer »Z 28« sinken nach Volltreffern. Die Stadt und der Hafen brennen lichterloh.

07. In Stolpmünde treffen 14 Schiffe ein: »Södenhamm« (1 499 BRT), »Reiher« (1 304 BRT), »Nautik« (1 127 BRT), »Pickhuben« (999 BRT), »Karlsruhe«, (897 BRT), »Nadir« (824 BRT), »Oktant« (800 BRT), »Kolberg«, (693 BRT), »Amrum« (670 BRT), »Martha Geiß« (531 BRT), »Nordpol« (500 BRT), »Sextant« (198 BRT), »Bernd« und »Vicking«.
18 130 Flüchtlinge werden innerhalb von 48 Stunden aus Stolpmünde über die Ostsee gerettet.
Der Dampfer »Hamburg« (21 191 BRT) gerät auf Saßnitz Reede auf Magnetminen und sinkt. Keine Verluste, da Schiff bereits entladen.
Sowjetische Truppen erreichen beiderseits Kolberg die Ostseeküste, damit beginnt die Belagerung der Stadt Kolberg.
Lazarettschiff »Renate« verläßt Pillau mit 776 Verwundeten mit Zielhafen Gotenhafen.

08. Stolp und Stolpmünde werden von den Sowjets erobert.
Verwundetentransporter »Pretoria« trifft in Kopenhagen ein mit 1 350 Liegern, 2 284 Sitzern, 186 Flüchtlingen, 120 RAD-Angehörigen und 40 Schwestern.
VTS »Adler« bringt 200 Lieger und 342 Sitzer, Lazarettschiff »Glückauf« 312 Lieger und 163 Sitzer und »Friedrich« 1 020 Flüchtlinge von Pillau nach Gotenhafen.
Danzig mit Fahrziel Kopenhagen verlassen: »Antonio Delfino« mit 2 016 Flüchtlingen, 126 Betreuern, 157 Soldaten und 66 Kommandierten, »Hektor« mit 1 760 Flüchtlingen, »Kanonier« mit 3 000 Flüchtlingen und 1 000 Soldaten.
In der Zeit vom 13. 02. bis zum 07. 03. waren am Transport von Flüchtlingen ab Pillau folgende Schiffe beteiligt: die KM-Schiffe »Ro 1«, »Cammin«, »H 27«, »Hestia«, »Zenith«, »Mars«, »Goya«, »Buhlwest«, »Hektor«, »Möwe«, »Amrum«, die Schiffe der Luftwaffe: »Anna«, »Greif«, »Julius«, »Plüntow«, »Wedel«, »Ostmark«, die Lazarettschiffe und Verwundetentransporter »Hamburg«, »Adler«, »Meteor 2«, »Rinceta«, »Rügen«, »Karlsruhe«, »Glückauf«, »Marburg«, »Renate«, die Handelsschiffe »Friedrich«, »Koholyt«, »Albert«, »Kolberg«, »Sollershausen«, »Harald Schröder«, »Carolina«, »Wikking«, »Bruno Gammersdorf«, »Ingrid Leonhard«, »Michael Ferdinand«, »Deike Rickmers«, »Robert Bornhofen«, »Rheinland«, »Theseus«, »Vineta«, »Sylt«, »Thomas«, »Ida Blumenthal«, »Bru«, »Cremon«, »Oktant«, »Andreas«, »Charlotte«, »Rostock«, »Deutschland«, »Travemünde«, »Helga Möller«, »Irmtraud Cords«, »Weichsel«, »Weserstein«, »Saar«,

»Dora Ahrens«, »Henrik Fisser V«, »Licentia«, »Erna«, »Fangbühren«, »Gumbinnen«, »Westpreußen«, »Pickhuben«, »Würzburg«, »Reiher«, »Nordland«, »Günter Russ«, »Lys«, »Alette Not«, »Günter Hartmann« und »Elbing VIII«. Die Mehrzahl der kleineren Schiffe leisteten vor allem Zubringerfahrten nach Hela, Gotenhafen oder Danzig. Hier wurden die Flüchtlinge auf große Transportschiffe abgegeben.

09. Nach Bombentreffer kentert im Pillauer Hafen das kleine Lazarettschiff »Meteor«, 21 eingeschiffte Verwundete und 3 Besatzungsmitglieder finden den Tod.
Aus Danzig laufen aus: »Feodosia« mit 1 050 Flüchtlingen und 900 Verwundeten nach Kopenhagen, Lazarettschiff »Würzburg« mit 621 Verwundeten und VTS »Adler« mit 56 Verwundeten, 29 Flüchtlingen und 117 Kommandierten, Lazarettschiff »Glückauf« mit 475 Verwundeten mit Zielhafen Stralsund. Auf Veranlassung von Fregattenkapitän Kolbe, dem Beauftragten für den Abtransport von Flüchtlingen und Verwundeten aus den Pommernhäfen, treffen auf der Reede von Kolberg ein: »Westpreußen« (2 877 BRT), »Heinz Horn« (3 994 BRT), »Nordenham« (4 952 BRT), »Winrich von Kniprode« (10 132 BRT), »Hestia« (2 883 BRT), »Nautik« (1 127 BRT). Vollbeladen mit Flüchtlingen und Verwundeten verlassen die Schiffe Kolberg mit Kurs Swinemünde um sofort wieder zurückzukehren.
Die seit dem 25. 01. eingeschlossene Marienburg wird geräumt und danach von den Sowjets besetzt.
Die Kampfgruppe Rogge mit »Prinz Eugen«, »Schlesien« und »Leipzig« und die Kampfgruppe Thiele mit dem Schweren Kreuzer »Lützow«, Zerstörern und Torpedobooten, beschießen die Kampfräume in der Danziger Bucht.

10. »Potsdam« bringt 4 000 Flüchtlinge, 2 000 Verwundete und 750 KZ-Häftlinge von Gotenhafen nach Kopenhagen, »Günter Russ« 800 Flüchtlinge, »RO 1« 1 352 Verwundete und 450 O. T.-Angehörige, »Weichsel« 422 Verwundete und 96 Flüchtlinge, »Möwe« 1 000 Flüchtlinge von Danzig nach Swinemünde, die Lazarettschiffe »Regina«, »Renate« und »Marburg« zusammen etwa 2 000 Verwundete und Flüchtlinge von Danzig und Gotenhafen nach Koppenhagen.
Dievenow, letzter pommerscher Übergang zum Westen, geht verloren. Damit ist die gesamte pommersche Küste, außer Kolberg, in Feindeshand.

11. Verbände der 8. USAAF werfen 709 to Bomben auf Kiel.

12. Lazarettschiff »Rügen« verläßt Danzig mit Zielhafen Kopenhagen, an Bord 862 Verwundete und 238 Flüchtlinge. »Herkules« verläßt Hela-Reede mit 3 000 Flüchtlingen mit Zielhafen Kopenhagen.
700 Bomber der 8. USAAF-Luftflotte vom Typ B 17 und B 24 werfen über Swinemünde – Stadt und Hafen – 1 435 to Bomben ab. Sieben für Flüchtlingstransporte eingesetzte Handelsschiffe gehen im Swinemünder Hafen verloren: »Jasmund« (276 BRT), »Hilde« (491 BRT), »Ravensburg« (1 069 BRT), »Heiligenhafen« (1 923 BRT), »Tolina« (2 000 BRT), »Cordillera« (12 055 BRT) und der Frachter »Androß« (3 048 BRT), der gerade vollbeladen mit Flüchtlingen im Swinemünder Hafen angekommen ist. 570 Menschen kommen auf dem brennenden Schiff ums Leben. Außer den Handelsschiffen gehen eine Vielzahl kleinerer Kriegsschiffe bei dem Bombardement auf Swinemünde verloren.
Karthaus geht verloren, Dirschau wird geräumt.
General von Saucken übernimmt den Oberbefehl über die 2. deutsche Armee.

13. Die Sowjets erreichen bei Putzig die Danziger Bucht und unterbrechen die Landverbindung nach Hela. In den Häfen Danzig und Gotenhafen stauen sich einige hunderttausend Flüchtlinge. Die 2. Weißrussische Front tritt unter Marschall Rokossowski mit 5 Armeen zum Angriff in Richtung Danzig-Gotenhafen an. Der Endkampf um den Heiligenbeiler Kessel entbrennt. Die Sowjets beginnen einen Generalangriff. Die bisher noch bestehende Verbindung entlang dem Haffufer geht verloren.
Deutsche Truppen beginnen mit dem Aufbau einer Verteidigungslinie auf dem Höhengelände von Danzig und Gotenhafen.
Aus Danzig laufen aus: »Ida Blumenthal« mit 857 Verwundeten, 105 Flüchtlingen, 24 Schwestern und 14 Sanitätern mit Zielhafen Stralsund. Aus Gotenhafen läuft aus: »Eberhard Essberger« mit 2 000 Verwundeten und 1 100 Flüchtlingen, Zielhafen ist Kopenhagen.
Lazarettschiff »Glückauf« verläßt Pillau mit Zielhafen Stralsund, an Bord 350 Verwundete.

14. »Lys« verläßt Danzig mit Zielhafen Warnemünde, an Bord befinden sich 1 400 russische Gefangene, 235 englische Gefangene, 173 Polen und 51 Bewacher.

15. Flüchtlingstransporte aus Danzig-Neufahrwasser werden verstärkt. Die Einschiffung wird von Kapitän Heinrich Schuldt geleitet. Dieser hat im Hafen Neufahrwasser »Flüchtlingsauffangläger« in den Hafenschuppen eingerichtet. Täglicher Abtransport mit Schiffen zwischen 10 000 und 20 000 Personen. Die großen Schiffe nehmen zwischen 8 000 und 10 000, die kleineren zwischen 3 000 und 5 000 Menschen auf. An der »Rettungsaktion Danzig« beteiligen sich u. a. die Schiffe »Deutschland», »General San Martin«, »Potsdam«, »Pretoria«, »Posen«, »Glückauf«, die Frachter »Moltkefels«, »Vale«, »Matthias Stinnes«, »Goya«, »Wartheland«, »Eberhard Essberger«, »Ubena«, »Urundi«, »Askari«, »Wangoni«, »Ida Blumenthal«, »Karin K. Bornhofen«, »Duisburg«, »Otterberg«, »Södenhamn«, das Walfangschiff »Walter Rau«, »Malgache«, »Masuren« und eine Vielzahl kleinerer Schiffe.

16. Aus Danzig laufen aus: »Antonio Delfino« mit 3 549 Verwundeten, 259 Flüchtlingen und 114 Sanitätern, »Hektor« mit 2 793 Flüchtlingen, »Mars« mit 1 892 Flüchtlingen und 553 Hitlerjungen.
Truppen der 3. Weißrussischen Front setzen ihren Vormarsch südwestlich von Königsberg fort und erreichen bei Brandenburg das Frische Haff. Die in Ostpreußen kämpfenden deutschen Truppen werden dadurch in zwei Teile aufgespalten.

17. Im Morgengrauen setzen die Zerstörer »Z 34« (KorvKpt. Hetz) und »Z 43« (Kpt.z.S. Wenninger) ihre Verkehrsboote aus und holen gemeinsam mit »T 33« aus dem noch unbesetzten, eineinhalb Kilometer langen und etwa 500 Meter tiefen, Sandstreifen die letzten Verteidiger des seit zehn Tagen belagerten Kolberg mit dem Festungskommandanten, Oberst Fullriede.
In den letzten Tagen brachten Handels- und Kriegsschiffe 77 500 Flüchtlinge, Verwundete und Soldaten aus der bedrohten eingeschlossenen Festung Kolberg über die Ostsee in Sicherheit.
»General San Martin« verläßt Danzig mit Zielhafen Kopenhagen, an Bord befinden sich 2 861 Verwundete und 130 Flüchtlinge.

18. Lazarettschiff »Posen« verläßt Pillau mit Zielhafen Stralsund mit 552 Verwundeten. »Westpreußen« verläßt Gotenhafen mit Zielhafen Kopenhagen mit 4 600 Flüchtlingen und 3 159 Verwundeten.
Sowjetische Armeen beginnen ihre sechste Großoffensive gegen die Heeresgruppe Kurland. Nach rund zehn Tagen wird auch dieser Angriff, wie die vorausgegangenen, erfolglos abgebrochen.
Kolberg wird von sowjetischen Truppen besetzt.
Während damit die gesamte Pommernküste verlorengegangen ist, befinden sich weiter östlich noch mehrere wichtige Brückenköpfe in deutscher Hand: Kurland mit den Häfen Windau und Libau, Pillau und die Danziger Bucht mit den Häfen Danzig, Gotenhafen und Hela.

19. Frontverlauf Danziger Bucht: Oxhöfter Kämpe um Danzig und Gotenhafen herum bis zum Frischen Haff. Einheiten der 3. Weißrussischen Front versuchen den Kessel der 4. deutschen Armee südlich Königsberg am Frischen Haff zusammenzudrängen.
Nachdem Eisbrecher die noch vor der Südküste des Frischen Haffs liegenden Eisschollen aufgebrochen und eine Fahrrinne nach Rosenberg geschaffen haben, holen ab 09.00 Uhr alle verfügbaren Pionier-Landungsboote in mehreren Fahrten Flüchtlinge und Verwundete nach Pillau zurück. Ständige Bomben- und Tieffliegerangriffe verursachen unter den Wartenden Verluste.
Lazarettschiff »Monte Rosa« verläßt Gotenhafen mit Zielhafen Kopenhagen mit 2 700 Flüchtlingen und 2 500 Verwundeten.
Hitler befiehlt, dem Feind nur noch »verbrannte Erde« zurückzulassen.

20. Lazarettschiff »Würzburg« bringt 811 Verwundete von Pillau nach Gotenhafen.

22. »Licentia« verläßt Gotenhafen mit Zielhafen Kiel, an Bord 250 Flüchtlinge und 50 Soldaten.

23. Panzer der sowjetischen 70. Armee (GenOberst Popow) stoßen zwischen Danzig und Gotenhafen bei Zoppot bis ans Meer vor. Die deutsche Front wird in drei Brückenköpfe aufgespalten: Hela, Gotenhafen, Danzig/Weichselmündung.
Korvettenkapitän Hetz läuft mit seinem Zerstörer »Z 34« an den Zoppoter Landungssteg nahe dem

Spielcasino und schießt nur 1000 Meter vom Strand entfernt, mit dem vorderen 15-cm-Doppelturm seines Zerstörers mehrere sowjetische Panzer ab. Durch diese mutige Leistung wird für 12 Stunden die Verbindung zwischen Danzig und Gotenhafen geöffnet.
Zoppot geht am gleichen Tag verloren.
»Hektor« bringt 1661 Verwundete von Pillau nach Kopenhagen, Lazarettschiff »Posen« 625 Verwundete von Pillau nach Gotenhafen.

24. In einem Aufruf fordert der Sowjetmarschall Rokossowski die Soldaten der 2. deutschen Armee auf, den Kampf einzustellen und sich zu ergeben.
Kopenhagen meldet die Ankunft folgender Schiffe: »Ubena« aus Gotenhafen mit 3112 Müttern und Säuglingen, 21 Verwundeten und 8 Soldaten, »Pretoria« aus Danzig mit 5126 Verwundeten, »Mars« aus Gotenhafen mit 3550 Flüchtlingen und 20 Soldaten, »Urundi« aus Gotenhafen mit etwa 4000 Flüchtlingen.

25. Aus Pillau nach Kopenhagen »Kanonier« mit 3620 Verwundeten, 100 Soldaten und 80 Flüchtlingen, aus Gotenhafen nach Kopenhagen »Deutschland« mit 7085 Flüchtlingen, 3810 Verwundeten, 25 Soldaten und 150 Sanis.
Aus Gotenhafen nach Kopenhagen: »Antonio Delfino« mit 1000 Verwundeten und 2900 Flüchtlingen, »Jupiter« mit 2000 Flüchtlingen. Aus Pillau nach Kopenhagen: »Robert Bornhofen« mit 1273 Verwundeten, aus Pillau nach Hela: Lazarettschiff »Posen« mit 480 Verwundeten.
Da die deutschen Truppen dem Aufruf Rokossowskis, die Waffen niederzulegen, nicht gefolgt sind, läßt dieser die Danziger Altstadt bombardieren und durch die Artillerie zusammenschießen.
Mit mehr als 4000 Menschen an Bord verläßt das letzte Flüchtlingsschiff, die »Ubena«, den Hafen von Danzig-Neufahrwasser.
Sowjetische Bomber versenken im Hafen von Danzig-Neufahrwasser »Bille« und »Weser«. Auf »Weser« sterben 250 Menschen. Der Transport von Flüchtlingen, Soldaten und Verwundeten mit Fährprähmen über das Haff nach Pillau muß wegen des weiteren Vordringens der Sowjets abgeschlossen werden.
Insgesamt wurden 14250 Flüchtlinge, 14195 Verwundete und 6154 Soldaten mit Fährprähmen und anderen Kleinfahrzeugen über das Haff nach Pillau gerettet.

26. Nach harten Kämpfen geht Danzig-Oliva verloren.
Heiligenbeil wird von Truppen der 3. Weißrussischen Front erobert. Damit geht der letzte deutsche Stützpunkt südwestlich von Königsberg verloren.

27. Danzig-Langfuhr wird kampflos geräumt.
Die Schleusen der Weichseldämme werden auf Befehl der Armee geöffnet, die Dämme von deutschen Pionieren durchstochen. Der Elbinger Werder wird dadurch zum Schutze der Truppen bis zum Frischen Haff überflutet. Der Westteil Danzigs muß den Sowjets überlassen werden. Als letztes Schiff verläßt die »Walter Rau«, mit Flüchtlingen überfüllt, Gotenhafen.
Die 70. sowjetische Armee erobert Gotenhafen. Im Norden der Stadt auf den Hügeln der Oxhöfter Kämpe, unmittelbar an der Küste der Danziger Bucht, halten sich in einer Igelstellung noch Reste des VII. deutschen Panzerkorps mit über 8000 Soldaten.
Die Mottlau-Linie bei Danzig wird so lange gehalten, bis Flüchtlinge und Truppen in die Dünenwälder bei Heubude abgeflossen sind. Das im Juli 1942 nach einem Bombenangriff außer Dienst gestellte Schlachtschiff »Gneisenau« sprengt sich vor Gotenhafen selbst.

29. Die letzten Reste der 4. deutschen Armee verlassen bei Kahlholz den Heiligenbeiler Kessel.
Endkampf um Danzig, die deutschen Truppen weichen über die Weichsel zurück.

30. Die letzten deutschen Nachhuten verlassen Danzig in der Nacht. Danzig ist jetzt völlig in sowjetischer Hand.
In Oxthöft, Hela, Kahlberg und Pillau laufen Flüchtlingseinschiffungen mit Hochdruck weiter.

31. Schiffsverluste im März 1945: »Hansa«, 21133 BRT (B), »Hamburg«, 21691 BRT (M), »Peter von Danzig«, 841 BRT (M), »Meteor«, 3717 BRT (B), »Nordfahrt«, 2543 BRT (M), »Borbek«, 6002 BRT (M), »Gerrit Fritzen«, 1761 BRT (M), »Erni«, 105 BRT (T), »Hugo Zeye«, 5700 BRT (M), »Margarete Cords«, 1912 BRT (T), »Rixthöft«, 5378 BRT (M), »Robert Müller IV«, 399 BRT (T), »Orion«, 1722 BRT (M), »Kiel«, 250 BRT (M), »Renate«, 218 BRT (M), »Robert Müller VII«, 985 BRT (M), »Frankfurt«, 1186 BRT (M), »Mombal-

do«, 6 214 BRT (B), »Else«, 107 BRT (SV), »Saßnitz«, 400 BRT (B), »Venus«, 261 BRT (M), »Gravenstein«, 3 505 BRT (SV), »Jersbek«, 2 804 BRT (M), »Cleopatra«, 1 305 BRT (RB), »Elbing IV«, 314 BRT (B) und »Tolkemit«, 500 BRT (RB).
Insgesamt gingen im März 1945 36 Schiffe mit zusammen 116 823 BRT verloren, 17 durch Minen-, 3 durch Torpedo-, 12 durch Bomben-Treffer und 2 durch Selbstversenkung.

2 Schiffe wurden russische Beute. Bei Schiffsuntergängen und Bombardierungen in Häfen fanden im März 1945 1 261 Menschen den Tod. Aus den Ostseehäfen wurden mehr als eine halbe Million Menschen über die See gerettet – 541 943 – hiervor 136 644 aus Gotenhafen, 127 932 aus Kolberg, 71 789 aus Hela, 68 503 aus Danzig und 58 337 aus Pillau, alle anderen aus Libau, Königsberg, Stolpmünde, Swinemünde, Stettin und Stralsund.

409

410

411

412

Ob in Danzig oder Gotenhafen, in Pillau oder in Stolpmünde, überall drängen sich die Menschen in den Häfen und hoffen, auf einem der Schiffe Platz zu finden. In Pillau (409) sind es Zehntausende, in Gotenhafen (410) und Danzig weit über einhunderttausend Frauen, Kinder und alte Männer, die über die Ostsee fliehen wollen. Noch immer scheint ihnen der Weg über das Meer der sichere und vor allem auch schnellere Weg zu sein. Ist man erst einmal auf einem Schiff, ist man fast schon in Sicherheit. Denn seit den Untergängen der »Wilhelm Gustloff« am 30. Januar und der »Steuben« am 10. Februar, ist kein großes Schiff mehr mit vielen Menschen in der Ostsee untergegangen.

Bei dem Luftangriff auf Stadt und Hafen von Saßnitz und die auf Reede liegenden Schiffe geht die »Hamburg« (412) durch Minentreffer verloren. Kapitän Stocker (411), der mit seinem Schiff auf drei Fahrten mehr als 23 000 Menschen über die Ostsee rettete, kann froh sein, daß sein Schiff beim Minentreffer fast leer war. Niemand kam beim Untergang ums Leben.

353 Tote gibt es beim Untergang der »Robert Möhring« auf Saßnitz-Reede am gleichen Tag (413). Zu den Opfern des Luftangriffes von 191 Lancaster-Bombern der Alliierten gehört auch der Zerstörer »Z 28« (414).

413

414

In Westpreußen geht am 6. März die seit dem 25. Januar von sowjetischen Truppen eingeschlossene Marienburg verloren (415).

415

416

Der Leichte Kreuzer »Leipzig« greift von Gotenhafen aus in die Landkämpfe ein (416), der Schwere Kreuzer »Lützow« (417) greift mit anderen Kriegsschiffen der Kampfgruppen Rogge und Thiele in die Kämpfe ein; sie beschießen Kampfräume in der Danziger Bucht.

417

418

Bei einem Angriff von 700 amerikanischen Bombern auf Swinemünde und die auf Reede liegenden Schiffe sinken die »Cordillera« (418), »Heiligenhafen« (419) und die kleine »Hilde« (420).
Überstürzt verlassen die letzten Einwohner von Karthaus den Ort (421), Soldaten betätigen sich immer wieder als Fluchthelfer (422), helfen den Frauen und alten Leuten beim Verladen von Gepäck.

419

420

421

422

423

424

Anfang März wird die Lage in dem eingeschlossenen Kolberg immer dramatischer. Es kann nur noch Tage dauern bis die Festung fällt. Im Hafen drängen sich die Menschen auf die Schiffe (423, 424), denn es gibt nur noch einen Fluchtweg, den Weg über die Ostsee.
Der Zerstörer »Z 34« unter Führung von Korr.Kpt. Hetz (425) und »Z 43« holen mit ihren Verkehrsbooten gemeinsam mit »T 33« am 17. März 1945 von einem noch unbesetzten Strandstreifen die letzten Verteidiger von Kolberg. Einen Tag später wird Kolberg besetzt.

425

426

427

428

429

430

431

Bei der Evakuierung von Flüchtlingen, die sich in Pillau angesammelt haben, leisten viele kleine Schiffe Hervorragendes, so »Pickhuben«, 99 BRT (426), »Gumbinnen« 1 405 BRT (427), »Rostock« 2 541 BRT (428), das erst 1941 fertiggestellte Motorschiff »Askari« (429) und auch die kleinen Lazarettschiffe »Würzburg« (430) und »Pitea« (431).

432

433

434

Auf den Schiffen, die die Häfen verlassen, türmt sich das Flüchtlingsgepäck. Dazwischen sitzen, hocken oder stehen Menschen die froh sind, noch einen Schiffsplatz gefunden zu haben (432).
Zu den »Flüchtlingsschiffen« zählt auch der Hilfskreuzer »Hansa«, der wieder einen Transport nach Kopenhagen gebracht hat (433). Nach der Ausschiffung der Flüchtlinge (434) geht es zurück nach Hela.

435

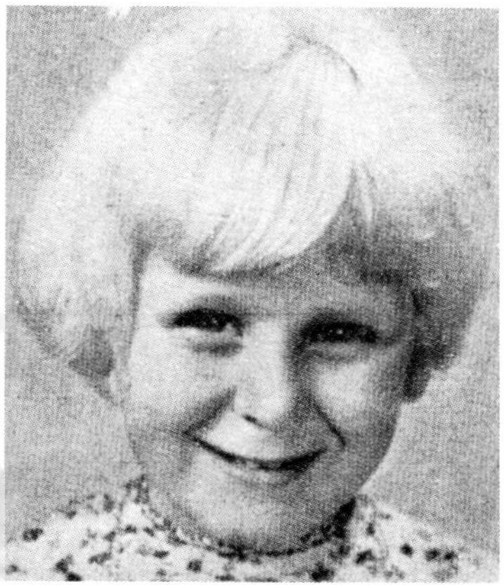

436

Das letzte Schiff, welches Danzig-Neufahrwasser verläßt, bevor die Stadt Ende März in sowjetische Hände fällt, ist der Afrika-Dampfer »Ubena« (435). Die an Bord geborenen Kinder erhalten als zusätzlichen Vornamen »Ubena«. Heute sind diese »Ubena«-Kinder schon erwachsen wie Sabine-Ubena Gildemeister (436) oder Ulrich-Ubena Scheerhans (437 als 7-jähriger), (439, im Jahre 1980). Abb. (438) die an Bord der »Ubena« von Kapitän Lankau ausgestellte »Geburtsurkunde«.

437

438

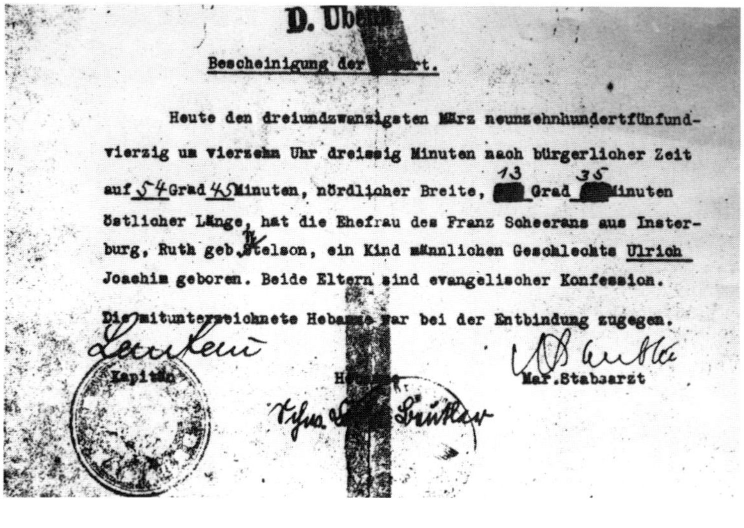

D. Ub

Bescheinigung der [illegible]rt.

Heute den dreiundzwanzigsten März neunzehnhundertfünfundvierzig um vierzehn Uhr dreissig Minuten nach bürgerlicher Zeit auf 54 Grad 45 Minuten, nördlicher Breite, 13 [redacted] Grad 35 [redacted] Minuten östlicher Länge, hat die Ehefrau des Franz Scheerans aus Insterburg, Ruth geb. [illegible]elson, ein Kind männlichen Geschlechts Ulrich Joachim geboren. Beide Eltern sind evangelischer Konfession.

Die mitunterzeichnete Hebamme war bei der Entbindung zugegen.

Kapitän

Mar.Stabsarzt

439

440

Das letzte Schiff, das Gotenhafen verläßt, bevor die Sowjets auch die Hafenanlagen besetzten, ist das Walfangmutterschiff »Walter Rau« (440), welches vor seinem ersten Einsatz als Flüchtlingsschiff der Marine als »Wohnschiff« diente. Sigrid Rau (441), damals 20 Jahre alt, war eine der Letzten, die noch auf das total überfüllte Schiff (442 und 443) kam.

441

442

443

444

445

Zu Fuß strömen in der letzten Märzwoche die Danziger nach Neufahrwasser in den Hafen (444), einige versuchen noch Gepäck mitzunehmen (445), doch bald lassen sie es am Wegesrand zurück. In den Danziger Vororten sind schon die Sowjets (446).

446

447

448

449

In den letzten Märztagen 1945 verwandeln sowjetische Bomber Danzig in ein Flammenmeer. Danzig wie es war: die Frauengasse (447), ein Blick von der Grünen Brücke über die Mottlau auf die Stadt (448) und Danzigs Wahrzeichen: das Krantor (449). Danzig brennt nach dem sowjetischen Bombenhagel lichterloh (450). Tagelang rast ein Feuersturm über die Stadt hinweg, vernichtet jahrhundertealte Bauten, zerstört Kirchen, tötet Menschen.

450

451

452

453

454

455

Der lange Markt 1, Ecke Matzkausche Gasse am 25. März 1945 (451), Blick von der Grünen Brücke in Richtung Kuhbrücke, links im Hintergrund die Speicherinsel (452), der Blick auf die Marienkirche (453) nach dem Bombardement. Die Frauengasse mit Blick zur Sternwarte (454), nichts als Ruinen. Und danach kommen die russischen Panzerschützen (455). Danzig fällt nach erbitterten Strassenkämpfen am 30. März 1945.

Seeschlangenfähre holt die Nachhuten der Panzer-Grenadier-Division Groß-deutschland von Balga ab (457). Die Fähre wurde hierher durch L-Boote des 2./Ldgs.Pi.Btl.128, geschleppt.

456

Seeschlangenfähre des Landungs-Pi.Sperr-Btl. bei der Räumung des Brückenkopfes Balga am 27./28. März 1945, im Hintergrund Landungsboot Typ 41 als Schlepperfahrzeug (456).

457

Auf Armeebefehl werden am 27. März die Schleusen der Weichseldämme geöffnet. Pioniere durchstechen die Dämme, der Elbinger Werder wird zum Schutz der Truppen bis zum Frischen Haff überflutet (458).

458

459

460

461

462

463

464

465

466

Gertrud Luise Wermbter (459), gelingt mit ihrem Sohn die Flucht mit der »Urundi« (460), auf die auch Georg-Ernst Pilwat, 14 Jahre alt (461), mit Mutter und Schwester gelangt.
Kapitän Arthur Giese (462) rettet mit seinem Schiff »Mars«, 2 469 BRT groß (463), mehrere tausend Menschen, darunter auch Traute Hohorst (465) und die Danzigerin Christel Riedel (466). Auf allen Fahrten dabei war der I. Ing. Heinrich Tamm (464), der vielen Flüchtlingen zum Helfer wurde.

»Wir danken unseren Rettern!«

467

468

469

Lieselotte Neidholz, gerettet aus Stolpmünde mit »Hugo Zeye« (467), Horst Bünger, verwundeter Panzer-Grenadier, gerettet mit der »Pretoria«, (468), Hermann Kösling (469), gerettet vom Kreuzer »Nürnberg«, Walter Zimpel (470), im Kessel von Heiligenbeil verwundet und nach Pillau gebracht, gerettet mit M/S »Kanonier«, Karin-Beate Prass als 5-jährige (471) und Renate Wentz (472), gerettet vom Dampfer »Westpreußen«, Grenadier Walter Büll (473), Ursula Leuschner (474) und Frieda Böhnke (475) gerettet vom Dampfer »Potsdam«.

470

471

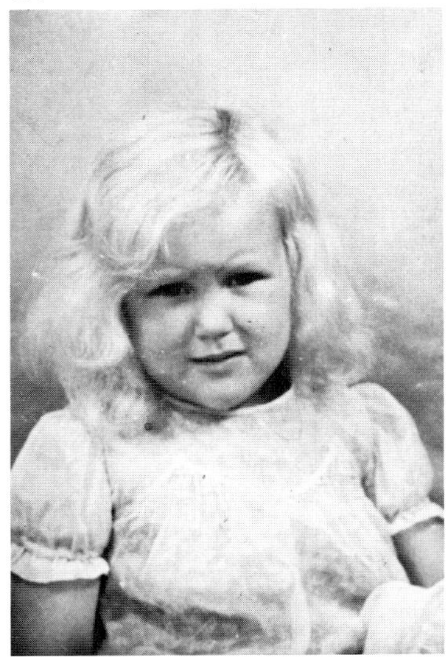

472

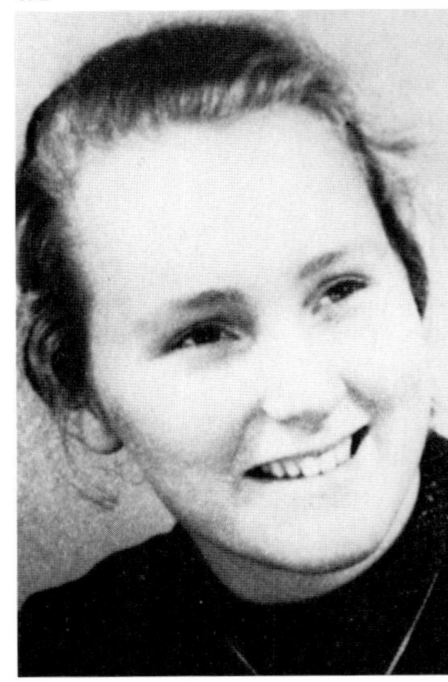

473

474

475

476

477

478

479

480

481

Im Danziger Hafen durch Bomben versenkt: »Weser« (476), 250 Tote und »Bille« (477). Gesunken in der Ostsee im März 1945 u.a. »Margarete Cords« (478), »Frankfurt« (479), »Hugo Zeye« (480) und die 21 133 BRT große »Hansa«, die unbeladen vor Warnemünde auf eine Mine lief (481).

01. Transporte ab Hela nach Swinemünde: »Vale« 370 Flüchtlinge und 250 Verwundete, »Minden« 3 600 Soldaten, nach Kopenhagen: »Askari« 4 000 Verwundete, »Möwe« 1 100 Flüchtlinge und 518 Verwundete, »Ubena« 3 070 Verwundete und 105 Flüchtlinge, »H 27« 3 026 Flüchtlinge und 200 Soldaten, 2 916 Verwundete, »Karin Bornhofen« 2 100 Verwundete und 300 Flüchtlinge und 125 Soldaten, »Regina« 800 Verwundete und Flüchtlinge, »Urundi« 7 000 Flüchtlinge, »Lappland« 4 200 Flüchtlinge und 80 Verwundete, »Mars« 3 000 Verwundete und Flüchtlinge.

02. Transporte ab Hela nach Swinemünde: »Matth. Stinnes« 4 200 Verwundete und Flüchtlinge, »Fangturm« 700 Verwundete und 300 Flüchtlinge, »Wiegand« 3 000 Flüchtlinge, nach Stralsund: »Adler« 900 Verwundete und 200 Flüchtlinge, von Pillau nach Kopenhagen: »Ida Blumenthal« 744 Verwundete und Flüchtlinge und 950 Soldaten.

03. Transporte von Hela nach Swinemünde: »Walter Rau« 1 420 Verwundete, 1 452 Flüchtlinge und 4 175 Soldaten.

04. Oxthöft, hart nördlich von Gotenhafen, wird geräumt. Fast 40 000 Flüchtlinge, Verwundete und Soldaten warten auf der Oxthöfter Kämpe auf den Abtransport über See nach Hela. In der Nacht zum 5. April läuft das minutiös vorbereitete Evakuierungsunternehmen an, das von der 9. Sicherungsdivision (FregKapt. v. Blanc) durchgeführt wird. 25 KFKs (Kriegsfischkutter), 25 MFPs (Marinefährprähme), 5 SATs (schwere Artillerieträger) und fünf weitere Schiffe schaffen in fünf Nachtstunden 30 000 Flüchtlinge und rund 10 000 Verwundete und Soldaten, die Reste des VII. Panzerkorps auf die Halbinsel Hela. Das »Unternehmen Walpurgisnacht« wird vom Kreuzer »Lützow«, den Zerstörern »Z 38«, »Z 31« und »Paul Jacobi«, dem Torpedoboot »T 36«, den SATs »Ostsee«, »Soemba« und »Robert Müller IV« sowie einigen anderen kleineren Kriegsmarineeinheiten gedeckt. Kein Prahm, kein Kutter, kein Schiff geht verloren. Transporte von Hela nach Kopenhagen: HSK »Orion« 855 Flüchtlinge, 809 Verwundete, 325 Soldaten, »Wangoni« 1 100 Flüchtlinge und 710 Verwundete.

05. Die 32 Kilometer lange und 1 bis 2 Kilometer breite und zum großen Teil bewaldete Halbinsel Hela wird zum Umschlagplatz für die aus den Brückenköpfen in Kurland und Ostpreußen auf dem Seeweg herangeschafften Flüchtlinge, Verwundeten und Soldaten, von denen je Tag etwa 10 000 ankommen, um von den auf Hela im Fischereihafen und im Kriegshafen einlaufenden kleineren Schiffen an Bord genommen und über die Ostsee nach Westen gerettet zu werden.
Am Abend verlassen vier große Flüchtlingsschiffe mit insgesamt über 30 000 Menschen an Bord die Reede von Hela: der Dampfer »Deutschland» hat 10 000 Flüchtlinge an Bord, die »Cap Arcona« weit mehr als 9 000, die »Pretoria« rund 7 000 und »Eberhard Essberger« ebenfalls etwa 7 000.

06. Gegen 4.00 Uhr morgens verläßt der letzte Lazarettzug Königsberg in Richtung Pillau.
Beginn des sowjetischen Großangriffs auf Königsberg mit starker Artillerieunterstützung und Bombenangriffen mit Schwerpunkt Ponarth und Charlottenburg. Haffstrom, Kalgen und Prappeln gehen verloren, Einbrüche zwischen Trankwitz und Charlottenburg.
Transporte von Hela nach Kopenhagen: »Renate« 800 Verwundete und 50 Flüchtlinge, »RO 1« 1 440 Verwundete, 1 000 Soldaten und 1 200 Flüchtlinge, nach Swinemünde: »Würzburg« 1 420 Verwundete, 1 453 Flüchtlinge und 4 173 Soldaten.
Transporte von Hela nach Swinemünde: »Neidenfels« 4 000 Verwundete, 2 000 Flüchtlinge und Soldaten, »Goya« 2 000 Flüchtlinge und 4 000 Verwundete, »Tübingen« ca. 3 000 Flüchtlinge, von Hela nach Stralsund: »Glückauf« 400 Verwundete. Transporte von Pillau nach Swinemünde: »Santander« 990 Verwundete und 1 250 Soldaten, »Mercator« 2 000 Verwundete und 1 200 Flüchtlinge.

07. Sowjetische Truppen setzen ihren Generalangriff mit massiertem Artilleriefeuer unter Beibehaltung der Schwerpunkte auf Königsberg fort, erreichen im Süden den Nassen Garten und den Pregel, im Norden dringen sie bis zu den Hufen und Juditten.
Transporte von Hela nach Swinemünde: »Potsdam« 6 800 Verwundete und 2 800 Flüchtlinge, »Askari« 1 700 Verwundete, 1 000 Flüchtlinge und 2 000 Soldaten, von Hela nach Kiel: »Södenhamm« 2 500 Soldaten und 50 Flüchtlinge, von Hela nach Kopenhagen: »Antonio Delfino« 4 600 Verwundete und Flüchtlinge.

08. Fortdauer des Angriffs auf Königsberg. Den Sowjets gelingt die Bildung eines Brückenkopfes bei Kosse. Ein Ausbruchsversuch um Mitternacht nach Westen unter der Führung von Generalmajor Sudau scheitert. Nach einem Luftangriff sinkt bei Hela das Troßschiff »Franken« (10 850 BRT), in der Danziger Bucht geht durch

Bombenangriff das Flugsicherungsschiff »Hans Albrecht Wedel« verloren.
Transporte von Hela nach Swinemünde: »Matth. Stinnes« 3 500 Flüchtlinge und 2 300 Soldaten, »Rodenbeck« 50 Flüchtlinge, 960 Soldaten und 750 Verwundete, von Hela nach Stralsund: »Boelcke« 840 Flüchtlinge, 350 Verwundete, 210 Soldaten, »Rügen« 730 Verwundete und 30 Flüchtlinge, von Hela nach Kopenhagen: »Ubena« 1 700 Flüchtlinge und 2 160 Verwundete, »Herkules« 3 000 Flüchtlinge, 500 Verwundete, »Hestia« 1 023 Verw., 946 Fl. u. 259 Sold.

09. Aufgrund der aussichtslosen militärischen Lage und mit Rücksicht auf die Zivilbevölkerung entschließt sich der Festungskommandant von Königsberg zur Kapitulation, ausgesandte Parlamentäre erhalten erst am Abend Verbindung.
Nach einem Angriff sowjetischer Flugzeuge sinkt bei Pillau der Dampfer »Vale« (5 950 BRT). Der Untergang fordert 250 Todesopfer.
Nach einem Bombenangriff auf Kiel kentert »Admiral Scheer«.
Transporte ab Pillau: »Piteá« 444 Verw., »Posen« 606 Verw., 50 Fl. u. 30 Sold., »Würzburg« 1 034 Verw. u. 100 Sold., »Orestes« 2 300 Fl. u. 1 870 Sold., »Karin Bornhofen« 2 080 Fl., »H 27« 2 650 Sold., »Schauenburg« 4 050 Sold., Transporte von Swinemünde nach Saßnitz: »Potsdam« 5 860 Verw. u. 2 800 Fl., von Hela nach Kopenhagen: HSK »Orion« 3600 Fl.

10. Königsberg kapituliert. Die Stadt wird zur Plünderung freigegeben. Um 1.00 Uhr begibt sich der Festungskommandant, General Lasch, mit einem kleinen Gefolge in Gefangenschaft. General Müller wird zur Berichterstattung nach Berlin befohlen. General der Panzertruppen von Saucken übernimmt den Oberbefehl über die »Armee Ostpreußen«. Der Dampfer »Neuwerk« (803 BRT) wird von einem deutschen S-Boot in der Danziger Bucht torpediert und sinkt mit 956 Menschen. Der Dampfer »Neuwerk«, der sich nicht als deutsches Schiff zu erkennen gab, wurde für ein sowjetisches Schiff gehalten. Vor der Insel Rügen läuft das Flugsicherungsboot »Boelcke« auf eine Mine und sinkt.
In Pillau treffen ein: »Santander« (1 923 BRT), »Adele Traber« (2 575 BRT) und »Nautik« (127 BRT) und übernehmen von Landungsbooten und Fährprähmen Flüchtlinge.
Transporte ab Hela nach Saßnitz: »Deutschland«, 6 000 Fl. u. 2 000 Verw., von Pillau nach Stralsund: »Posen« 44 Verw., 96 Fl., 12 Schwestern u. 27 Sold., von Hela nach Kopenhagen: »General San Martin« 1 500 Fl. u. 3 860 Verw.

11. Sowjetische Flugzeuge versenken auf der Reede von Hela den Dampfer »Moltkefels« (7 862 BRT), wobei 500 Flüchtlinge und Verwundete umkommen und das kleine Lazarettschiff »Posen« (1 062 BRT), das mit 300 Verwundeten und Flüchtlingen untergeht.
Transporte von Hela nach Swinemünde: »Neidenfels« 2 000 Fl., 2 100 Verw. u. 300 Sold., von Pillau nach Stralsund: »Würzburg« 1 100 Verw., »Rügen« 602 Verw., 60 Fl. u. 40 Sold.

12. Der deutsche Wehrmachtsbericht meldet die Kapitulation Königsbergs: »Die Festung Königsberg wurde nach mehrtägigen starken Angriffen durch den Festungskommandanten, General der Infanterie Lasch, den Bolschewisten übergeben. Trotzdem leisteten Teile der pflichttreuen Besatzung, in mehrere Kampfgruppen aufgesplittert, den Bolschewisten noch erbitterten Widerstand. General der Infanterie Lasch wurde wegen feiger Übergabe an den Feind durch das Kriegsgericht zum Tode verurteilt. Seine Sippe wird haftbar gemacht.«

13. Sowjetische Offensive gegen das Samland, die letzte Bastion in Ostpreußen, mit dem Angriffsziel Pillau.
Auf der Reede von Hela geht der Dampfer »Karlsruhe« (897 BRT) nach einem Angriff sowjetischer Flugzeuge verloren. 970 Menschen finden den Tod.
RAF-Bomber werfen 1 905 to Bomben auf die Hafenanlagen von Kiel.
Zum Abtransport von Flüchtlingen waren in der Zeit vom 8. März bis zum 30. April 1945 ab Hafen Pillau folgende Schiffe eingesetzt: KM-Schiffe: »Goya«, »H 27«, »Frigga«, »Hestia«, »Zenith«, »Hila«, »Möwe«, »RO 1«, »Nautik«.
LW-Schiffe: »Günter Plüschow«, »Cammin«, »Belt«, »Binz«, »Gertmoor«, »Weichselriff«, »Grete«, »Saßnitz«, »Stollergrund«, »Frieda«.
Handelsschiffe: »Bru«, »Julius«, »Moltkefels«, »Johannes«, »Licentia«, »Charlotte Cords«, »Straßburg«, »Antilope«, »Elbing X«, »Neuwerk«, »Gotenhof«, »Wiegand«, »Würzburg«, »Viktor«, »Wollmacher«, »Gotenland«, »Pinnau«, »Koholyt«, »Mars«, »Haussa«, »Saar«, »Santander«, »Ida Blumenthal«, »Dwarsee«, »Albert Jensen«, »Bodenbeck«, »Wicking«, »Minden«, »Irmtraud Cords«, »Lisa Essberger«, »Tatti«, »Vale«,

»Welf«, »Harald Schröder«, »Elbing VI«, »Masuren«, »Libau«, »Johann«, »Weserberg«, »Elisabeth«, »Mendoza«, »Kanonier«, »Fortuna«, »Fangturm«, »Vineta«, »Mercator«, »Adrian«, »Weserstein«, »Gertrud«, »Heidelberg«, »Nordstern«, »Karin Bornhofen«, »Orestes«, »Main«, »Birgitt«, »Adele Traber« und »Dora Ahrens«.

Lazarettschiffe: »Glückauf«, »Meteor II«, »Piteá«, »Rügen«, »Karlsruhe«, »Adler«, »Regina«, »Posen«, »Marburg«, »Hamburg«.

Transporte von Hela nach Lübeck: »Regulus« 1 300 Fl., von Hela nach Kopenhagen: »Robert Bornhofen« 2 100 Verw., 400 Fl. u. 100 Sold., »Lappland« 5 000 Fl. u. 2 500 Verw., »Urundi« 5 300 Fl., »MRS 12 Osnabrück« 2 200 Fl. u. 300 Verw., von Hela nach Stralsund: »Nautik« 800 Fl. u. 110 Verw.

Dampfer »Mars« (2 469 BRT) überlebt im Pillauer Hafen fünf Bombenangriffe und verläßt am Abend unbeschädigt mit 3 700 Flüchtlingen und Verwundeten Pillau mit Fahrtziel Kopenhagen.

15. Transporte von Pillau nach Kopenhagen: »Mars« 3 700 Fl. u. 31 Verw., von Hela nach Swinemünde: »Eberhard Essberger« 4 800 Fl. u. Verw.

16. Transporte von Hela nach Swinemünde: »Fährschiff Deutschland« 2 000 Sold., »Matth. Stinnes« 4 000 Sold., von Hela nach Kopenhagen: »Pretoria« 1 844 Verw. u. 144 Fl., von Swinemünde nach Eckernförde: »Walter Rau« 300 Fl. u. 156 Sold., von Hela nach Swinemünde: »Goya« 5 885 Verw. u. 1 300 Sold. u. Fl., von Hela nach Kopenhagen: »Moewe« 11 170 Fl., »Mercator« 1 450 Fl.

Vor Libau versenken sowjetische Flugzeuge den Dampfer »Cap Guir« (1 536 BRT). 774 Menschen finden dabei den Tod.

Ein Geleitzug mit 8 Schiffen, bis auf den letzten Platz mit Flüchtlingen beladen, verläßt die Reede von Hela.

Das sowjetische U-Boot »L 3« torpediert auf der Höhe von Stolpmünde den Frachter »Goya« (5 230 BRT), der über 7 000 Flüchtlinge und Verwundete an Bord hat. Das Schiff sinkt in sieben Minuten und nimmt 6 666 Menschen mit in den Tod.

17. Fischhausen und Peyse gehen verloren.

Transporte von Pillau nach Stralsund: »Pitea« 1 012 Verw. u. 40 Fl., »Adler« 965 Verw., 300 Fl. u. 180 Sanit., von Swinemünde nach Stralsund: »Glückauf« 323 Verw. u. 74 Fl., von Hela nach Swinemünde: »Ganter« 2 000 Fl. u. 1 400 Sold., von Hela nach Kopenhagen: »Henrik Fisser V« 3 000 Fl. u. 400 Verw., »Dora Christophersen« 2 300 Fl. u. 1 400 Verw., »Askari« 3 800 Verw., 400 Sanit., 50 Fl., 235 Sold.

20. Transporte von Hela nach Kopenhagen: »Cometa« 4 500 Verw. u. 1 100 Fl., »Neidenfels« 5 000 Verw. u. 100 Fl., »Herkules« 2 300 Fl., von Hela nach Swinemünde: »Balkan« 1 900 Sold. u. 150 Fl., von Pillau nach Saßnitz: »Homberg« 3 500 Sold. u. 1 500 Verw., von Pillau nach Kopenhagen: »Möwe« 1 070 Fl.

Dampfer »Eberhard Essberger« nimmt auf der Reede von Hela 200 Flüchtlinge, 4 500 Soldaten und 1 500 Verwundete an Bord. Mit dieser 14. Reise hat das Schiff insgesamt rund 66 000 Menschen über die Ostsee gerettet.

21. Die Riegelstellungen im Vorfeld Pillaus, Tenkitten, Lochstädt, Adalbertskreuz und Neuhäuser fallen bis 23. 4. nach schweren Kämpfen. Noch einige zehntausend Flüchtlinge können in ihrem Schutz auf Pillau-Reede eingeschifft werden.

Auf der Reede von Hela werden 28 000 Flüchtlinge auf Schiffe übernommen.

Transporte von Hela nach Saßnitz: »Santander« 2 350 Sold., 400 Verw. u. 150 Fl., »Adele Traber« 2 500 Soldaten, 350 Wehrmachtsgefolge, 150 Fl., von Swinemünde nach Kiel: »Wiegand« 1 600 Fl., von Hela nach Kopenhagen: »Minden« 3 100 Verw. u. 1 200 Fl., »Hestia« 1 500 Verw. u. 650 Fl., »Lappland« 700 Fl., 350 Sold., 175 Verw., »Ubena« 4 600 Verw., HSK »Orion« 2 500 Fl., 230 Verw., 500 Sanit.

22. Transporte von Hela nach Kopenhagen: »Matthias Stinnes« 5 070 Verw., 100 Sold., 90 Fl., »Urundi« 3 800 Verw., 1 100 Fl. u. 300 Sold., von Hela nach Saßnitz: »Orestes« 2 000 Fl., 1 000 Sold., 900 Verw.

23. Transport von Hela nach Saßnitz: »Weserberg« 2 800 Verw. u. 800 Fl. Landungsversuch sowjetischer Truppen bei Neutief wird von der 4. Panzeraufklärungsabteilung abgewiesen.

24. Unter schwerstem Beschuß nahmen Marinefährprähme bis zu 1 200 Personen (anstatt 800), Landungsboote 400 (anstatt regulär 200) Personen bei Anbruch der Nacht in Pillau an Bord, um sie nach Neutief überzusetzen. Bis 04.30 Uhr morgens gelingt es den Fahrzeugen der 9. Sicherungsdivision, vor allem den Fährprähmen der 24. L-Flottile, noch etwa 12 000 Mann nach Neutief und etwa 7 000 Verwundete nach Hela zu bringen.

25. Transporte von Hela nach Swinemünde: »Stahleck«

1 300 Verw., 400 Sold., 150 Fl., von Hela nach Kopenhagen: »Deike Rickmers« 2 650 Verw., 1 200 Fl., 100 Sold., von Swinemünde nach Stralsund: »Sextant« 152 Verw., 9 Schwestern, 10 Fl., von Hela nach Lübeck: »Dalbeck« 3 500 Sold., 50 Fl.
Nachdem mit letztem Einsatz von Pillau nochmals 19 200 Flüchtlinge mit Schiffen den Hafen verlassen konnten, geht Pillau verloren. Die Sowjets besetzen die Stadt und den Hafen.

26. Transporte von Hela nach Swinemünde: »Theresia L.M. Russ« 675 Verw., 550 Fl., 544 Soldaten, 831 Kriegsgefangene und 60 Bewacher.

27. Transporte von Hela nach Kopenhagen: »Kronenfels« 2 000 Fl., 1 850 Verw., 350 Sanit., »Friedrich Bischoff« 92 Verw., 500 Fl., 1 100 Sold., »Hestia« 2 604 Fl., von Libau nach Lübeck: »Henrik Fisser VII« 1 025 Verw. u. 22 Sold.

28. Transporte von Hela nach Saßnitz: »Möwe« 130 Soldaten, 150 Fl., »Henrik Fisser V« 356 Verw., 100 Fl. u. 1 900 Volkssturmmänner, 170 Sold., 152 Sanit., »Cremon« 1 160 Verw., 1 600 Fl., von Stralsund nach Nyborg: »Homberg« 1 368 Fl., von Hela nach Kopenhagen: »Masuren« 1 490 Verw., 30 Fl., 100 Sold.
Am frühen Morgen treffen auf Hela-Reede die Dampfer »Westpreußen« (2 877 BRT), »Ganter« (1 770 BRT), »Nautik« (1 127 BRT) und »Ubena« (9 554 BRT) ein, nehmen Flüchtlinge auf und verlassen am Abend mit insgesamt über 10 000 Menschen an Bord, gesichert von einem S-Boot und 2 M-Booten, Hela-Reede.
Vizeadmiral Thiele wird neuer »Admiral östliche Ostsee« auf Hela, er löst Admiral Burchardi ab.

29. In Swinemünde warten noch 16 000 Verwundete auf Abtransport über die Ostsee, in Warnemünde über 10 000, in Stralsund rund 6 500, in Wismar etwa 10 000.
Auf der Halbinsel Hela warten noch weit über 59 000 Flüchtlinge, Verwundete und Soldaten auf ihre Rettung vor den Sowjets. Die Rettung kann nur noch über die Ostsee erfolgen.

30. Der Leiter der Seeleitstelle Hela, Major Udo Ritgen, setzt pausenlos Hilferufe an das Oberkommando der Kriegsmarine, an Seetransportchef Engelhardt und das Marineoberkommando Ost in Kiel, Korvettenkapitän Eschricht, ab. 52 000 Menschen warten auf Hela auf Abtransport. Wortlaut der Funksprüche an OKM und MOK Ost: »30. April. Auf Hela 3 000 Verwundete, 24 000 Soldaten und 25 000 Flüchtlinge. Großer Schiffsraummangel AOK Ostpreußen i. a. R.«.
Seetransportchef, Konteradmiral Engelhardt, hat nach Hela in Marsch gesetzt: »Sachsenwald«, »Weserstrom«, »Fangturm«, »Ceuta«, »Ida Blumenthal«, »Hans Schulte«, »Paloma« und »Pompeji«, nach Libau: »Weserstrand«, »Helene Fisser«, »Olga Traber« und »Betzdorf«, außerdem Hilfsfahrzeuge, Klein- und Küstenschiffe.
Die Bilanz des »Rettungsunternehmens Ostsee«, April 1945.
Schiffsverluste* »Afrikana«, 5 869 BRT (B), »Feodosia«, 3 075 BRT (B), »Julius«, 553 BRT (B), »Wilma«, 185 BRT (RTB), »Wilhelm Bauer«, 5 600 BRT (M), »Mendoza«, 5 193 BRT (B), »Längssee«, 998 BRT (B), »Albert Jensen«, 5 446 BRT (B), »Falkenstein«, 132 BRT (B), »Schafstedt« (B), »General Osorio«, 11 590 BRT (B), »Kurt Ramien« (B), »Ilmenau«, 1 210 BRT (T), »Weserstein«, 1 923 BRT (B), »Wotan«, 357 BRT (M), »Huelva«, 1 923 BRT (B), »Simson«, 150 BRT (B), »Amicizia«, 1 796 BRT (B), »Ditmar Koel«, 670 BRT (M), »Hedwig«, 168 BRT (B), »Arkona«, 86 BRT (B), »Lotte«, 2 115 BRT (B), »Artushof«, 1 478 BRT (B), »Altengamme«, 5 897 BRT (B), »Tucumann«, 4 261 BRT (B), »Usambara«, 8 690 BRT (B), »Schwarzort« (B), »Leda«, 2 415 BRT (A), »Swinemünde II«, 177 BRT (B), »Königsberg«, 180 BRT (B), »Ingrid Leonhardt«, 1 923 BRT (M), »Emily Sauber«, 2 485 BRT (B), »Hanna Cords«, 1 891 BRT (SV), »Herbert«, 216 BRT (RB), »Ulrich Finsterwalde«, 2 947 BRT (SV), »Möwe«, 121 BRT (M).
Insgesamt gingen im April 1945 51 Schiffe mit zusammen 159 967 BRT verloren, 6 durch Minen-, 3 durch Torpedo-, 37 durch Bomben-Treffer, 1 Schiff durch Artilleriebeschuß, 2 durch Selbstversenkung, 2 wurden von den Sowjets erbeutet.
Aus den Ostseehäfen Windau, Libau, Königsberg, Pillau, Hela, Swinemünde, Stettin, Greifswald, Warnemünde, Stralsund, Saßnitz, Rostock und Wismar werden 520 560 Menschen über die Ostsee in Sicherheit gebracht.

Nachdem Danzig und Gotenhafen von den Sowjets besetzt sind, ziehen immer mehr Trecks nach Pillau. Die Besatzungen der Schiffe leisten Unvorstellbares, nehmen alles an Bord was weg will und es dauert nur wenige Stunden, bis die Kammern, Räume, Gänge und Oberdecks (482) voller Menschen sind.

482

S/S »Sanga« der Deutschen Afrika-Linien, 1923 BRT groß, 1944 gebaut, also ein fast neues Schiff, nimmt im Pillauer Hafen (483) Flüchtlinge an Bord. Links der Bug von H-27 = San MATEO. Am Kai bleiben die Treckwagen verlassen stehen und auch Tiere, wie hier eine Ziege.

483

484

Der Kampf um Ost- und Westpreußen und um die Danziger Bucht spitzt sich im April immer mehr zu. Die deutsche Front muß einer Übermacht an Menschen und Material weichen. Überall Einschläge von Bomben und Artilleriegeschossen (484). Die Erde brennt. Zurück bleibt »Verbrannte Erde« wie Hitler es befohlen hat.

Das letzte Aufgebot zur Verteidigung der Heimat sind »Kindersoldaten« (485) die nicht nur als Melder Dienst tun, sondern mit Panzerfäusten ausgestattet, auch im Fronteinsatz stehen und alte Männer vom »Volkssturm«, die zum Teil schon den ersten Weltkrieg miterlebten (486). Doch auch dieses letzte Heer des Führers kann das näherkommende Ende des Krieges nicht mehr aufhalten.

485

486

487

488

489

490

Zu den Leidtragenden des Krieges, der mit Siegen begann und mit Tod und Schrecken zu Ende geht, gehören die Alten (487). Mit Handkarren ziehen sie aus ihrer Heimat, quälen sich mühsam ohne Ziel über die Straßen, haben die Hoffnung auf eine Rückkehr in die Heimat längst aufgegeben. Auf den Rückzugsstraßen macht sich das Chaos breit (488). Zurückflutende Soldaten und Flüchtlingstrecks treffen aufeinander, verstopfen Straßen und Wege. Einer hilft dem anderen um nur fortzukommen, fort nach Westen.

In den Kurlandhäfen Libau und Windau, die bisher jedem Angriff standgehalten haben, macht sich in den Apriltagen Hoffnungslosigkeit breit. Werden die vielen Zehntausend Soldaten die hier noch kämpfen, jemals die Heimat wiedersehen? Kranke und Verwundete (489) werden in die Heimat befördert. Sie sind die ersten, die nach Hause dürfen. In kleinen Geleiten (490 und 491) beginnt die abenteuerliche Reise über die Ostsee, wobei auch Marinefährprähme eingesetzt werden.

491

492

493

494

Am 4. April 1945 beginnt die Räumung der Oxhöfter Kämpe, das Unternehmen «Walpurgisnacht«. Mit Marinefährprähmen (492), Kriegsfischkuttern (493) und kleineren Schiffen werden in fünf Nachtstunden 30 000 Flüchtlinge und 10 000 Verwundete und Soldaten von Oxhöft nach Hela gebracht. Die Rettungsaktion wird vom Kreuzer »Lützow« (495), dem Zerstörer »Paul Jacobi« (496) dem SAT »Soemba« (494) und anderen Kriegsmarineeinheiten gedeckt.

495

496

497

498

499

500

Die auf Hela angelandeten Soldaten, Verwundeten und Flüchtlinge werden vom Kriegshafen und vom Fischereihafen Hela mit kleineren und von Hela-Reede mit größeren Schiffen nach Westen gebracht, vor allem nach Swinemünde und Kopenhagen. Für diese Transporte im April werden auch die Schiffe «Wangoni« (497), »Neidenfels« (498), »Tübingen« (499), »Mercator« (500) und das kleine Lazarettschiff »Rügen« (501) eingesetzt.

501

502

503

504

505

506

Am 8. April sinkt nach einem Luftangriff bei Hela das Troß-schiff »Franken«, 10 850 BRT (502). Es sinkt brennend. Der Untergang ist in mehreren dokumentarischen Fotos (503, 504, 505, 506) festgehalten worden.

Der Endkampf um Königsberg beginnt. Sowjetische Panzer (507), dringen in die Vorstadt ein, sowjetische Infanterie folgt (508). Die deutschen Verteidiger leisten in heftigen Straßenkämpfen erbitterten Widerstadt (509). Nach 3-tägigem Kampf um fast jedes Haus geht Königsberg verloren, die Sowjets besetzen die ganze Stadt (510). Am 10. April 1945 kapituliert Königsberg. Vorbei am Königshof führt der Weg in sowjetische Gefangenschaft (511).

507

511

508

509

510

512

Nach einem Bombenangriff auf Kiel kentert »Admiral Scheer« (512), in der Danziger Bucht versenken sowjetische Flugzeuge das Flugsicherungsschiff »Hans Albrecht Wedel« (513), das bei vielen Rettungsaktionen mitwirkte. Vor der Insel Rügen sinkt nach Minentreffern das ebenfalls an mehreren Rettungsaktionen beteiligte Flugsicherungsschiff »Boelke« (514).

513

514

515

Sowjetische Flugzeuge versenken bei Pilllau den Dampfer »Vale«, der etwa 250 Menschen mit in den Tod nimmt.

516

517

518

500 Menschen sterben beim Untergang des Frachters »Moltkefels« (516) bei Hela. Das Schiff vor seiner letzten Reise (517) brennend untergehend (518, 519, 520). Dreieinhalbtausend Menschen können mit Fährprähmen, Loggern und Fischkuttern von der brennenden »Moltkefels« gerettet werden, eine beispielhafte Rettungsaktion der Marine.

519

520

521

522

523

Gerettet vom Frachter »Moltkefels«: Lia-Amanda Wermbter (521), Helfried Wermbter (522) und Karl-Otto Wermbter (523).

Brigitte Blarr (524) wird mit ihrer Mutter und zwei Geschwistern vom 1 770 BRT großen »Ganter« (525) gerettet, sie landen in Kopenhagen. Margarete Ferdinand (527) wird in Pillau mit Mutter und Bruder an Bord der »Karin Bornhofen« (526) genommen und gelangt mit diesem Schiff in die dänische Hauptstadt.

524

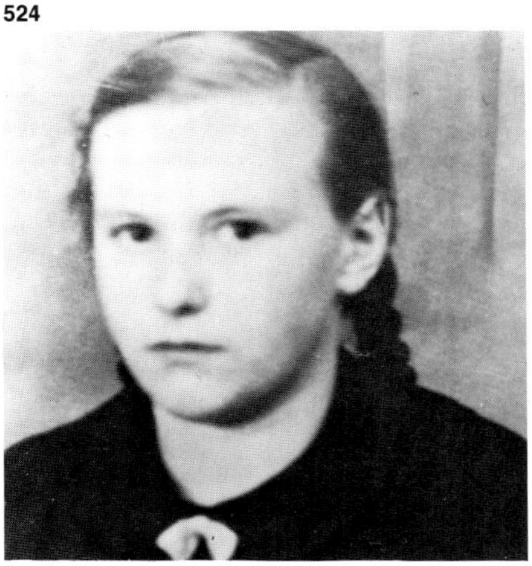

525

526

527

528

529

530

531

532

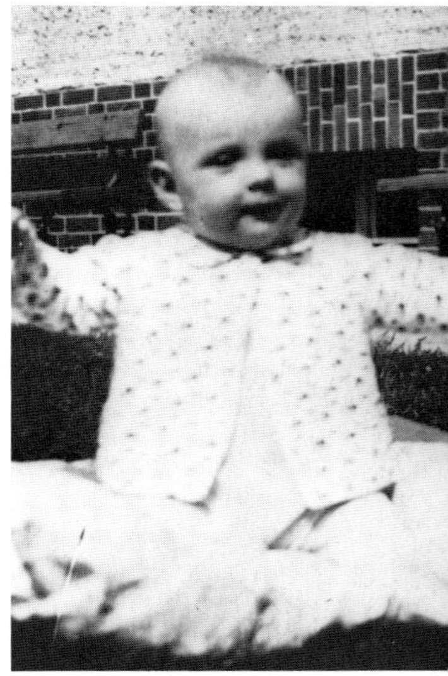

533

Beim Untergang des kleinen Lazarettschiffes »Posen« (528), das unmittelbar neben dem Frachter »Moltkefels« brennend sinkt, sterben etwa 300 Menschen.

970 Menschen verlieren ihr Leben beim Untergang des nur 97 BRT großen Frachters »Karlsruhe« (529), darunter auch die Frau von Helmut Klein (531), der noch heute nach ihr sucht und nicht an ihren Tod glaubt. Bei der Rettung Schiffbrüchiger beteiligt sich »M 294«. Bootsmannsmaat Wilhelm Kalenka (530) und die Mannschaft von »M 294« (534).

Annemarie Münsterberg aus Heiligenbeil (532) überlebt mit ihrer sechseinhalbjährigen Tochter und dem erst eineinhalbjährigen Sohn Peter (533) den Untergang des Lazarettschiffes »Posen«.

534

535

536

537

538

539

In den letzten 30 Tagen der Flucht über die Ostsee wird alles was noch seetüchtig ist für den Menschentransport eingesetzt, auch Schiffe des Seedienstes Ostpreußen (535). Viele Soldaten meiden die unteren Decks der Schiffe, sie lagern auf den freien Oberdecks (536).

Während sich in den noch in deutschem Besitz befindlichen Häfen, in Windau und Libau, in Pillau, auf der Halbinsel Hela, in Swinemünde und in den Mecklenburgischen Häfen die Menschen zusammendrängen, um mit einem Schiff über die Ostsee in Freiheit und Sicherheit zu gelangen, dringen sowjetische Truppen immer weiter vor. Auch Flakbatterien der Hitler-Jugend (537) – hier bei Stettin – können sie nicht mehr aufhalten. In einem letzten Auftritt in der Öffentlichkeit verleiht Adolf Hitler Eiserne Kreuze an Hitlerjungen (538) in der Reichskanzlei in Berlin. Doch auch Hitlers Jugend kann Deutschland im April 1945 nicht mehr retten. Der Krieg ist verloren, der Feuersturm der Front (539) rückt immer weiter von Osten nach Westen.

540

541

542

543

Die deutsche Kriegsmarine hat nur noch eine Aufgabe: Menschenleben aus dem Osten über die Ostsee retten, soviel wie möglich: Flüchtlinge, Verwundete, Soldaten.
Auch Minensuchboote (540, 541) nehmen Flüchtlinge an Bord, wie auch das Flugsicherungsboot »Günter Plüschow« und der Tankdampfer »Belt« (543). Beispielhaftes im Rahmen der Ostsee-Rettungsaktion leistet auch der kleine Frachter »Koholyt«, nur 844 BRT groß (544).

544

545

546

547

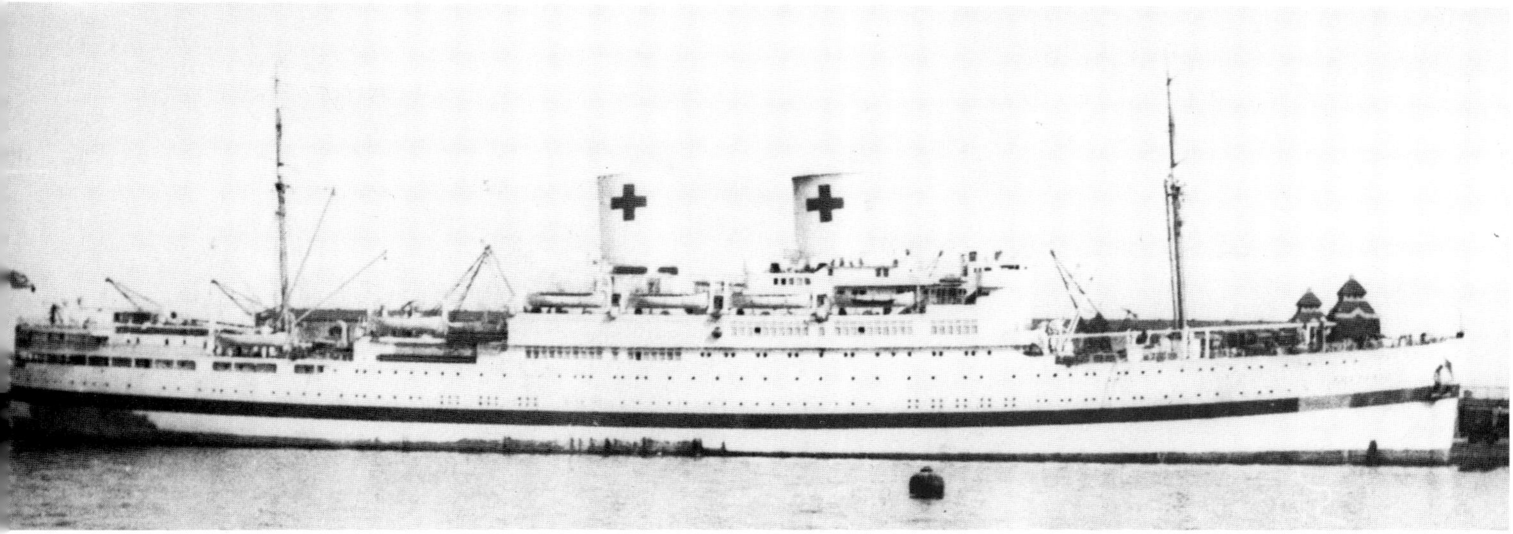

548

Die Reede von Hela ist Mitte April der große Sammelplatz der Flüchtlingsschiffe (545). Hier ist am 15. April 1945 erneut der Afrika-Dampfer »Pretoria« (546) eingetroffen, um Flüchtlinge an Bord zu nehmen. Seit Anfang 1945 ist er Lazarettschiff (547). Sowjetische Flugzeuge greifen das vollbeladene Schiff trotzdem mit Bomben und Bordwaffen an und treffen auch (548). Es gelingt ihnen aber nicht, das Schiff zu versenken. Eines der Besatzungsmitglieder auf der »Pretoria« ist der Obersteuermann Heinz Schmidt (549).

Die Schäden des Luftangriffes auf das Lazarettschiff »Pretoria« werden auf der Fahrt über die Ostsee notdürftig repariert. Glücklich erreicht das Schiff einige Tage später Kopenhagen. Es ist noch einmal gutgegangen. Doch für die »Pretoria« war dies die letzte Flüchtlingsreise. In 8 Fahrten rettete das Schiff insgesamt 35 044 Menschen, Flüchtlinge und Verwundete, über die Ostsee und bewahrte sie vor Tod oder Gefangenschaft. Das Foto (550) zeigt, wie die »Pretoria« in den Hafen von Kopenhagen eingeschleppt wird.

549

550

551

552

553

Vor Hela erfüllt sich am 16. April das Schicksal des Frachters »Goya«, der 1941/42 auf einer Osloer Werft gebaut (551, 552), 1943 von der Kriegsmarine übernommen wurde und zunächst als Zielschiff der U-Boot-Waffe (553) in Memel zum Einsatz kam. Die Besatzungsmitglieder fühlten sich auf der »Goya« in Memel sehr wohl (554). Im Herbst 1944 wird das Schiff erstmalig für Flüchtlingstransporte eingesetzt. Bis Mitte April 1945 macht es 4 Reisen und rettete 19 785 Menschen über die Ostsee. An seinem Schicksalstag, dem 16. April 1945, hatte die »Goya« rund 7000 Menschen an Bord. Die Letzten brachte das kleine Schiff »Kurisches Haff« (555) an die auf Hela-Reede liegende »Goya« heran.

554

555

556

557

Am späten Abend formiert sich vor Hela ein kleines Geleit (556), zu dem auch die »Goya« gehört, um nach Westen zu laufen. Doch die »Goya« kommt nicht weit. Gegen Mitternacht zerreißen zwei sowjetische Torpedos die Schiffswände. Die »Goya« sinkt in sieben Minuten. 6666 Menschen verlieren ihr Leben.

334 Überlebende zählt man am nächsten Morgen auf den Rettungsschiffen, 334 von 7000 die auf der »Goya« waren, darunter diese zwei Soldaten (557) denen der Schrecken der Nacht noch im Gesicht steht.
Auch sie haben überlebt: Heinrich König (558) der zur Besatzung der »Goya« gehörte, der verwundete Heereswerkmeister Bernhard Sandmann (559), der Stabsgefreite der Sanitätskompanie 1/58 der 7. Panzerdivision Wilhelm Schimpf (560) und der Sanitäts-Gefreite Johann Wilhelm (561).

558

559

560

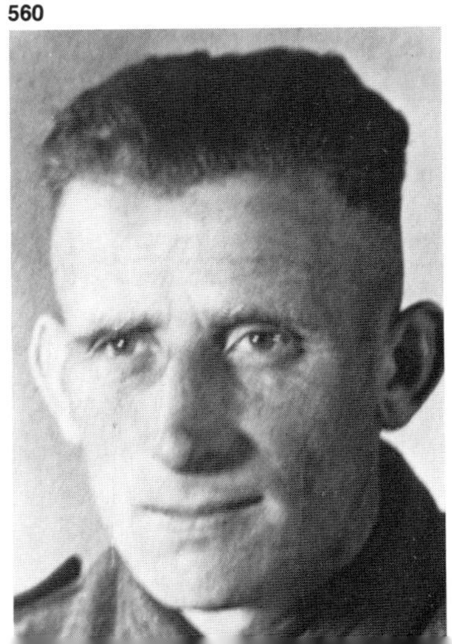

561

562

563

564

Konteradmiral Konrad Engelhardt (562), Seetransportchef der Wehrmacht und Organisator der Transporte über die Ostsee, leitet von seinem Sitz auf der »Malaga« (563), die im Flensburger Hafen liegt, den Transport von Flüchtlingen, Verwundeten und Soldaten über die Ostsee.
Zu den Schiffen die der Admiral für Flüchtlingstransporte einsetzt, gehören Schiffe unterschiedlicher Art und Größe, so z.B. das Eisenbahnfährschiff »Deutschland« (564), die »Urundi« (565) und die nur 549 BRT große »Ida Blumenthal« (566).

565

566

567

568

569

570

Am 20. April 1945 nähert sich das Ende der Seestadt Pillau. Für die Landungspioniere bedeutet dies den letzten Großeinsatz mit der »Seeschlange« (567) im Pillauer Seetief. Eine der letzten dokumentarischen Aufnahmen (568) zeigt den Transport von Flüchtlingen, die von Pillau nach Neutief über die Frische Nehrung bei Fliegerbeschuß in Pontons übergesetzt werden.

Am 25. April geht Pillau verloren. Die letzten Kähne, Boote und Schiffe verlassen die Seestadt (569). Damit geht der letzte »Hafen der Hoffnung« in Ostpreußen verloren. Noch einmal blicken die Verteidiger zurück auf den brennenden Hafen (570), das Letzte was sie sehen, sind Brandwolken (571). Auf den Booten türmt sich das Gepäck, soweit noch Platz vorhanden, wurde es mitgenommen. Die Flüchtlinge sind unter Deck, sie wollen ihre Heimatstadt in anderer, besserer Erinnerung behalten und meiden den letzten Blick auf eine fast zerstörte Stadt. Die Leistung der Landungspioniereinheiten, deren Führer, Generalmajor Henke bei dem Endkampf um Pillau den Tod sucht, um nicht in Gefangenschaft zu geraten, verdient höchste Anerkennung. Major Kurt Paul (572) wird Henkes Nachfolger.

571

572

573

574

Nur noch Flammen erhellen das Dunkel der Nacht (573), als die letzten Boote Pillau verlassen haben, im Morgengrauen sind die Landungsboote des Ldgs.PiBtl. mit Marinefährprähmen (574) bereits unterwegs nach Westen.
Bei schönem Aprilwetter zieht es die Soldaten auf den Schiffen, die sie in die Heimat zurückbringen (575) an Oberdeck. Sie sind froh, der Gefahr sowjetischer Gefangenschaft im letzten Augenblick entronnen zu sein.

575

576

577

578

579

580

581

Trügerischer Friede liegt über der Reede von Hela Ende April 1945 (576). Am 26. April warten auf der Halbinsel fast 60 000 Verwundete, Flüchtlinge und Soldaten auf ihren Abtransport. Die kleinen Schiffe, die auf Reede liegen, die »Ceuta« (577), »Pompeji« (578·, »Stahleck« (579) »Dalbek« (580) und die »Adele Traber« (581), alle zwischen 2000 und 3000 Bruttoregistertonnen groß, können nur einen kleinen Teil der auf den Abtransport Wartenden an Bord nehmen. Große Schiffe müssen kommen.

582

583

584

585

»Wir danken unseren Rettern«

Getrud Wermbter (582) wird mit ihren Töchtern Ruth (583) und Doris (584) von der »Ariadne« gerettet, Hannelore Beck (585) aus Tilsit mit dem Frachter »Moltkefels«, Eva-Leonore Danielzik (586) und ihr Vater (587) mit dem Dampfer »Karlsruhe«, der 10-jährige Helmut Holstein aus Großheidekrug (588) im Samland mit Mutter und Bruder mit der »Ubena«, der 9-jährige Danziger Junge Wolfgang Muschke (589) mit der »Kronenfels« und Elli Gaber gelangt mit ihrem Sohn (590) mit D. »Urundi« nach Kopenhagen. Sie verdanken ihr Leben der beispielhaften Rettungsaktion der Marine.

586

587

588

589

590

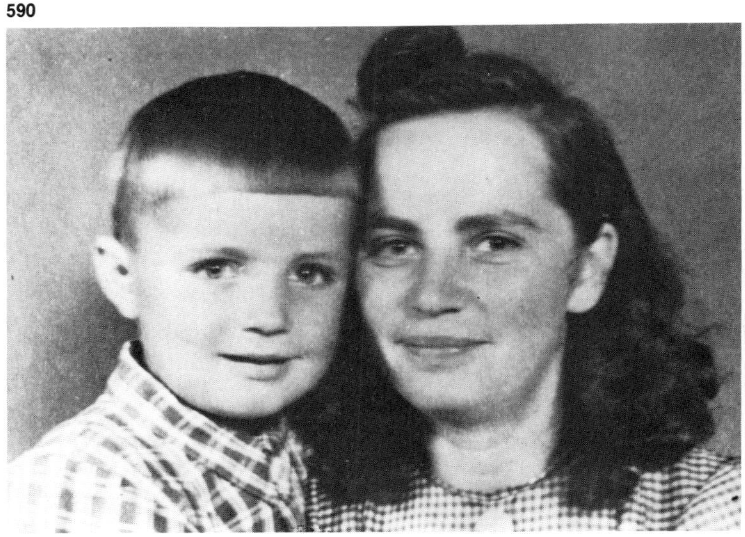

591

592

593

594

595

596

Im April 1945 gingen in der Ostsee 51 Schiffe verloren, wobei 10 555 Menschen den Tod fanden. Zu den verlorenen Schiffen gehören die »Mendoza« (591), die »New York« (592), das 22 337 BRT große Schiff der Hamburg-Amerika-Linie, welches in Kiel einem Bombenangriff zum Opfer fiel, der Afrika-Dampfer »Usambara« (593), »Königsberg« (594), das U-Boot-Begleitschiff »Wilhelm Bauer« (595) und der Frachter »Ditmar Koel« der Hanseatischen Reederei Emil Offen & Co, Hamburg.

01. Hitler ist tot. In seinem Testament hat er Großadmiral Dönitz zu seinem Nachfolger bestimmt. Dieser erläßt am 1. Mai folgenden Tagesbefehl an die Wehrmacht: »Der Führer hat mich zu seinem Nachfolger bestimmt als Staatsoberhaupt und als Oberster Befehlshaber der Wehrmacht. Ich übernehme den Oberbefehl über alle Teile der deutschen Wehrmacht mit dem Willen, den Kampf gegen den Bolschewismus so lange fortzusetzen, bis die kämpfende Truppe und Hunderttausende von Familien des deutschen Ostraumes vor der Versklavung oder Vernichtung gerettet sind. Gegen Engländer und Amerikaner muß ich den Kampf so lange fortsetzen, wie sie mich in der Durchführung des Kampfes gegen den Bolschewismus hindern.«
Kleinfahrzeuge und Marinefährprähme der 13. L-Flottille (KKpt. Wassmuth) bringen von den Landestegen der Weichselniederung bis zum 08.05. noch rund 150 000 Flüchtlinge, Verwundete und Soldaten nach Hela.

02. Am Tag und in der Nacht zum 03.05. Selbstversenkung von 36 deutschen Unterseebooten in der Lübekker Bucht, 39 in der Kieler Förde, 2 vor Eckernförde, 1 im Kaiser-Wilhelm-Kanal und 1 vor Bornholn nach dem von der Marineleitung ausgegebenen Stichwort »Regenbogen«. Zusammentreffen der 6. britischen Luftlande-Division und Einheiten der 70. sowjetischen Armee bei Wismar.
In der Nacht zum 03.05. letzter Angriff von RAF-Bombern auf Kiel. 174 to Bomben abgeworfen.

03. Linienschiff »Schlesien« vor Swinemünde versenkt. Schwerer Kreuzer »Lützow« nach Fliegerangriff in der Swine versenkt. Britische Flugzeuge greifen mit Raketen und Bordwaffen die in der Neustädter Bucht liegende »Häftlingsflotte« an und versenken die »Cap Arcona« (27 571 BRT) und den Dampfer »Thielbek« (2 815 BRT). Bei dem Verlust der beiden brennenden Schiffe sterben 8 008 an Bord befindliche KZ-Häftlinge. Der unbeladene Dampfer »Deutschland« wird ebenfalls getroffen und sinkt.
Bei einem weiteren Angriff britischer Flugzeuge sinken in der Lübecker und der Kieler Bucht 23 deutsche Handelsschiffe, 8 weitere werden beschädigt.
Im Kieler Dock wird der Schwere Kreuzer »Admiral Hipper« vernichtet.
Das Oberkommando der Wehrmacht erklärt die Marinestützpunkte Kiel und Flensburg zu »offenen Städten«, die nicht zu verteidigen sind. Ab Hela laufen die Transporter »Sachsenwald« und »Weserstrom« mit 8 550 Flüchtlingen, die Torpedoboote »T 36« und »T 108« mit je 150 Flüchtlingen nach Westen.
Der »Admiral östliche Ostsee« mit Sitz auf Hela, Vizeadmiral Thiele, läßt folgenden Funkspruch an Seetransportchef Admiral Engelhardt in Flensburg absetzen: »Aus Bereich AOK Ostpreußen, aus Hela und Weichselniederung noch 250 000 Menschen abzutransportieren, 225 000 Soldaten und 25 000 Flüchtlinge. Erbitten unverzüglich Inmarschsetzung von Schiffen zum Abtransport.«
Der Chef der auf Hela stationierten 9. Sicherungsdivision, Fregattenkapitän von Blanc, meldet dem Wehrmachts-Führungsstab: »Im Monat April wurden 387 076 Menschen nach dem Westen über die Ostsee abtransportiert. Von Pillau, Kolberg, Schiewenhorst und Oxthöfter Kämpe wurden mit Marinefährprähmen, Landungsbooten und Sicherungsfahrzeugen 264 787 Menschen nach Hela gebracht.«

04. Unterzeichnung der Kapitulation der deutschen Truppen in Nordwestdeutschland, Dänemark und Holland. Nach einem Bombenangriff sinkt vor Swinemünde der als Hilfskreuzer eingesetzte Dampfer »Orion ex »Hektor«. Die Zahl der Toten wird auf 1 000 geschätzt.

05. Die Frachter »Linz«, »Ceuta«, »Pompeji«, der Hilfskreuzer »Hansa« und die Zerstörer »Hans Lody« (FKpt. Haun), »Friedrich Ihn« (FKpt. Gohrbrandt) und die Torpedoboote »T 17« (Kptlt. Liermann), »T 19« (Kptlt. Frhr. v. Luttitz), »T 23« (Kptlt. Weinling), »T 28« (Kptlt. Temming) und »T 35« (Kptlt. Buch), die sich nach der Kapitulation in Nordwestdeutschland und Dänemark außerhalb der Hoheitsgewässer befinden, laufen nach Hela aus und schiffen dort zusammen mit »V 2002«, »M 453«, »V 303« und dem Schulboot »Nautik« 45 000 Flüchtlinge ein. Nach Abwehr sowjetischer Torpedokutterangriffe von Kolberg aus, treffen die Schiffe am 06. 05. abends vor Kopenhagen ein. Die schnellen Kriegsschiffe werden innerhalb weniger Stunden entladen, um nochmals nach Hela auslaufen zu können.

06. Mit Marinefährprähmen werden aus Schiewenhorst

und Nickelswalde weitere 12 180 Soldaten, 910 Verwundete und 270 Flüchtlinge nach Hela gebracht.
Von Kopenhagen-Reede laufen gemeinsam mit den aus Swinemünde angekommenen Zerstörern »Z 38« (KKpt. Frhr. v. Lyncker), »Z 39« (KKpt. Loerke), dem Torpedoboot »T 33« (Kptlt. Priebe) die Zerstörer »Karl Galster«, »Friedrich Ihn«, »Hans Lody«, »Theodor Riedel«, »Z 25« und die Torpedoboote »T 17«, »T 19«, »T 23« nochmals nach Hela aus und nehmen dort am 07. und 08. 05. 20 000 Soldaten und Flüchtlinge an Bord.
Um 17.49 Uhr läßt Großadmiral Dönitz folgenden Funkspruch über die deutsche Handelsschiffswelle absetzen:
Alle deutschen Schiffe, Besatzungen aller Schiffe, die die deutsche Handelsschiffsflagge oder die Reichsdienstflagge führen, haben in den durch die Waffenruhe betroffenen Häfen und Seegebieten jede militärische Handlung zu unterlassen. Sie dürfen die Schiffe weder selbst versenken, noch durch Zerstören von Schiffseinrichtungen unbrauchbar machen. Die Besatzungen bleiben an Bord. Dönitz, Großadmiral.«
Um 23.15 Uhr informiert Seetransportchef Konteradmiral Engelhardt die Kapitäne der Handelsschiffe mit folgendem Funkspruch:
»Mit sofortiger Wirkung wird für alle deutschen Handelsschiffe unter Reichsdienst- und Handelsflagge befohlen: Sämtliche Schiffe dürfen ihre augenblicklichen Liegeplätze nicht verlassen, sie dürfen nicht in einen anderen Hafen verlegen oder innerhalb der Häfen verholen, ohne besondere Genehmigung des ObdM oder der Dienststelle der fremden Mächte, ausgenommen in Lagen, die durch die Wetterlage bedingt sind. Die Besatzungen auf sämtlichen Schiffen bleiben angemustert.
Pausenloser Einsatz für Marinefährprähme und Pionierboote vor Hela. Das größte Pionierboot, ein Prototyp des L-Bootes 43, wird durch Torpedos eines sowjetischen MTB versenkt. Oberstlt. Gantke, der von seinem Führungsboot »Panther« das Übersetzen der Pioniere leitet, rettet mit seiner Mannschaft die fast 100 überlebenden Soldaten.

07. In der Nacht wurden 14 590 Soldaten, 1 205 Verwundete und die letzten 320 Flüchtlinge aus der Weichselmündung nach Hela und auf Handels- und Kriegsmarineschiffe abgelandet. Etwa 40 000 Soldaten müssen zurückbleiben.
Um 02.14 Uhr unterzeichnet Generaloberst Jodl im Hauptquartier Eisenhowers in Reims die Gesamtkapitulation der deutschen Streitkräfte zu Lande, zu Wasser und in der Luft. Damit bleiben nur noch 48 Stunden Zeit, die letzten Flüchtlinge, Verwundeten und Soldaten aus den Kurlandhäfen Windau und Libau und von der Halbinsel Hela über die Ostsee zu retten.
Auf Anordnung von Großadmiral Dönitz informiert die 1. Abteilung der Seekriegsleitung alle in der Ostsee befindlichen Kriegs- und Handelsschiffe über die zeitlich begrenzten Möglichkeiten der Rettungsaktion. Das über Funk weitergegebene Blitzfernschreiben hat folgenden Wortlaut:
»An alle in der Ostsee befindlichen Schiffe:
1. Infolge der durch die Kapitulation veränderten Lage müssen sämtliche See- und Sicherungsstreitkräfte sowie Handelsschiffe bis zum 09. 05. 0.00 Uhr die Häfen Kurlands und Hela verlassen haben. Schiffe und Boote bis an die Grenze des Fassungsvermögens mit Menschen und kleinstem Gepäck beladen. Zielhäfen sind Kiel, Eckernförde und Neustadt. Zwischenlaufen dänischer Häfen aufgrund der Lageentwicklung ausgeschlossen.
2. Kriegs- und Handelsschiffe auf Ostmarsch, deren Wiederauslaufen aus den Ostseehäfen nach Beladen mit Menschen bis 01.00 Uhr nicht gewährleistet ist, machen kehrt und laufen Flensburg an.
3. In Marsch gesetzte Geleite mit Zahl der geretteten Menschen, getrennt nach Truppen, Verwundeten und Flüchtlingen, zeitgerecht melden.
MOK Ost, Führungsstab F 1, 68 OP.«

08 Auf der Reede von Hela werden die letzten Flüchtlinge, Verwundete und Soldaten an Bord der in der Nacht und am frühen Morgen eingetroffenen Kriegs- und Handelsschiffe genommen. Alles Gepäck wird zurückgelassen. Die kleinen Frachter »Weserberg« und »Paloma» nehmen 5 730 Flüchtlinge an Bord. Als letzte Schiffe verlassen am Nachmittag die Tanker »Lieselotte Friedrich« (517 BRT) und »Julius Rütgers« (854 BRT) Hela. Danach folgt der Ex-Bäderdampfer »Rugard«, der etwa 1 500 Flüchtlinge an Bord hat und bis zuletzt dem Chef der 9. Sicherungsdivision, Fregat-

tenkapitän von Blanc, als schwimmender Befehlsstand diente.
Um 18.30 Uhr läuft der Verband der Landungsfahrzeuge von Hela ab. Alle Fahrzeuge sind bis auf den letzten Winkel mit Menschen vollgepfropft. Gegen Mitternacht verläßt als letztes Fahrzeug der nur 130 t große Danziger Binnenkahn »Hoffnung« den Fischereihafen Hela an der Spitze der Halbinsel. Da für das Geleit zu langsam, macht sich der Kahn allein auf den unsicheren Weg über die Ostsee.
Auf der Reede der Kurlandhäfen Windau und Libau sammeln sich 176 Schiffe und Schiffchen, Boote und Bötchen, Prähme, Kähne, Kutter, Landungsboote und andere Wasserfahrzeuge, jedes überfüllt mit Soldaten, Verwundeten und Flüchtlingen.
Das erste Geleit, bestehend aus dem Vorpostenboot 1 450 und 26 Booten der 14. Sicherungsflottille, hat 2 900 Menschen an Bord.
Aus drei Minensuchbooten, 34 Artilleriefährprähmen, dem Artillerieträger »Nienburg«, acht Fischkuttern, drei Schleppern, einem Tanker, drei Siebelfähren, zwei Marinefährprähmen, einem Leichter, zwei Fährprähmen, einem Minenräumboot, einem Motorboot und dem Küstenmotorschiff »Kurland« wird das zweite Geleit gebildet. An Bord der 61 Schiffe befinden sich 5 700 Mann.
Das dritte Geleit, das gegen 21 Uhr Libau verläßt, besteht aus drei Minenräumbooten, zwei Flugsicherungsschiffen und dem Schnellboot-Begleitschiff »Tschingtau«. An Bord der Schiffe befinden sich 3 780 Soldaten.
Das vierte Geleit wird erst um 22 Uhr zusammengestellt und besteht aus 19 Schnellbooten der 1., 2. und 3. Schnellboot-Schul-Flottille. Zwei Hafenschlepper, die sich, vollbeladen mit Soldaten, dem Geleit anschließen wollen, werden von den gegen 22 Uhr in den Libauer Hafen eindringenden motorisierten sowjetischen Einheiten aufgebracht. 2 000 Soldaten konnten auf den Schnellbooten noch rechtzeitig nach Westen fliehen.
In Windau verlassen gegen 23 Uhr weitere 61 Schiffe, 15 Fischkutter, 45 Pionierlandungsboote und der Tanker »Rudolf Albrecht« als letztes Geleit Hafen und Reede und setzen sich mit 11 300 Menschen an Bord nach Westen in Marsch. Zwei Fischkutter, die die Geschwindigkeit der anderen Schiffe nicht mithalten konnten, wurden am 9. Mai von den Sowjets aufgebracht und mußten umkehren.

09. 0.00 Uhr Waffenruhe an allen Fronten.
In dem um 13 Uhr bekanntgegebenen letzten Wehrmachtsbericht aus dem Hauptquartier des Großadmirals Dönitz heißt es u. a.: »In Ostpreußen verteidigten die deutschen Divisionen am Dienstag noch bis zum Äußersten die Weichselmündung und den wesentlichen Teil der Frischen Nehrung . . .
Das Gros unserer Heeresgruppe Kurland, die unter dem Kommando des Generals der Infanterie Hilpert monatelang den stark überlegenen sowjetischen Panzer- und Infanterieformationen Widerstand geleistet hat und in sechs großen Schlachten tapfer standhielt, hat sich unsterblichen Ruhm errungen. Sie hat jede Kapitulation abgelehnt. Die Offiziere und Stäbe sind bei ihren Truppen geblieben.
Seit Mitternacht schweigen an allen Fronten die Waffen. Auf Befehl des Großadmirals hat die Wehrmacht den aussichtslos gewordenen Kampf eingestellt. Damit ist das fast sechsjährige heldenhafte Ringen zu Ende. Es hat uns große Siege, aber auch schwere Niederlagen gebracht. Die deutsche Wehrmacht ist am Ende einer gewaltigen Übermacht ehrenvoll unterlegen . . «
An den ersten neun Maitagen, den letzten Kriegstagen bis zur Waffenruhe an allen Fronten am 09. 05. um 0.00 Uhr, gingen in der Ostsee noch 45 Schiffe mit insgesamt 162 910 BRT verloren, darunter auch der Tanker »Lieselotte Friedrich«, der am Abend des 08. 05. gemeinsam mit dem Tanker »Julius Rütgers«, Hela verlassen hatte und nach Eintritt der Waffenruhe von sowjetischen Flugzeugen durch Torpedotreffer versenkt wurde. »Julius Rütgers«, der den Angriff überstand, rettete die 300 Soldaten und die Besatzung des Tankers »Lieselotte Friedrich«. Niemand kam ums Leben.
Bei der letzten Ostsee-Rettungsaktion im Mai 1945 konnten aus den Häfen Windau, Libau, Hela, Swinemünde, Warnemünde, Stralsund, Saßnitz, Rostock und Wismar noch 250 699 Menschen mit Schiffen der Handels- und Kriegsmarine gerettet werden.

10. In der Strander Bucht an der schleswig-holsteinischen Ostseeküste eingetroffene Geleite und Schiffe:
Geleit 4. Zerstörer-Flottille von Hela mit »Z 38«, Zerstörer »Karl Galster«, »T 33« und »M 51« mit zusammen 6200 Soldaten an Bord, »Hansa« 12000 Soldaten, »Linz« 4900 Sold., »Ubena« 4000 Sold., »Sperrbrecher 24« 2700 Sold., »Weserberg« 1310 Verw. u. 3900 Fl., »Ostfriesland«, Belegung nicht gemeldet.
Geleit M 460 von Swinemünde mit »Bukarest« 2240 Sold. u. 110 Fl., »Ditmarschen« 1750 Sold. u. 300 Fl., »Stahleck«, »M 410« mit zus. 1250 Sold., »Eberhard Essberger« 5600 Sold., 520 Verw., 500 Fl., »Sperrbrecher 17« 2400 Sold. u. Fl.
Geleit v. Libau mit »Z 34«, »M 29«, 2 R-Boote, Belegung nicht gemeldet, auf R-Boot Admiral östl. Ostsee, »Adrian« 1600 Sold. u. 300 Fl., 3 SAT, »Lumme«, »Cornelia«, »Adler«, »Julia«, »Stutthof«, »Bekag 3«, »PK 1«, »Erich«, »Rainer«, »Segler«, Belegung der Schiffe war nicht gemeldet.
Geleitgruppe Oberdiek von Libau mit U-Jäger »304«, »UJ 310«, Pionier-Fähren »016«, »013«, »027«, »022«, »043«, »1«, »332«, »Panther«, »Schlipper«, »Hermann«, »Virmitt«, »Roland«, »Triton«, »Samo«, »Helmuth«, »Pollux«, »Amalie«, »Haib«, »Got. 11«, »Got. 6«, Leichter »Else«, Belegung der Schiffe nicht gemeldet, »Falke« 1600 Soldaten.
Geleitgruppe Palmgreen von Libau mit »M 3«, »AF 34«, »M 3134«, »M 3135«, »M 3141«, »M 3142«, »M 3107«, »M 3115«, »M 4255-62«, »PMU 65«, »F 21«, »FS 315, 316, 319«, Schlepper »Labor«, »Schwarzort«, Wassertanker »Jungfernsand«, »BP 37«, Schlepper »Krautsand«, »Putzig«, »Marienburg«, »M 3103«, Tanker »Albrecht«, an Bord der Schiffe Soldaten, Belegungszahlen nicht gemeldet.

11. In der Strander Bucht an der schleswig-holsteinischen Ostseeküste eingetroffene Geleite und Schiffe:
Gruppe »Friedrich Ihn« von Libau mit Zerstörer »Friedrich Ihn«, Torpedoboote »T 23«, »T 25«, »T 28«, »Weserstrom«, »Diedenhofen«, Vorpostenboot »170«, »Vp 1708« mit zusammen 11500 Soldaten an Bord, »M 411« 108 Sold. u. 14 Fl.
Von Hela eingetroffene Schiffe: »Ceuta« 800 Sold., 1700 Verw. u. 2000 Fl., »Pompeji« 560 Sold., 1900 Verw. u. 2940 Fl., »Nautik« 1900 Verw., »Sachsenwald« 400 Sold., 4600 Verw., 4000 Fl., »Lothringen« 1600 Sold. u. 40 Fl., »T 17« 627 Sold., »T 19« 250 Sold. u. 350 Fl., »T 35« 750 Sold., Vorpostenboot »VP 329« mit 5 Nebelbooten mit zus. 250 Sold. u. 25 Fl., Gruppe Schenk aus Libau: Marinefährprähme »MPF 407«, »MPF 881«, »MPF 210«, »MPF 274«, Belegung nicht gemeldet.
Von Swinemünde eingetroffene Schiffe: »Aletta Not« 320 Sold., »Drechtdiyk«, »Eisvogel«, »Pellworm« mit zus. 4700 Sold., 15 Verw. u. 50 Fl., »Südsee« 800 Sold., »Preussen« 350 Sold., »Stettin« 350 Sold., »Glückauf« 151 Sold. u. 526 Verw., »W. v. Kniprode« u. »Mariensiel« mit zus. 4600 Sold.
Von Saßnitz eingetroffene Schiffe: »Santander« 3500 Sold., »Emmy Friedrich«, »Hans Broge«, »Versailles« mit zus. 7093 Sold. u. 1012 Fl., »Orestes« 3500 Sold. Von Kopenhagen eingetroffen: Chef MBSK m. 4 Schleppzügen an Bord 15000 Flüchtlinge.
Von Mecklenburgischen Häfen eingetroffene Schiffe: »Magdalene Vinnen« 925 Sold. einschl. »Schlesien« Bes. u. 100 Fl., »Luise Schröder« m. Schlepper »Kosfjord« m. 100 Sold., 80 Verw., »Wiking« 790 Sold., 2 Verw., 155 Fl., »Dora Ahrens« 740 Sold., 90 Verw., 60 Fl., »Werner« 300 Verw., 110 Fl., »Bern« 154 Sold., »Marie Luise«, Schlepper »Norderhamm«, »Anton«, Eisbrecher »Berlin«, »M 342«, Belegung der Schiffe nicht gemeldet.
In Eckernförde eingetroffene Schiffe: Von Hela »Isar« 2250 Sold. u. 50 Fl. Von Warnemünde: »Neidenfels« 1100 Sold. u. 1400 Fl., »Aviso Hela« mit Flottenkommando, »Rugard« mit Stab 9 Sicherungsdivision, »Sextant« u. »Oktant« 500 Verw., »Tschingtau« 2500 Sold. u. 1200 Verw.
Auf der Flensburger Reede eingetroffene Schiffe: Von Hela »Berlebeck« 400 Sold., von Swinemünde: »Adele Traber« 15 Sold. u. 650 Fl., von mecklenb. Hafen »Rügen« 350 Verw.
Von Travemünde eingetroffene Schiffe: »Sectubal«, »Günther Russ«, »Charlotte Cords«, »Erna«, »Heimat« mit zus. 4000 Fl.
Von Hela eingetroffen: »UJ 315«, »Karin« und 11 Pionierfahrzeuge, Belegung nicht gemeldet.
Auf der Halbinsel Hela, die inzwischen von sowjetischen Truppen besetzt ist, marschieren 60000

deutsche Soldaten, für die es keine Rettung mehr gibt, in sowjetische Gefangenschaft, unter den Soldaten General von Saucken und elf seiner Generäle.

In den Kurlandhäfen Windau und Libau sind fast 200 000 Soldaten zurückgeblieben. 42 Generäle, 8 038 Offiziere, 181 032 Unteroffiziere und Mannschaften und 1 400 lettische Freiwillige gehen den langen Weg in die sowjetische Gefangenschaft, der für viele ein Weg ohne Wiederkehr wird.

14. Als letztes Flüchtlingsschiff trifft um 14 Uhr im Flensburger Hafen ein Kahn ein, der den Namen »Hoffnung« trägt. Er hatte mit seinen 135 Passagieren, 75 Verwundeten, 25 Frauen und Kindern und 35 Soldaten fünfeinhalb Tage für den Ostseeweg von Hela nach Flensburg gebraucht. Der Bootsführer hatte keinen Kompaß an Bord. »Das einzige, was ich hatte, war Gottvertrauen«, sagt er, als er im Flensburger Hafen seine Menschenfracht auslädt.

Damit geht die Flucht über die Ostsee am 14. Mai 1945 um 14.00 Uhr im Flensburger Hafen zu Ende. 1 081 Schiffe; 672 Handelsschiffe und 409 Kriegsschiffe retteten in einem beispiellosen Einsatz rund 2,5 Millionen Menschen Leben und Freiheit und vollbrachten das größte Rettungswerk der Seegeschichte.

16. Vom 11. Mai bis zum 16. Mai 1945 um 09.00 Uhr wurden von den auf Reede und in Ostseehäfen befindlichen Flüchtlingstransportschiffen ausgeschifft:

In Kiel 18 849 Soldaten, 3 700 Verwundete und 3 479 Flüchtlinge.

In Neustadt: 42 641 Soldaten und 287 Verwundete.

In Heiligenhafen: 33 650 Soldaten und 250 Verwundete.

In Eckernförde: 1 250 Soldaten, 500 Verwundete und 1 250 Flüchtlinge.

In Kappeln: 2 500 Soldaten, 1 200 Verwundete und 650 Flüchtlinge.

In Flensburg: 415 Soldaten, 350 Verwundete und 650 Flüchtlinge.

In Travemünde: 11 900 Soldaten.

Insgesamt ausgeschifft vom 11.–16. 05.: 111 205 Soldaten, 6 287 Verwundete und 5 379 Flüchtlinge.

20. Letzte Lagemeldung über noch nicht entladene Flüchtlingsschiffe in den Ostseehäfen:

Neustadt: »Südpol« 400 Sold., »Lindau« 1 200 Sold., »Cometa« 1 920 Sold., 277 Verw., 60 Fl., 7 Kriegsfischkutter mit 755 Sold., »Deike Rickmers« 4 200 Sold. u. Fl., »Zenith« 770 Sold., 10 Verw., 15 Fl., U.-Jäger »601«, »602«, »603« »605«, »608«, »609« mit zus. 436 Sold. u. 50 Fl., »Regulus« 1 350 Sold. u. Fl., »Paloma« 700 Sold., »Kurland« 95 Sold. u. 378 Fl., Küstenmotorschiff »Cranz« 452 Sold., 3. A.Flottille mit »Johst«, »Ostsee«, »Nienburg«, »Pirat«, »Kemphan« mit zus. 1 750 Sold., »Bassum«, »MT 2«, »Plenendorf« mit zus. 745 Sold., 8 Marinefährprähme mit zus. 4 000 Sold.

Heiligenhafen: 8 Marinefährprähme mit 3 600 Sold., »Rudolf Albrecht« 4 000 Sold., »Aletta Not« 500 Sold., 6 Pionierlandungsboote mit zus. 180 Sold., »Weserstrand« 1 800 Sold., »Sperrbrecher 17« 1 000 Sold., 8 Marinefährprähme mit zus. 700 Sold.

Kiel: »Ceuta« 800 Sold., 1 700 Verw., 2 000 Fl., »Kurland« 99 Sold., 479 Fl., 13 Zerstörer und Torpedoboote mit zus. 12 000 Sold., 1 000 Verw. u. 1 000 Fl., »Stahleck« 1 250 Sold., »Drechtdijk« 4 700 Sold., »Ubena« 1 000 Verw., »Luise Schröder« 1 200 Sold.

Heiligenhafen: 8 Marinefährprähme mit zus. 3 600 Sold., 6 Pionierlandungsboote mit zus. 2 400 Sold.

Travemünde: »Dora Ahrens« 700 Sold., »Ubena« 4 200 Sold. u. 1 000 Verw., »Sectubal«, »Günther Russ«, »Charlotte Cords«, »Erna«, »Heimat« mit zus. 4 000 Fl., »Pompeji« 3 000 Fl.

Lübeck: »Weserberg« 2 500 Fl.

Strander Bucht: »Hendrik Fisser« 4 800 Sold., Tanker »Mittelmeer« 650 Sold., »Emmy Friedrich« 2 800 Sold., »Südsee« 700 Sold., Tanker »Forbach« 1 500 Sold., »W. von Kniprode« 3 500 Sold., »Diedenhofen« 300 Sold., »Capri« 280 Sold. u. 60 Fl., »Reinh. L. M. Russ« 250 Sold. u. 260 Fl., »Zabern« 2 500 Sold.

Die Restausschiffung von Soldaten und Verwundeten in Kiel, die am 11. 05. begann und von der Besatzungsmacht genehmigt wurde, ist abgeschlossen. Die ausgeschifften Soldaten wurden auf dem Landwege in den Raum Preetz-Plön weitergeleitet. Die Flüchtlinge wurden in Eckernförde, Lübeck und Travemünde zum Teil bereits ausgeschifft.

Auf 111 Handelsschiffen verschiedenster Größe und Art, Kriegsschiffen (Zerstörern, Torpedobooten, U-

Boot-Jägern, Sperrbrechern, Tankern), Pionierbooten, Marinefährprähmen und anderen Fahrzeugen in schleswig-holsteinischen Häfen befinden sich am 20. Mai noch immer rund 75 000 Soldaten, 4 000 Verwundete und 15 000 Flüchtlinge und warten darauf, die Schiffe verlassen zu können.

22. Großadmiral Karl Dönitz erhält an seinem Dienstsitz in Flensburg-Mürwick die Aufforderung des Leiters der Alliierten Kontrollkommission übermittelt, sich mit Generaladmiral Friedeburg und Generaloberst Jodl am nächsten Morgen auf dem Wohnschiff »Patria«, auf dem die Alliierte Kommission untergebracht ist, einzufinden.

23. Der amerikanische Generalmajor Rooks gibt in Gegenwart des englischen Generals Foord und des sowjetischen Generals Truskow an Bord der »Patria« einen Befehl Eisenhowers bekannt, der die Verhaftung der deutschen Reichsregierung und des Oberkommandos der Wehrmacht anordnet. Dönitz und sein Stab werden verhaftet. Das Dritte Reich hat aufgehört zu existieren.

Sonder-Ausgabe

Sonder-Ausgabe

HAMBURGER ZEITUNG

Kriegsarbeitsgemeinschaft der Zeitungen

HAMBURGER ANZEIGER · HAMBURGER FREMDENBLATT · HAMBURGER TAGEBLATT

Mittwoch 2. Mai 1945

Der Führer gefallen

Führerhauptquartier, 1. Mai 1945

Der Führer Adolf Hitler ist heute nachmittag auf seinem Befehlsstand in der Reichskanzlei, bis zum letzten Atemzuge gegen den Bolschewismus kämpfend, für Deutschland gefallen.

So wird das Volk belogen: Nach der »Hamburger Zeitung« vom 1. Mai 1945 ist Adolf Hitler auf seinem Befehlsstand in der Reichskanzlei »bis zum letzten Atemzug gegen den Bolschewismus kämpfend für Deutschland gefallen«. Die Wirklichkeit sieht anders aus. Durch Selbstmord schlich sich der Führer aus der Verantwortung.

597

598

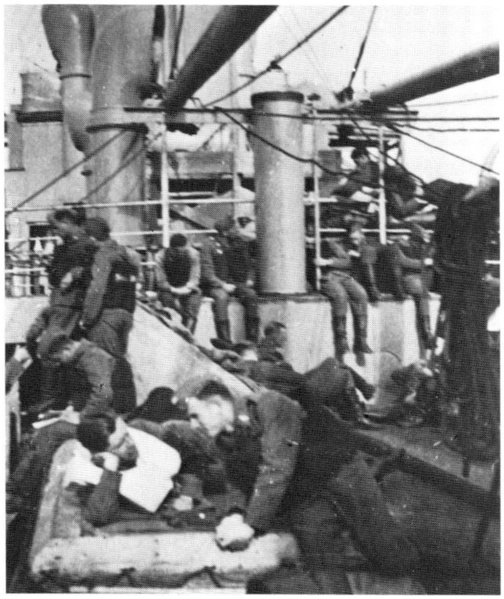

599

Jedes Schiff das jetzt aus dem Osten kommt, ob ein Transporter (598) oder ein Minensucher (599) ist voller Soldaten und Flüchtlinge. Dönitz, Nachfolger Hitlers, schickt alle schnellen Schiffe noch einmal in die Kurlandhäfen und nach Hela.

Auch in Swinemünde geht in diesen Tagen der Kampf zu Ende. Die letzten Schiffe verlassen den Hafen (600). Wie in Kurland, in Ostpreußen, dem Kurischen und Frischen Haff, bei der Räumung von Oxhöft und Pillau, sind auch in Swinemünde die Landungspioniere im Einsatz. »Seeschlepper« der Ldgs.PiBrKp. 768 beim Einsatz in Swinemünde (601) in den letzten Apriltagen 1945.

600

601

602

Eine Siebelfähre vor der ostpreußischen Küste (602). Die Fähren bestanden aus einer Plattform mit Steuerhaus und Deck für 8,8 cm-Flak, die auf zwei Prähme aufmontiert war. Die Fähren waren 27,3 m lang, 13,7 m breit, hatten einen Tiefgang von 1 m und trugen zwei 6-Zylinder BMW-Motoren. Noch im Mai 1945 retteten sie tausende von Soldaten und Flüchtlingen.

603

604

605

606

607

Am 3. Mai 1945 geht das Linienschiff »Schlesien« (603) durch Minentreffer verloren und sinkt (604). Der Schwere Kreuzer »Lützow« wird nach einem Luftangriff in der Swine versenkt (605). Im Kieler Dock wird der Schwere Kreuzer »Admiral Hipper« (606 in voller Fahrt in der Ostsee) vernichtet (607).

608

609

610

611

Die »Cap Arcona«, einst der Stolz der Hamburg-Süd (608), die auf drei Flüchtlingsfahrten (609) 27 571 Menschen aus der Danziger Bucht über die Ostsee rettete und seit Mitte April fahruntüchtig in der Neustädter Bucht liegt, wird gegen den Protest von Kapitän Heinrich Bertram (610) mit KZ-Häftlingen beladen. Britische Bomber und Jagdflugzeuge greifen in den Mittagsstunden des 3. Mai 1945 das Häftlingsschiff (612) an, das sofort zu brennen beginnt und total ausbrennt (613). 5594 Menschen, überwiegend KZ-Häftlinge aus dem Lager Neuengamme bei Hamburg, kommen im Bombenhagel der angreifenden Flugzeuge um, verbrennen im Flammenmeer des Wracks oder sterben entkräftet in der Ostsee.

612

613

614

615

616

Unweit der »Cap Arcona« liegt in der Neustädter Bucht der Dampfer »Thielbek« (614), ebenfalls voller KZ-Häftlinge. Auch auf dieses Schiff stürzen sich die britischen Flugzeuge, werfen es in Brand und töten 2414 Häftlinge und Besatzungsmitglieder. Nach 1945 wird das Wrack gehoben (615) und als »Reinbek« in Dienst gestellt. Walter Felgner (616), 2. Offizier auf »Thielbek« und Überlebender der Katastrophe, fuhr die »Reinbek« als Kapitän. Glück im Unglück hat der Dampfer »Deutschland«, der in sieben Fahrten 68 379 Menschen über die Ostsee rettete (618). Dem Kapitän des Schiffes, Carl Steinche, (617) war angekündigt worden, daß auch er KZ-Häftlinge übernehmen müsse. Er lag mit seinem Schiff in Sichtweite der »Cap Arcona« und der »Thielbek«. Doch TS »Deutschland blieb leer. Raketen und Bomben vernichteten am 3. Mai auch dieses Schiff. Alle Besatzungsmitglieder überlebten.

617

618

619

620

621

622

623

Der verwundete Oberleutnant Wolfgang Thiel (619) wird am 3. Mai 1945 in Hela an Bord der »Sachsenwald« (620) genommen, ein erst im März 1945 in Dienst gestellter Transporter, der ihn, wie auch Hiltraut Vomhof (621) mit mehreren tausend Flüchtlingen und Verwundeten nach Kopenhagen bringt.
Otto Rudolf Rothbart gelingt als 17-jähriger Hitlerjunge (622) die Flucht mit dem Büroschiff »Minden« (623). Er landet mit diesem Schiff am 4. Mai im dänischen Hafen Nyborg.

Viele Ost- und Westpreußen, Danziger und Pommern, verdanken ihre Rettung über See dem Afrika-Dampfer »Swakopmund« (624).

624

Die wohl abenteuerlichste Flucht erleben die Soldaten, die in den ersten Maitagen 1945 auf Hela auf Fährprähme verladen werden und mit diesen Fahrzeugen über die Ostsee transportiert werden. Dicht zusammengedrängt hocken sie auf den offenen Prähmen, Tag und Nacht dem Wetter ausgesetzt: Sonnenschein, Regen und Sturm. Aber alle spüren Dankbarkeit und nichts anderes. Sie nehmen gern alles auf sich, denn sie wissen sich auf dem Weg in die Freiheit und der sowjetischen Gefangenschaft entronnen zu sein (625).

626

627

Am 4. Mai 1945 erhält vor Swinemünde der Hilfskreuzer »Orion« ex Hektor (626) Bombentreffer und beginnt zu brennen (627). Der Brand ist nicht mehr zu löschen (628), das Schiff sinkt. Übrig bleibt nur das Wrack, das aus dem Wasser ragt (629). Niemand weiß, wieviel Menschen sich noch auf dem HSK »Orion« befinden. Tags zuvor ist der größte Teil der Besatzung des Linienschiffes »Schlesien« an Bord gekommen. In der vergangenen Nacht sind Hunderte von Soldaten an Bord genommen worden, oder einige tausend? Die meisten an Bord befindlichen Soldaten und Besatzungsmitglieder können von dem brennenden Hilfskreuzer gerettet werden. Die Zahl der Toten weiß niemand, sie schwankt zwischen »einigen hundert« und eintausend.

628

629

630

631

Die letzten Angriffe sowjetischer Schützen Anfang Mai auf Libau (630, russ. Originalfoto). Kurlandkämpfer gehen am 5. Mai 1945 auf die eingelaufenen Transportschiffe (631). Die Decks sind überfüllt, als die Schiffe den Hafen von Libau verlassen (632). Einige zehntausend Soldaten warten noch auf den Abtransport. Für sie gibt es nur noch einen Weg in die Freiheit, den Weg über die Ostsee. Sie hoffen auf Schiffe.

632

633

634

635

636

637

Am 6. Mai 1945 schickt Großadmiral Dönitz die letzte Armada von Rettungsschiffen nach Hela, unter ihnen die Zerstörer »Hans Lody« (633), »Friedrich Ihn« (634), »Karl Galster« (635), »Theodor Riedel« (636) und »Z 38« (637). Für die Kurlandkämpfer gibt es keine Rettung mehr, es sei denn, sie retten sich »aus eigenen Kräften«, mit eigenen Fahrzeugen, die noch in Libau und Windau verfügbar sind.

638

639

Nach den Zerstörern werden auch die schnellen Torpedoboote nach Hela geschickt, »T 23« (638), »T 17« (640), »T 19« (641) und »T 35« (642). Auf Hela Reede ist auch die »Ceuta« (639) eingetroffen. Etwa 20 000 Soldaten und Flüchtlinge nehmen die Zerstörer, Torpedoboote, die »Ceuta« und einige kleinere Schiffe an Bord und bringen sie nach Kopenhagen. Für alle, die auf Hela zurückbleiben müssen, gibt es am 7. Mai 1945 nur noch wenig Hoffnung. Die Kapitulation steht bevor.

640

641

642

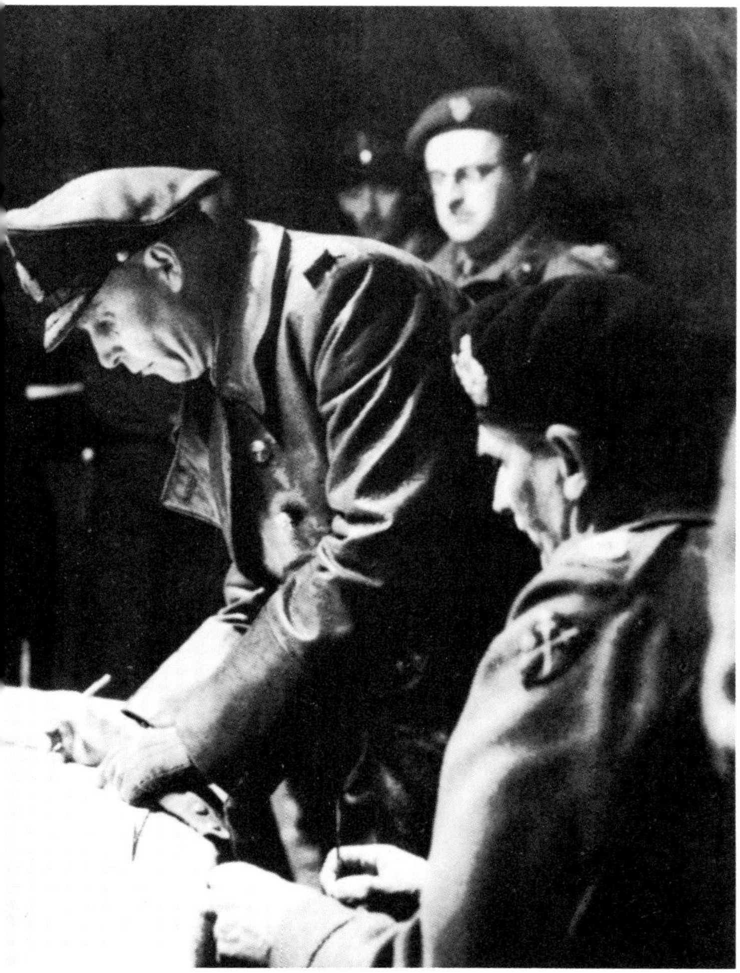

643

644

Der letzte Akt des zweiten Weltkrieges, der Millionen Todesopfer forderte und Millionen aus ihrer Heimat vertrieb, hat mehrere Schauplätze, doch nur einen Inhalt: die bedingungslose Kapitulation, wo auch unterschrieben wird (643), (644), ob am 7. Mai im Hauptquartier von General Eisenhower in Reims, durch Generaloberst Jodl (645) oder am 8. Mai im sowjetischen Hauptquartier in Berlin-Karlshorst durch Generalfeldmarschall Keitel (646).

645

646

647

648

649

650

Zu den unbekannten Rettern zählen nicht zuletzt die Weichselfähren zwischen Schiewenhorst und Nickelswalde, nahe der Weichselmündung (647), die, jedesmal vollbesetzt (648), bei Tag und Nacht Soldaten und Flüchtlinge über den Strom bringen (649). Die letzte übervolle Weichselfähre bringt am 8. Mai die Menschen nicht nur über den Strom, sondern über die Weichselmündung hinaus in die Ostsee und über die Ostsee bis nach Kiel (650).

651

652

653

654

Die letzten Schiffe, die am 8. Mai 1945 Hela verlassen, sind der Ex-Bäderdampfer »Rugard« (651), ein ehemaliger Rügen-Dampfer (652) der Stettiner DG, der zuletzt dem Chef der 9. Sicherungs-Division, Fregattenkapitän Adalbert von Blanc als Führerschiff diente (653) und die Tanker »Lieselotte Friedrich« und »Julius Rütgers« (654). »Lieselotte Friedrich« wird auf der Fahrt über die Ostsee torpediert und sinkt, obwohl der Krieg bereits beendet und die Kapitulation in Kraft ist. »Julius Rütgers« und zwei Artillerieträger übernehmen die Besatzung und eingeschifften Soldaten von der »Lieselotte Friedrich«, insgesamt 300 Mann. »Rugard« bestreitet während der Fahrt nach Westen am 9. Mai 1945 kurz vor 18.00 Uhr das letzte Gefecht des Zweiten Weltkrieges mit sowjetischen Schnellbooten, die das Schiff zur Umkehr in einen sowjetisch besetzten Hafen zwingen wollen.

655

656

Mit 3 780 Soldaten an Bord verläßt das Schnellboot-Begleitschiff »Tschingtau« (655) den Hafen von Windau. Leichte Flakgeschütze sichern im Hafen von Windau (656) die Einschiffung der Soldaten. Erst gegen 23.00 Uhr, eine Stunde vor Inkrafttreten der bedingungslosen Kapitulation, verläßt das letzte Geleit, bestehend aus 61 Schiffen mit insgesamt 11 300 Menschen an Bord, Windau. Das größte der Schiffe ist der Tanker »Rudolf Albrecht« (657, 658).

657

658

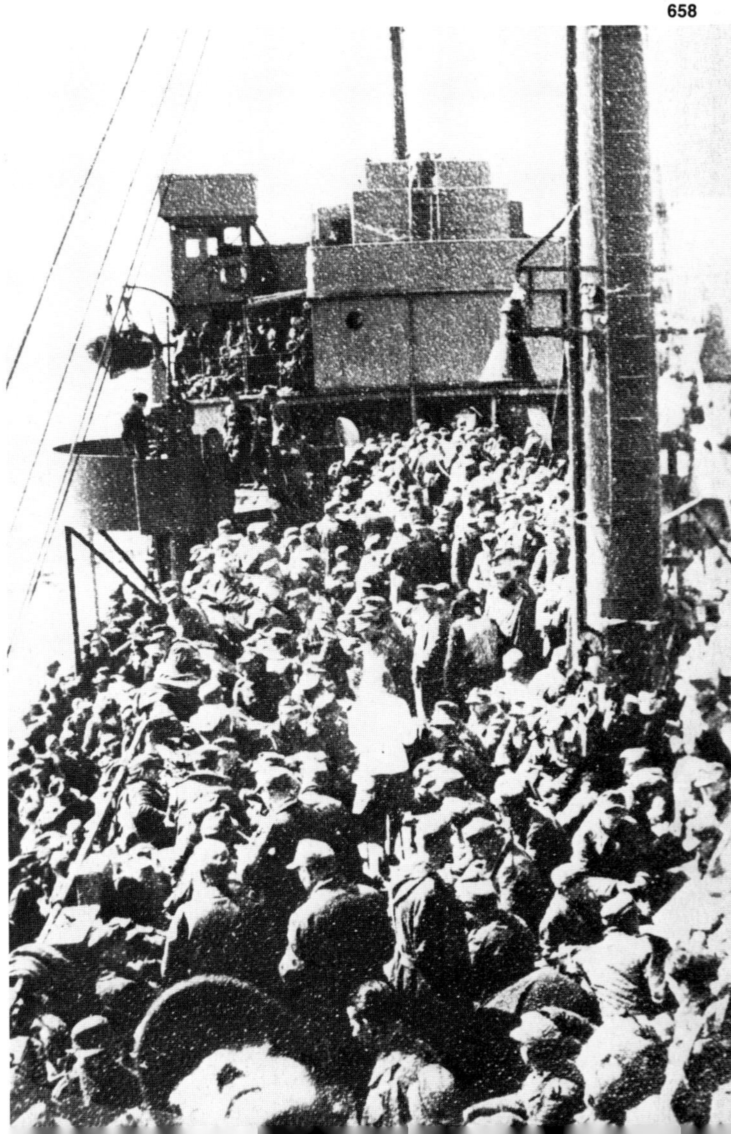

Diese dokumentarischen Aufnahmen (659, 660, 661, 662) wurden während der Fahrt des Tankers »Rudolf Albrecht« nach Westen gemacht, des letzten Schiffes, daß bei der Rettungsaktion Ostsee eingesetzt wurde und auch wohlbehalten den Zielhafen erreicht. Das allerletzte Flüchtlingsschiff der Ostseeflucht ist kein Schiff, es ist nur ein Kahn mit dem Namen »Hoffnung«. Erst am 14. Mai trifft er in Flensburg ein.

659

660

661

662

663

664

Das »Geleit Albrecht« (665) »schleicht« buchstäblich am 8. Mai 1945 von Windau aus über die Ostsee nach Westen, denn die vollbesetzten Fährprähme (663) haben Mühe, die gleiche Geschwindigkeit einzuhalten wie der Tanker »Rudolf Albrecht« (664). Noch sind die 11 300 Menschen auf den zum Geleit gehörenden 61 Fahrzeugen nicht in Sicherheit.

665

666

Überall lauern noch Gefahren. Die Fähre 316 des LdgsPiBtl. 128 sinkt in der Kieler Bucht nach einem Minentreffer (666).

667

668

Am 11. Mai 1945 ist die Fähre 319 II (667) noch immer auf dem Weg von Windau nach Schleswig-Holstein, doch die Soldaten auf der Fähre atmen auf: der Krieg ist aus, man genießt an Deck die Maisonne (668).

669

670

Das letzte Bild von der Kurländischen Küste, nachdem die letzten Fahrzeuge die Häfen verlassen haben. Zurück bleiben die Trümmer des Krieges (669): deutsche Wagen und Fahrzeuge. Ob in den schleswig-holsteinischen Häfen oder in Kopenhagen: die Engländer erwarten die von Bord gehenden Flüchtlinge und Soldaten (670).

Die Flucht über die Ostsee ist geglückt. Für Hunderttausende endet diese Flucht in Kopenhagen. Der Hafen ist schwarz voller Menschen, voller Frauen und Kinder. Vor diesen liegt eine ungewisse Zukunft. Trotzdem sind die Menschen glücklich, den Krieg überlebt zu haben. Wenige Familien konnten zusammenbleiben, viele sind zerrissen. Das Schicksal der Heimatvertriebenen aus Ostpreußen, Westpreußen, Danzig, Pommern und dem Memelland ist aber noch nicht zu Ende. Vom Hafen der dänischen Hauptstadt werden sie in Flüchtlingslager gebracht.

671

Dieser kleine Flüchtlingsjunge hat den Krieg teuer bezahlt. Elternlos, heimatlos, gekennzeichnet vom Leid des Krieges, irrt er in Kopenhagen durch den Hafen, sucht nach Mutter und Geschwistern, die vielleicht draußen auf der Ostsee geblieben sind, oder sich bereits in einem der Flüchtlings-Auffanglager befinden. Ein Schicksal von vielen, das der Krieg heraufbeschworen hat, ein Opfer der Vertreibung über das Meer.

672

Spitzenleistungen

einiger Handelsschiffe bei der

Rettungsaktion Ostsee 1944/45

die stellvertretend für alle beteiligten kleinen und großen Schiffe auf den der Liste der über 700 an der Ostsee-Rettungsaktion beteiligten Handelsschiffe ausgewählt wurden. Die Zahlen sollen dabei kein Maßstab sein, denn jedes Fähr- oder Fischerboot, jeder Kahn oder Kutter, der auf einer einzigen Fahrt nur dreißig oder vierzig Menschen vor der Sowjetarmee über die Ostsee gerettet hat, verdient ebensolche Anerkennung. Gerade die vielen kleinen und kleinsten Schiffe haben bei der Rettungsaktion Ostsee in den letzten Kriegsmonaten Hervorragendes geleistet, ihre aufopfernden Einsätze. Frauen, Kinder und Soldaten zu retten, haben Hunderttausenden das Leben gerettet. Die Geretteten danken ihren Rettern.

1. »Deutschland«	21 046 BRT	7 Einsätze	69 379 Menschen
2. »Eberhard Essberger«	5 064 BRT	12 Einsätze	66 650 Menschen
3. »Potsdam«	17 528 BRT	7 Einsätze	53891 Menschen
4. »General San Martin«	11 352 BRT	13 Einsätze	35 111 Menschen
5. »Pretoria«	16 662 BRT	8 Einsätze	35 044 Menschen
6. »Der Deutsche«	11 430 BRT	6 Einsätze	34 474 Menschen
7. »Lappland«	7 644 BRT	6 Einsätze	34 233 Menschen
8. »Hestia«	2 883 BRT	14 Einsätze	32 806 Menschen
9. »Urundi«	5 791 BRT	7 Einsätze	32 718 Menschen
10. »Neidenfels«	7 838 BRT	5 Einsätze	30 100 Menschen
11. »Ubena«	9 554 BRT	7 Einsätze	27 270 Menschen
12. »Cap Arcona«	27 571 BRT	3 Einsätze	25 795 Menschen
13. »Hamburg«	22 117 BRT	3 Einsätze	23 057 Menschen
14. »Herkules«	2 369 BRT	9 Einsätze	21 500 Menschen
15. »Antonio Delfino«	13 589 BRT	5 Einsätze	20 552 Menschen
16. »Goya«	5 230 BRT	4 Einsätze	19 785 Menschen
17. »Södenhamn«	1 499 BRT	9 Einsätze	19 350 Menschen
18. »Walter Rau«	13 752 BRT	3 Einsätze	18 888 Menschen
19. »Santander«	1 923 BRT	4 Einsätze	18 440 Menschen
20. »Nautik«	1 127 BRT	20 Einsätze	18 413 Menschen
2l. »Deike Rickmers«	1 923 BRT	4 Einsätze	16 950 Menschen
22. »Preußen«	Ebfährsch.	3 Einsätze	16 250 Menschen
23. »Westpreußen«	2 877 BRT	9 Einsätze	15 941 Menschen
24. »Adler«	1 486 BRT	8 Einsätze	13 111 Menschen
25. »Homberg«	1 261 BRT	2 Einsätze	11 338 Menschen
26. »Mars Bremen«	2 469 BRT	6 Einsätze	10 362 Menschen
27. Karoline«	887 BRT	10 Einsätze	6 518 Menschen

Allein diese 27 Schiffe haben in 194 Einsätzen über 700 000 Menschen über die Ostsee gerettet. Bei der Beurteilung der Transportleistungen ist die Schiffsgröße (BRT) zu berücksichtigen.

*Angaben lt. Akten der »Forschungsstelle Ostsee« und Ermittlungen des »Ostsee-Archivs Heinz Schön« (Bad Salzuflen).

673

Noch sind nicht alle Flüchtlingsschiffe, die in langer Reihe an der »Langen Linie« im Kopenhagener Hafen (673) liegen, entladen. Tausende von Flüchtlingen befinden sich noch auf den Schiffen. Man weiß nicht, wohin mit den vielen Menschen.

674

Auch die »Ubena« gehört zu den Schiffen, die bis zuletzt unter der beispielhaften Führung von Kapitän Lankau (674) in der Ostsee im Einsatz waren. In sieben Einsätzen rettete der ehemalige Afrika-Dampfer 27 170 Menschen. Mit Tränen in den Augen gingen viele in Kopenhagen von Bord und winkten »ihrem« Kapitän noch einmal zu.

675

35 111 Menschen brachte der Hamburg-Süd.-Dampfer »General San Martin« glücklich über die Ostsee. Heinz Schön (676) kam nach dem überlebten Untergang der »Gustloff« an Bord des »Generals« und fuhr mit diesem Schiff noch elfmal über das Grab der »Gustloff«, Friedrich Schütt (677) und Kurt Wehowski (678), die zu der Besatzung der »General San Martin« gehörten, machten alle 13 Einsätze dieses Flüchtlingsschiffes mit.

676

677

678

679

680

681

Die »Neidenfels« (679) unter Kapitän Steuer (680) rettete über 30 000 Menschen. Der 1. Offizier Wiesenhütter (681) zeigte sich bei allen 6 Einsätzen als umsichtiger Helfer.
20 »Flüchtlingsfahrten« machte die kleine nur 1 127 BRT große »Nautik« (682) unter Führung von Kapitän Wulf (683) und rettete 18 413 Frauen und Kinder. Eine der Geretteten, Hildegard Schattschneider (684) aus Gumbinnen in Ostpreußen.
Beispielhaft der Rettungseinsatz des D. »Hestia« (685), 2 883 BRT: 14 Einsätze, gerettet 32 806 Menschen. Der II. Offizier Eberhard Kuhl (686) war stets ein Vorbild für die Mannschaft bei den Rettungsaktionen.

682

683

684

685

686

687

688

Beispiele großer Rettungseinsätze: Der Dampfer »Der Deutsche« rettete 34 474 Menschen (687) in 4 Einsätzen, »Deike Rickmers«, nur 1 923 BRT, (688) 16 950 Menschen in 4 Einsätzen, die »Homberg« (689), nur 1 261 BRT, machte nur zwei Fahrten, rettete dabei aber 11 362 Flüchtlinge, eine kaum vorstellbare Leistung für ein so kleines Schiff.

689

»Wir danken unseren Rettern!«

Georg Brunner (690), Stabswachtmeister des 2. ArtlReg. 89, gerettet vom D. »Neidenfels«, Arno Lang (691), Obergefreiter d.Flak-Regt.I/64, gerettet vom HKS »Hansa«, Unteroffizier Hermann Freymüller (692), gerettet vom D. »Paloma«, Ilse Werner (693) gelang als 11-Jähriger die Flucht mit »Mars«, zusammen mit ihrer Mutter und zwei Geschwistern.

690

691

692

693

694

695

Inge Rathmann (694 rechts), erlebte als 8-Jährige mit ihrer Freundin Brigitte Lowitsch auf dem D. »Deutschland« die Flucht über die Ostsee. Gerd Schwerinski ist mit seinen vier Geschwistern (695) mit dem D. »Göttingen« aus Königsberg-Pillau geflohen. Günter Schwerdt (696) kam auf einem Minensuchboot nach Westen, Christel Szopieray (697) auf dem D. »Thalatta« und Günter Springer (698) aus Heiligenbeil Ostpreußen floh mit seiner Mutter und drei weiteren Geschwistern von Danzig-Neufahrwasser mit dem Hilfskreuzer »Hektor« nach Kopenhagen; er war damals 13 Jahre alt.

»Wir danken unseren Rettern!«

696

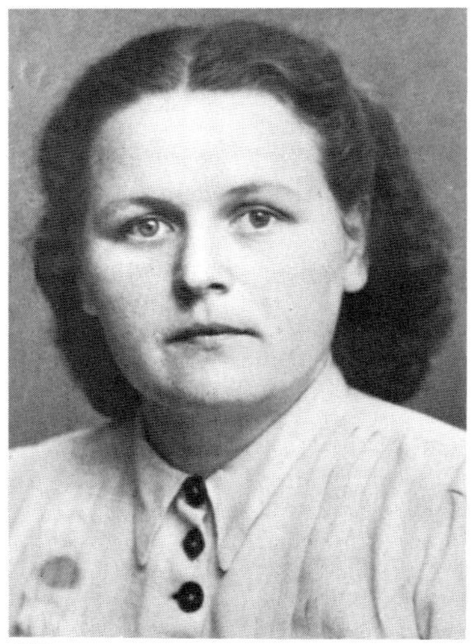

697

698

Konrad Georg Hensel (699) war vom Winter 1944 an bis zum Kriegsende bei Flüchtlingstransporten auf »Pretoria«, »Oberhausen« und HKS »Hansa« als Besatzungsmitglied eingesetzt, Kurt Otterpohl (700) war Besatzungsmitglied auf dem Nachtjagdleitschiff »Togo«, das vielen tausend Flüchtlingen das Leben rettete, Peter Semmer (701) gehörte zur Besatzung des Minensuchbootes 602.

699

700

701

Drei von vielen tausend Rettern:

702

Die »Alexandra« (702) hat den Kriegseinsatz in der Ostsee (703) überlebt und liegt heute im Flensburger Hafen. Der »Verein zur Förderung dampfgetriebener Förderschiffe e.V.« bemüht sich um den Erhalt dieses Veteranen und seine völlige Restaurierung, die aus Spenden finanziert wird. (Spendenkonto »Rettet die Alexandra« – Konto Nr. 3000900 – Stadtsparkasse Flensburg.

703

Der Fördedampfer »Albatros« (704), der unter Führung von Kapitän Rautell (705 ganz links) Flüchtlinge über die Ostsee rettete, liegt heute im Ostseebad Damp 2000 (bei Eckernförde). Auf Initiative des Präsidenten des Deutschen Marinebundes (bis 1983, jetzt Ehrenpräsident), Fregattenkapitän a.D. Friedrich Rohlfing, wird seit 1981 das Schiff zu einer Erinnerungsstätte an das größte Rettungswerk der Seegeschichte, die Flucht über die Ostsee 1944/45, ausgebaut (706). Träger ist das »Kuratorium Erinnerungsstätte ALBATROS – Rettung über See e.V.« (Vorsitz FregKpt.a.D.Rohlfing), das mit Hilfe von Presse, Funk, Fernsehen und Veranstaltungen für den weiteren Ausbau des »Albatros« zum Museumsschiff Spenden sammelt. (Spendenkonto Albatros – Rettung über See e.V.; Konto Nr. 100 800 bei der Kreissparkasse Eckernförde, Zweigstelle Süd).
Die Erinnerungsstätte Albatros – Rettung über See – will den Einsatz deutscher Seeleute in den letzten Kriegsmonaten in der Ostsee, der 2,5 Millionen Menschen vor Unfreiheit, Tod und Versklavung bewahrte, vor dem Vergessenwerden bewahren, will eine Dankstätte der Geretteten sein, zugleich aber Flucht, Vertreibung und Rettung über die Ostsee 1944/45 für die jetzige und künftige Generationen dokumentieren und verdeutlichen.
In Damp 2000 fand – in Verbindung mit der Erinnerungsstätte »Albatros« – am 30. Januar 1985, dem 40. Jahrestag der Gustloff-Überlebenden und deren Retter statt, organisiert von Heinz Schön.

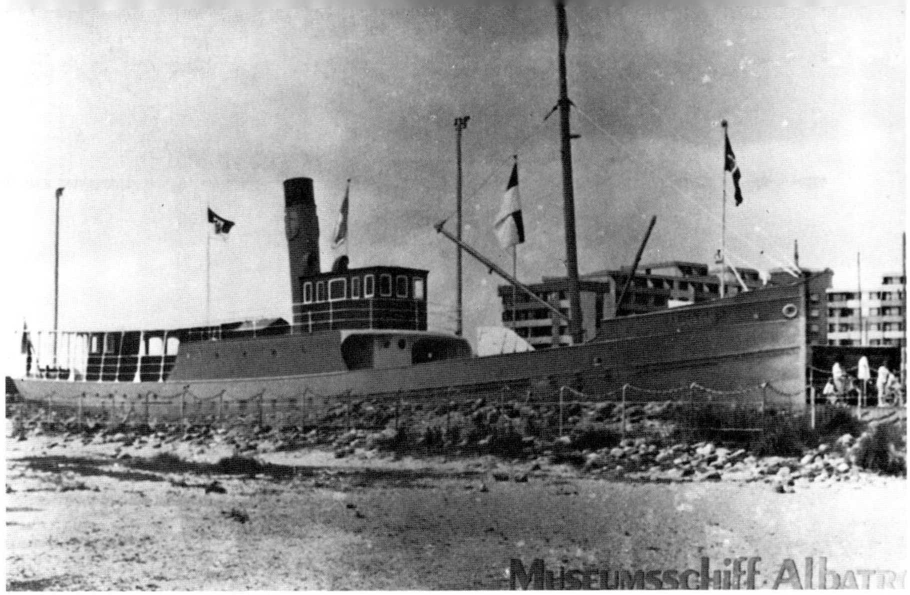

704

705

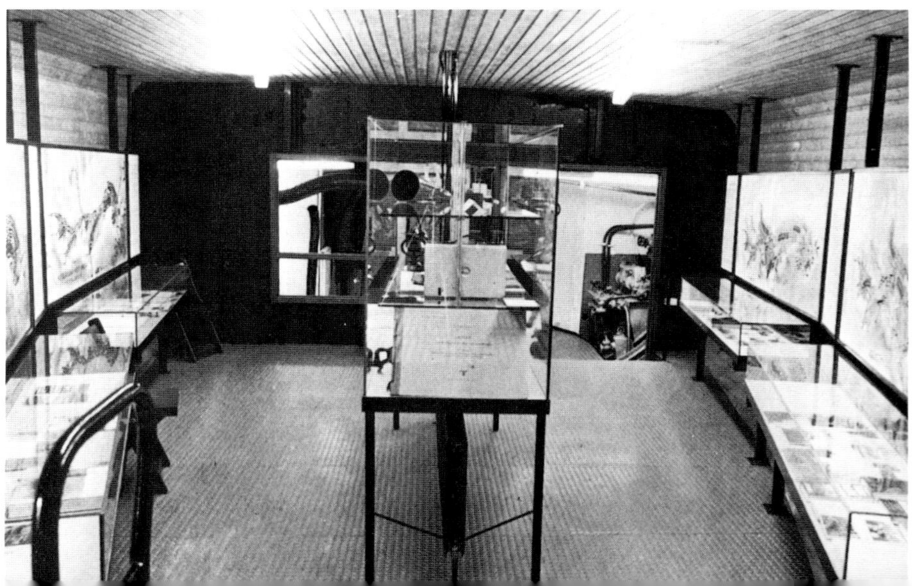

706

707

708

Der Aktionsausschuß zur Errichtung der »Erinnerungsstätte Flucht und Vertreibung« der Ost- und Westpreußenstiftung in Bayern hat im Umfeld des »Hauses der Ost- und Westpreußen in Bayern«, auf dem historischen Flugplatz Schleißheim bei München, als Symbol der Erinnerungsstätte ein ehemaliges Pionierlandungsboot (707) aufstellen lassen und damit am 19. Juli 1984 die Erinnerungsstätte ihrer Bestimmung übergeben. Dieses Boot war in der Endphase des Zweiten Weltkrieges zwischen Pillau und Hela im Einsatz und hat zusammen mit den Schiffsverbänden der Marine unzähligen Flüchtlingen und Verwundeten das Leben gerettet. Das geschichtsträchtige Pionierlandungsboot will an das Schicksal aller Heimatvertriebenen erinnern, setzt zugleich aber auch dem hervorragenden und beispielhaften Einsatz der Landungspioniere bei der Rettungsaktion Ostsee 1944/45 ein würdiges Denkmal. Der Bildhauer Gerhard Wydra schuf für die Erinnerungsstätte in Schleißheim zwei großformatige Bronzereliefs »Flüchtlingstreck über das Frische Haff« und »Dank den Rettern« (708). Die weitere Ausgestaltung der »Erinnerungsstätte Flucht und Vertreibung« erfordert noch erhebliche Geldmittel. (Spendenkonto »Ost- und Westpreußenstiftung – »Mahnmal« – Konto Nr. 955 bei der Bayerischen Vereinsbank München BLZ 700 202 70.

Eine oft besuchte Erinnerungsstätte: Das Marineehrenmal in Laboe.

709

Fotonachweis

Nach Bildnummern

Soweit die Abbildungen nicht aus dem Ostsee-Archiv HEINZ SCHÖN stammen oder dem Autor aus Privatbesitz für die Veröffentlichung überlassen worden sind, wurden sie von folgenden Seiten zur Verfügung gestellt:

Argo Dampfschiffahrts-Gesellschaft, Bremen
150

Bibliothek für Zeitgeschichte, Stuttgart
2, 3, 4, 7, 13, 14, 25, 26, 54, 55, 56, 57, 72, 74, 75, 77, 78, 97, 105, 106, 120, 121, 158, 159, 168, 227, 312, 385, 409, 410, 432, 445, 446, 487, 489, 507, 537, 538, 602, 630, 631, 643, 644, 645, 646, 656, 657, 658, 659, 660, 661, 662, 663, 664, 665, 669

Blohm & Voss, Hamburg
236, 237, 238, 239, 240, 251

British, Library, London
247, 248

Bundesarchiv, Koblenz
1, 73, 100, 101, 102, 160, 183, 185, 186, 346, 384, 493

Cords, August, Reederei Rostock-Bremen
376, 428, 478

Deutsche Afrika-Linie, Hamburg
35, 68, 122, 124, 195, 199, 204, 389, 429, 435, 497, 499, 546, 547, 548, 565, 593, 624

Deutsche Film-Hansa, Hamburg
252, 253, 254, 255, 256, 257, 258, 259, 260, 261, 262, 263, 264, 265, 266, 267

Deutsche Presse-Agentur, Hamburg/Frankfurt
61, 64, 350

Deutsche Reichsbahn, Berlin
564

Sammlung Förster / – von Issendorf
9, 200, 201

»Frigga«, Seereederei, Hamburg
515

Wolfgang Fuchs, Schiffsfoto-Archiv, Hamburg
28, 30, 33, 42, 46, 145, 153, 179, 364, 366, 368, 397, 403, 405, 477, 525, 526, 529, 566, 580, 654, 685

Hadag, Hamburger Dampfschiff.AG, Hamburg
555

Haniel, Franz & Cie., Duisburg-Ruhrort
689

Hapag-Lloyd, Hamburg
36, 43, 66, 92, 132, 147, 149, 152, 156, 188, 210, 217, 219, 222, 318, 326, 351, 352, 353, 354, 393, 404, 411, 412, 413, 418, 419, 481, 552, 553, 592, 617, 618, 620

Hansa, Deutsche Dampfschiff.-Ges., Hamburg
41, 390, 463, 498, 516, 579, 679

Carl Henrich, Traben-Trarbach
161, 408, 483, 488, 536, 550, 568, 575, 625, 671, 672

Georg Hensel, Hamburg
433, 434, 576, 673, 674

H. Hoffmann, Hamburg
187

Heinrich C. Horn, Reederei, Schleswig
49, 327

Hamburg-Südamerikanische-Dampfschiff.Ges., Hamburg
181, 295, 221, 317, 372, 591, 608, 675

Imperial War Museum, London
508, 509, 511

Jansen, Schiffsfotozentrale, Hamburg
32, 40, 44, 48, 114, 143, 144, 154, 328, 329, 363, 365, 367, 371, 376, 406, 420, 427, 476, 500, 544, 581, 688

Arnold Kludas, Bremerhaven
69, 125, 170, 189, 190, 191, 192, 193, 194, 207, 208, 211, 430, 431, 501, 528, 104, 181

Knöhr & Burchard Nfl., Hamburg
148

Gerhard Koop, Wilhelmshaven
103, 131, 277, 333

Randolf Kugler, Speyer
8, 12, 16, 20, 27, 45, 50, 51, 52, 53, 58, 71, 85, 86, 88, 93, 04, 95, 112, 113, 119, 137, 138, 155, 162, 214, 230, 348, 349, 399, 416, 456, 457, 460, 490, 491, 492, 494, 517, 562, 563, 567, 574, 577, 598, 599, 601, 609, 652, 666, 667, 668

Marineschule Mürwik
535

Müller, Otto, A., Reederei, Hamburg
146

Presse- u. Informationsamt der Bundesregierung, Bonn
175, 176, 177, 184, 320

Walter Rau, Neußer Oelwerke, Neuß
314, 440, 442, 443

Rautenbergsche Buchhandlung, Leer
15

Russ, Ernst, Reederei, Hamburg
113, 134, 151, 370, 479

Sowfoto, New York
444

Schwarz-Andro, Kappeln
139, 140, 141, 142, 423, 424, 482, 484, 539, 569, 570, 571, 572, 573

Süddeutscher Verlag, Bilderdienst, München
87, 169, 228, 347, 455, 485

K.H. Schwadtke, Berlin
91, 209
Tass, Moskau
510
Ullstein Bilderdienst, Berlin
627
Union-Handels-u. Schiff. AG, Bremen
426
Vith, H.P., Hamburg
157

Weltpress-Krauskopf, München
60, 62, 63
WZ-Bilddienst, BRUNE, Verlags GmbH, Wilhelmshaven
21, 22, 23, 24, 34, 37, 39, 47, 67, 70, 81, 96, 98, 108, 109, 110, 111, 115, 116, 117, 129, 130, 135, 213, 223, 225, 226, 280, 330, 369, 388, 414, 417, 425, 480, 495, 496, 512, 513, 514, 542, 543, 595, 603, 604, 605, 606, 607, 623, 626, 628, 629, 633, 634, 635, 636, 637, 638, 639, 640, 641, 642, 653, 655

Kartennachweis

Die im Vortext veröffentlichten Karten vom Kriegsschauplatz Ostsee 1944/1945 wurden mit freundlicher Genehmigung von Prof. Dr. Jürgen Rohwer dem Band »Seemacht«, Von der Antike bis zur Gegenwart, Verfasser E.B. Potter, Ch. W. Nimitz, J. Rohwer, entnommen.

Quellennachweis

Für den Textteil standen dem Autor folgende Buchveröffentlichungen zur Verfügung:

Schön, Heinz »Ostsee '45 – Menschen-Schiffe-Schicksale«, Herbst 1983, Stuttgart
Schön, Heinz »Die Gustloff-Katastrophe« – Bericht eines Überlebenden, Herbst 1984, Stuttgart
Bekker, Cajus: Kampf und Untergang der Kriegsmarine, Hannover 1953
Dieckert-Großmann: Der Kampf um Ostpreußen, Dokumentationsbericht über das Kriegsgeschehen in Ostpreußen, Stuttgart, 1980
Dönitz, Karl: 10 Jahre und 20 Tage, Erinnerungen, München 1980
Gröner, Erich: Die Schiffe der deutschen Kriegsmarine und der Luftwaffe 1939-1945 und ihr Verbleib, München 1954
Kühn, Volkmar: Torpedoboote und Zerstörer im Einsatz 1939-1945, Stuttgart 1977
Lasch, Otto: So fiel Königsberg, Kampf und Untergang von Ostpreußens Hauptstadt, Stuttgart 1977
Meister, Jürgen: Der Seekrieg in den osteuropäischen Gewässern 1941-1945, München 1958
Minz, J., J.: Der große Vaterländische Krieg der Sowjetunion, Berlin-Ost 1947
Piekalkiewicz, Janus: Seekrieg 1939-1945, München 1980
Porten, Edward, P. von der: Die deutsche Kriegsmarine im 2. Weltkrieg, Stuttgart 1975
Rohwer, Jürgen und Hümmelchen, Gerhard: Chronik des Seekrieges 1939-1945, Oldenburg 1968
Ruge, Friedrich: die Sowjetflotte im Seekrieg 1939-1945, Stuttgart 1981
Sajer, Guy: Denn dieser Tage Qual war groß, Wien/München/Zürich 1969
Schäufler, Hans: Panzer an der Weichsel, Soldaten der letzten Stunde, Stuttgart 1979
Schwadtke, Karl-Heinz: Deutschlands Handelsschiffe 1939-1945, Oldenburg 1974
Witthöft, Hans-Jürgen: die deutsche Handelsflotte 1939-1945, Band 2, Göttingen 1971
Zayas, Alfred, N.: Die Anglo-Amerikaner und die Vertreibung der Deutschen, Vorgeschichte-Verlauf-Folgen, München 1970

Ein umfangreiches Quellen – und Literaturverzeichnis zum Thema »Flucht über die Ostsee 1944/45« ist veröffentlicht in: Schön, Heinz, »Ostsee '45« – Menschen, Schiffe, Schicksale«, 1983, Stuttgart. Weitere Hinweise gibt das OSTSEE-ARCHIV HEINZ SCHÖN, 4902 BAD SALZUFLEN 1, AUF DEM SEEP 19